JN135680

弓射の文化史

【原始～中世編】

狩猟具から文射・武射へ

入江康平 著

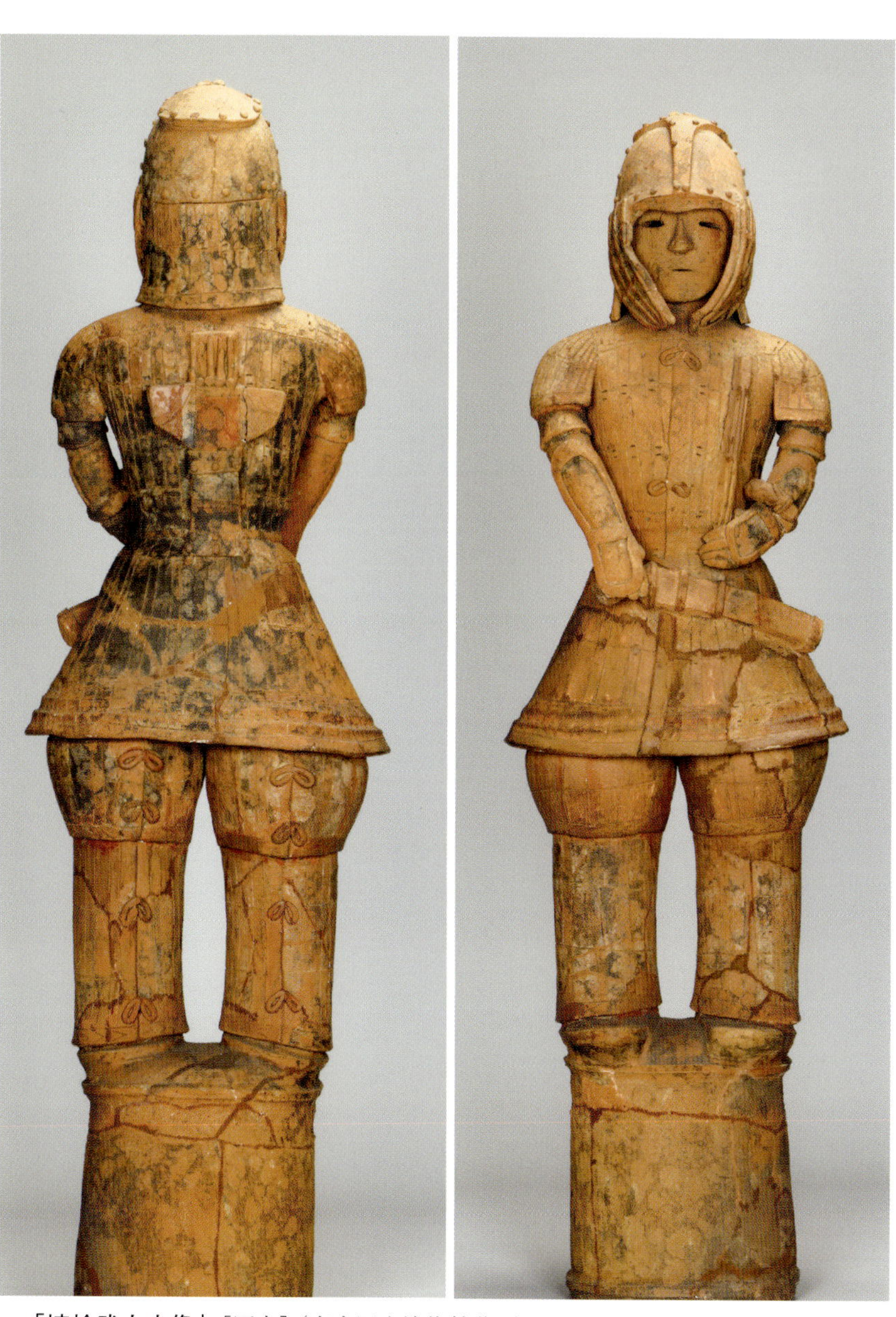

「埴輪武人立像」［国宝］（東京国立博物館蔵／ Image: TNM Image Archives）
衝角付冑と挂甲で身をかため、腰に大刀、左手に弓を持ち、その手首には鞆を巻き付けている。また背には矢を入れた靫を負っている。
6 世紀頃　群馬県太田市出土

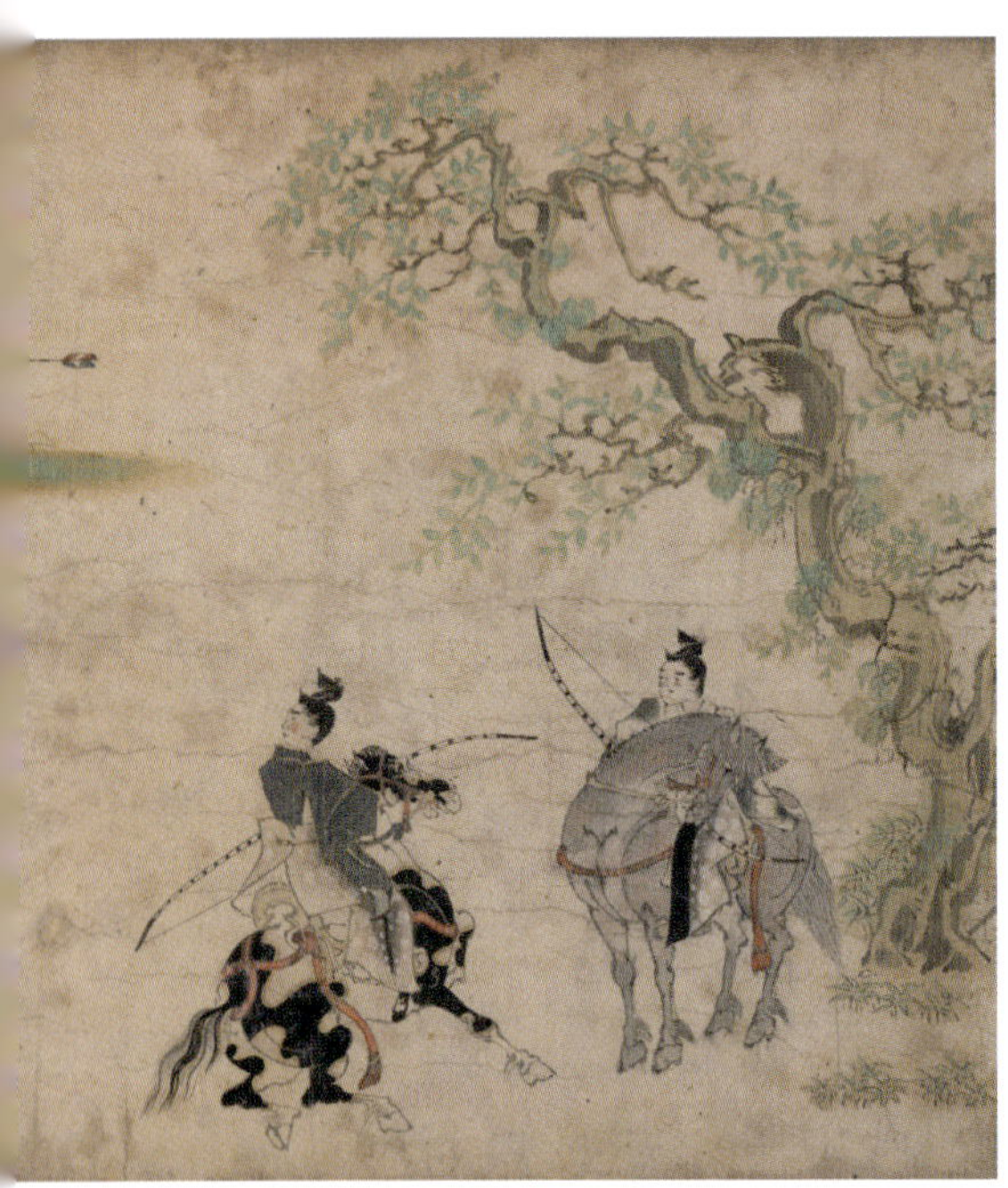

『男衾三郎絵巻』［重文］
（東京国立博物館蔵／ Image: TNM Image Archives）
男衾三郎の郎党たちが騎射三つ物の一である「笠懸」の稽古に励む様子を描いたもの。中世鎌倉武士の生き生きとした様子がうかがわれる。

『北野天神縁起』
（公益財団法人 前田育徳会蔵）
道真は学問の神様として知られているが、また弓の名人でもあった。この場面は弓の会で妙技を披露している様子を描いたものである。

『平家物語絵巻』（林原美術館蔵）
源平両軍が対峙し矢合戦している場面。弓を引き込んだ様子や、発射の折の射形に当時の敵前射法の一端を見ることができる。

はじめに

弓矢とそれにまつわる文化は、世界のほとんどの民族や地域に見られるものであるが、その在り方はそれぞれの風土と歴史の中で独自の様相を形成しながら今日に至っている。これをわが国にみると、太古より狩猟の具としてまた武器として使用され、その威力から宗教と結びつき、神器・聖器として尊崇の対象となった。しかしこのような在り方はわが国だけでなく、古代中国・中東諸国をはじめ広く世界的にもみられるものである。

またヨーロッパ諸国の弓矢も、長い間武器として使用されてきたが、科学技術の発達に伴う武器の進歩によりその役目を後退させるとともに、英国に発する産業革命以後の近代社会において誕生した運動文化であるスポーツとして世界的に普及していった。

わが国の弓射文化の特徴

わが国の弓射文化の特徴としては、古くは古代中国の弓射思想の影響を受け、奈良時代から平安時代にかけて朝廷儀礼式の一環としてこれを受容しながらも、徐々にわが国独自の様式を確立していった。そして武士たちが政治の動向に影響を与えるようになった平安時代中期頃から武家が政権を執るようになった鎌倉時代、さらには室町時代にかけての数々の戦いを通して弓矢は武器の最右翼として位置付けられ、それに関わる戦時におけるさまざまな故実や平時における武家社会の儀礼式として弓射文化が成立した。

また江戸時代に入ると、高度な心・技の探求を通して芸道的な世界を追求しようとする在り方や、弓術実践の中に武士教育の教材としての意義を見いだすとともに、弓射と養生や健康との関わりへの気付きにも関心が払われるような言説がみられるようになるなど、わが国の弓射文化は多様な性格を帯びるようになる。

さらに近代以降もその意義こそ変われ、引き続きその時々の国民的要請のもとに学校体育の教材や社会体育の一環として広く愛好され今日に至っている。

このような経過を辿って今日に至ったわが国の弓射文化は、施設・設備、用具、また射法、射術と心身観、実践にまつわる行動様式、さらには競技における明示的・黙示的規範などに、他のスポーツ文化にはない特徴がみられる。

ところで文化史とは、従来の政治史・社会史・経済史などでは描き切れなかったさまざまな人間の文化的な諸活動、すなわちこれまで人類が創りあげ、伝達・共有してきた行動・生活様式の総体の歴史であるとされる。

弓射文化の歴史を学ぶということは、単に過去の弓射に関わるさまざまな事実を明らかにするだけでなく、過去の歴史からさまざまな教訓を得、それを今後の弓道の発展に結び付けるためのものでなくてはならない。すなわちわが国の弓射文化が辿ってきたこれまでの史的経緯とその背景を学ぶことが、将来の弓道のビジョンを描くために意義がなければならないと考える。

本書はそうした趣旨にしたがって、弓射という運動文化のこれまで歩んできた歴史について述べたものであり、将来の弓道を考える若い方々にとって何らかの拠り所ともなればと思い執筆したものである。

弓射文化史の時代区分

歴史を論究しようとする場合の時代区分は、一般的には①政治・経済・社会体制などの特徴から古代、中世、近世であるとか、鎌倉時代・室町時代というように区分する場合、②日本史・東アジア史・東北地方史のように、特定の地域や地方・地区に限定する場合、さらには③武士階級とか公家社会というように、ある階級や身分社会に限定する場合、④軍事・宗教・芸術・教育・風俗など、人々の特定の活動領域に限定した中でアプローチすることが出来よう。またこれらの条件をさまざまに組み合わせて考えることも可能である。

さてここで①の社会体制の相違から時代を区分する場合、それぞれの民族や地域の置かれた風土の中で営まれた歴史的経過や歴史観の相違によって独自の時代区分が考えられる。総体的にいってヨーロッパでは古代・中世・近世（近代）の三期法を基本とし、この前後に原始時代と最近世を置き五区分とする場合がある。この区分法は多分に宗教との関わり合いでの区分法によるものとされている。

日本史では歴史の流れの中に政治・軍事体制を背景とする経済の仕組み、身分制度、宗教の役割等々がその時々の社会の中でどのような関わり合いを持っていたかによりさまざまな時代区分が考えられる。したがって時代区分の仕方はその民族や地域の特性によって相違があり、どの時代区分が正しいとか正しくないというものではない。

以上のことを踏まえた上で日本史の時代区分をするならば、①原始時代、②古代、③中世、④近世、⑤近・現代の分け方が一般的であり、本書の時代区分もこれに準拠している。

ただし本書が日本の弓射文化という特定の分野を通史的に述べることを目的とすることから、記述事項によってはそれぞれの時代区分の中で収まらず、時代区分を超えて記述している場合がある。たとえば弓具の変遷や中世後期から近世初頭に跨るような流派の問題や射法などについては、便宜上時代区分を超えて一括して述べている部分がある。弓道の文化史を考える場合、理想的には独自の時代区分を設定することが望ましいことはいうまでもない。今後斯道の研究者には是非とも弓射文化史にふさわしい時代区分を確立して欲しいと願っている。

先行文献について

さて弓射文化に関する通史の先行文献としては、筆者が管見するところ、浦上棨・斎藤直芳著『弓道及弓道史』（『武道全集』第四巻　平凡社　昭和一〇年）や斎藤直芳著『日本弓道史』（『弓道講座』第一・二巻　雄山閣　昭和一二年）、斎藤直芳著『日本弓道史』（『現代弓道講座』第一巻　雄山閣　昭和四三年）などがあげられ、また近世後期～近代初期における武術の動向の中での弓術については今村嘉雄著『十九世紀に於ける日本体育の研究』（不昧堂書店　昭和四二年）、弓術流派については石岡久夫著『近世日本弓術の発展』（玉川大学出版部　平成五年）などに詳しく記述されている。

これらの文献をみると、時代を反映して皇国史観的な記述が見られたり、特定の時代や体育という対象範囲の中での記述、さらには流派や弓具といった限定された対象テーマについて述べた特殊史となっている。

確かにわが国の弓射文化は太古の時代より今日に至るまで日本人の生活の中に血肉のように溶け込んできた存在であり、その証左として日本文化と弓射との関わり合いの幅の広さと深さについては、宗教儀礼式や文学・演劇・娯楽などさまざまな分野に垣間見ることが出来る。

このようなことから、わが国の弓射文化を通史的に著すことは、浅学菲才の筆者にとってあまりにも荷の重すぎるテーマであることは承知していた。案の定出来上がった原稿を第三者として通読して、わが国の弓射文化の流れの一端を垣間見たに過ぎない内容であることを痛感している。

本書で宿題となった課題については、筆者としても今後継続的に考究していきたいと思っているが、将来の弓道界を担う方々には本書のミッシングリンクを是非繋げて欲しいと念願している次第である。

弓道のすすめ

弓道はそれが醸し出す雰囲気や印象から、一見古そうに見えるが、実はめまぐるしく変転する現代社会にあって人間性回復に意義ある、いわば古くて新しい運動文化として高く評価されている。弓道は年齢・性別・体力・体格・実施季節や時間などにあまり左右されず、またその運動負荷も自由であり、自己を閑かに見つめたり、スポーツとして他者と技を競い合うことも出来るという、極めてすぐれた特性を持っている運動である。

このような特性を持っている弓道はわが国の国民性に合致し、生活の中に根強く定着しており、さらには近年になって諸外国からの愛好者が増加しており、今後国際的な発展が期待されている。

本書はこのような現況に鑑み、各教育・研究機関において弓道史・武道史・スポーツ史などに関心のある若い学生・院生、さらには日本体育史の研究に携わる研究者にとって何らかの専門的研究の拠り所となればという思いで著わしたものである。また本書が弓道実践の場で指導にあたる中堅指導者達にとっても、今日の弓道の因って来る歴史を若い人たちに講義する折の参考となるものと確信している。

孔子は「温故知新」（過去の事実を明らかにし、そこから教訓を得、新しい道理や見解を導き出すこと）の重要性を説いているが、本書が今後の弓道を考える上において何らかの指針ともなれば幸甚である。

終わりに、本書の刊行に際しては、雄山閣の編集部次長羽佐田真一氏にさまざまなご配慮をいただき、また小山弓具店会長小山雅司氏、長谷川弓具店の皆様、並びに筑波大学准教授松尾牧則先生からは貴重な史料・写真等を提供していただきました。ここに心よりお礼申し上げます。

平成三十年四月七日

入江康平

◎弓射の文化史─原始〜中世編─◎目次

第一章　原始時代

◎弓射の文化史―近世〜現代編―◎

序章

人類が互いに殺し合うという行為は、本来備わった宿命的な性であるとする一方、その行為は長い人類の歴史の中ではつい最近の農耕社会を形成して以降のことであり、それ以前においては基本的にはなかったとする見解がある。この問題は互いに見解の違いがあり、結論を出すことは大変難しい。

しかし少なくとも有史以来現代に至るまでの人類の歴史は、まさに戦い（闘い）の歴史であるといっても過言でない。すなわち人類はこの世に生を受け死を迎えるまでの間に、自然界からの脅威を防ぐための闘いから始まり、猛獣から身を守ったり食糧にする小動物を捕獲するための闘い、さらには土地争いや政治体制・宗教などを背景とした人間同士の戦いなど、さまざまな戦いに遭遇してきた。そして私たちは、今日においても世界のどこかで互いに殺傷し合う状況が起きていることも承知している。

幸いにもわが国は今次大戦後この厳しい体験をせずに今日を迎えているが、日々の生活の中で私たちは形こそ違え入学試験や就職試験、さらにはスポーツ活動、盤上遊戯など、何らかの場面で期待される結果を得るための戦う場を体験している。

このように人類はさまざまな戦いによい結果を得るため、先天的に備わった知能や身体能力、さらにはそれに後天的な訓練を加えるとともに、獲得した技能を有効に発揮させるためにさまざまな道具やその操作技術を工夫・開発してきた。それはとりもなおさず生物として自分の身を守り、種を継続繁栄させるためであり、社会的に他者より優位な立場に立つためであった。

私たちは自己の主張を通し、他者より優位な条件のもとで生きることを願う限りにおいて戦いは不可避であり、戦いは私たち人類にとって好むと好まざるとにかかわらず避けては通れない永遠の課題であるといえよう。

さて自然との闘いは別として、人間同士の戦いの歴史をみると、軍事学者として著名なクラウゼヴィッツ（Carl Von Clausewitz）が『戦争論』の中で「およそ戦争は拡大された決闘にほかならない」、「物理的な力を行使して我が方の意志を相手に強要し、相手を完全に打倒しておよそ爾後の抵抗を全く不可能ならしめること」といっているように、戦いは個人対個人、集団対集団とにかかわらず、相手方を自分の意のままにする目的のための行為である。またこのことについて、考古学では「（戦争とは）多数の殺傷をともない得る集団間の武力衝突」（佐原真著／金関恕・春成秀爾編『戦争の考古学』）としているが、その原点は個人対個人の戦いにあるといえよう。

そしてその戦いを有利に展開するための武器の開発とその操作法、さらにはそれを有効に運用するにあたり、全局的に運用する方法である「戦略」、刻々と変化する戦局に対する方策である「戦術」、小地域における戦闘の対応策としての「作戦」が研究工夫されてきたのである。そして今日私たちが行っている現代武道は、かつての個人対個人の戦いの技術であった武術を、現代社会に意義ある運動文化として昇華したものであるといえよう。

本書はわが国の数ある武術の中の弓射文化の歴史について取り上げ論考しようとするものであるが、歴史的にみて弓射文化の原点は、狩猟の具や武器にその存在意義があったことはいうまでもない。しかしその意義や価値は単なる〝狩猟や戦いの道具とその操作法〟としての意義に止まらず、それから派生し各時代の要請を受け、さまざまな価値を付加しながら今日まで伝承されてきている運動文化であり、その発展過程と文化的意義は、諸外国の弓射文化と比較して多様で特徴ある在り方がみられる。

そこでわが国の弓射文化史を攷究するに先立ち、まずは関係用語について明らかにすることから始めることとする。

第一節　武道関係用語考

一　戦・争・戦争・軍

1　戦

戦（戰）たたかう（ふ）の「単」は単一・一つ・単（ひとえ）などの意で、「戦」はこの「単」と「戈」の会意文字であることから、ヒトが武器を手にして一対一で戦うことを意味する。また「戦」は「楯交ふ」の転、また「叩（タタキ）」に反復・継続の接尾語の「ヒ」のついた意であることから、「直接相手を繰り返し叩く」、「たたきあう」という人間の最も原初的な闘争の意味がある。

2　争

『新漢和辞典』（諸橋轍次・他著）によると「争（爭）あらそう（ふ）は、物を両方から引っ張り合ってあらそう様を表している意である」とあり、あらそう・競う・張り合うなどの意味がある。

3　戦争

この二つの漢字からなる「戦争」という語の初見は『後漢書』（五世紀頃）などの中にあるとされるが、わが国においてこの「戦争」という語が使われるようになったのは近代になってからで、古くは「戦い」・「軍」などの語が用いられていた。

4　軍

「軍」は「勹（包の省略体）」と「車（戦車）」の合字であり、歩兵が戦車を取り囲むような陣形の形であることから、兵士の集団、すなわち軍隊・軍・軍兵・軍卒などを意味する。因みに「的」を「いくは」といい、射手を「いくふ」、弓射の術を「いくさ」というが、これは古代の戦いが弓矢中心であったため、後代になって転じたものとされている。

穿った解釈をすれば、「戦（たたかい）」が限定された場所や時間で終わる個人対個人の闘争の意があるのに対し、「軍（いくさ）」は前もって存在する対立集団がその準備段階から闘争が終了するまでの戦略的意味まで含んでいると考えることが出来よう。

二　兵・兵法・兵器

1　兵

「兵」は「斤（斧）」と「廾―両手」の合字であることから、武器を持つ人、すなわち武人という意味がある。わが国における使用例としては、芭蕉の句「夏草やつはものどもが夢の跡」の「つはもの」が有名であるが、この場合の「兵」は武人の意と解釈されている。

また柳生新陰流の『兵法家伝書　殺人刀（せつにんとう）』の冒頭で宗矩は『老子』（第三十一章）の「兵者、不祥之器、非二君子之器一……」を引用し「弓矢・太刀・長刀、是を兵と云ひ……」とあるが、ここにいう「兵」はいずれも武器の意である。

さらにいえばこの「つはもの」の「もの」は、本来人の能力を超えたところの畏怖の対象となる霊威ある存在を意味するが、わが国では武器は単に敵を制し自己及びその所属集団を護るための道具に止まらず、あたかも神から授かった神聖な祭器・聖器であるとし、武器を尊崇し権威の象徴とする思想が古代以来一貫して流れている。

2　兵法

次に「兵法」について考えてみよう。まずその読み方であるが、これを①漢音で「へいほう（へいはふ）」と読む場合と、②呉音で「ひょうほう（ひゃうほふ）」と読む場合とがある。前者は平安時代初期以前に伝来し、現在国語化している漢字音で、漢語を読む際に用いられる読み方で、後者は奈良時代、中国南方から渡来した音で、仏教語で多く使われている音である。

また「法」は「氵ー水」→公平なこと、「去」→罪の有無を調べ、有罪者を罰するという意味がある。このことから規則・原則・定められた型や様式などの意味となり、技芸の分野では普遍性を持った法則・手段・やり方などをあらわす時に使われる。

さてわが国における「兵法」という語の初見は『日本書紀』天智天皇十年の「閑二兵法一」とされ、これを「つはもののりにならえり」と読ませ、兵（つはもの）に関する知識や技術全般の意味で使用されている。さらには『甲陽軍鑑』（天正年間）の中には「夫軍法は兵法也。（品第四一）」、心形刀流の伝書に「兵を用るの法なり」などとあるように、①軍法・兵学・陣法など、集団対集団の軍（いくさ）に関わる事柄、つまり「用兵の法」全般に使用する場合がある一方、②宮本武蔵の『五輪書』（正保二〈一六四五〉年）の「一分の兵法」・「ちいさき兵法」や「干戈（武器）を兵と言ふ。これを執る者も亦兵と言ふ。武士の為す術皆兵と言ふ。撃剣も亦兵法中の一術なり」（『心形刀流目録序弁解』）とあるように、個対個の戦い、つまり武術（武芸）全般の意と同意として使用する場合、さらには③「兵法者は太刀の甲乙仕分、勝負の習よくして……」（『甲陽軍鑑』品第四十下）、「近代兵法者と云ふて世を渡る者、これは剣術一遍の事也」（『五輪書』地之巻）、「へいはうといはば、人と我とたちあふて刀二つにてつかふ兵法は……」（『兵法家伝書』上巻序）のように、剣術と同意であるとして使用する場合などさまざまな意味で使用されるようになる。

3　兵器

「兵器」の「器」は四つの口、（多くの口）と犬の合字であり、皿などの道具の意から、器具・道具・器物など、さらには才能・度量などの意味がある。これからして兵器は戦いに使うさまざまな道具の意味となるのである。

三 武・武術・武技・武芸・武器・武道

1 武

次に「武」とそれに関わる語についてみてみよう。「武」は「戈」と「止」の会字であることから、中国の古字書『説文解字注』に「……文ニ於イテ戈ヲ止ルヲ武ト為ス」とみえ、この思想の影響を受けわが国でも「戈をもって兵乱を防ぎ止める」とする解釈が一般的である。しかし「止」は「足」の象形であり（図1）、この「武」の字の成り立ちが「戈」との合字であることからして、その本来の意味は人が戈（武器）を手にして荒々しく前進するダイナミックな様子を示したものであることを忘れてはならない。

○「武」と「舞」について――余談ではあるが、ここで「武」と「舞」について若干ふれておこう。「舞」は人がたもとに飾りをつけて舞っている様子（図1）を表し、神の前で足踏みをして、ないものをねだることを意味しており、後に否定詞（ない）の意味に使用されるようになったという。そしてこの「無」の「火→灬」に替えて「舛」とした「舞」の字がおこり、「まう」、「ふるいおこす」、「鼓舞する」などの意味として使われるようになったのである。したがって「舞」は本来の意味である「無」の意味を含んでおり、「武」の荒々しく足踏みする意味に通ずるものがあると解釈することが出来る。

図1 漢字の成り立ち①――「武」・「舞」

2 武術

さてここで「武術」という語についてみると、その初見は五三〇年頃、顔延之作『文選』という書物の中の「皇太子釈奠会作詩」にみえる。

ところで「術」の字は「行――いく・すすむ」と「朮――もちあわ（食糧）」の会意文字で、食糧を携帯して行動するという意味があり、その行動を起させる原動力として身体に内在している力の働きを意味する。したがって「術」は目には見えないものであり、〝秘術〟とか〝魔術〟などという語で表現されるように、視覚では捉えられない性質のものであり、その動きが動きとなって具体化されたものをわれわれは〝技〟といっているのである。

○技術について―ここで参考のために、今日私たちが日常的に使っている「技術」という語について若干ふれておこう。この「技術」という語は古くは中国の歴史書『史記』にみられ、わが国では江戸時代中期に刊行された百科事典『和漢三才図会』に「技ハ芸ナリ。……」とあり、「技術」は「芸術」と同意語として使用されている。

佐久間象山の言葉「東洋ノ道徳西洋ノ芸術」（『省諐録』）は有名であるが、ここにいう「芸術」は今日私たちが理解している美術や工芸などのいわゆる「芸術」ではなく、西洋で発達した自然科学や生産技術文化全体を意味している。

わが国の近代以前においては一般的に今日いうところの「芸術」は〝芸〟といっており、『芸術武功論』（明和五〈一七六八〉年 柏淵有儀著）や『天狗芸術論』（享保十三〈一七二八〉年 丹羽樗山著）などの「芸術」もこの意味で使用されている。明治時代になって近代哲学の祖西周が「技術」を「メカニカル・アート Mechanical Art」、「芸術」を「リベラル・アート Liberal Art」と訳したが、なおその定義についてさまざまな解釈がみられる現状である。

３　武技

次に「技」という字についてみてみよう。この字は「扌→手」、「十→草木の枝」、「又→手」の会意文字であり、両手で持った枝で何かを表現することを意味している。このことから「技」は内在した力の働き、すなわち「術」によって第三者の前に具体的に表現された有り様を意味するものと考えられ、〝技が冴える〟とか〝技が切れる〟・〝豪快な技〟などという表現がしばしば用いられるのもこの意味からであろう。因みにこの「武技」という語の初見は宋代の末期（十一世紀中期）頃、宋祁という人物が著わした『旧唐書』の中の『衛伯玉伝』に出典している。

4　武芸

「武芸」の「芸」→「藝」は「艸→草」、「執→植える」、「云→転（耕す）」の会意文字であることから、「土地を耕して樹木を植えること」の意であり、この意味から転じて「人間の精神にあるものを芽生えさせること」となり、それは学問や芸術にあるとしたのである。因みにわが国における「武」の「藝」、すなわち「武藝（芸）」という語の初見は『日本書紀』の中の「綏靖天皇紀」（「……武藝過レ人」）や、『続日本紀』「文武天皇の条」（「毎レ番十日教二習武藝一……」）にある。なお今日使用している「芸」という字の本来の意味は「芸―ウン＝芬々（ふんぷん）と香る草」という意味である。

5　武器

また「武器」の「器」についてみると、兵器の項で述べた通りであり、「武器」は文字通り戦いに使用するさまざまな道具や器械の意があり、「兵器」と同意であるということが出来る。なお「武器」と「兵器」については第三節「一　武器と兵器」を参照されたい。

6　武道

次に「武道」の「道」について考えてみよう。「道」は「首」と「辶」の会意文字である。この「首」は「頭髪（巛）」と「頭」を表す象形文字であり、人間・ものごとのはじめ・要などの意味がある。また「辶」は「彳」と「止」から成り立っており、人間が行ったり止まったりすることの意から、当初はある地点からある地点まで行く具体的な「道」の意であったが、後になってこの具体的な「道」の意は転じて抽象的な意味にも用いられるようになった。

わが国の「道」の初見は、『古事記』や、『日本書紀』の「美知（みち）」にあるとされる。すなわちこれらの文献の中における〝みち〟の〝み〟は、神のものや尊敬の意に用いられる美称、〝ち〟は方向・道の意の古語であるとされ、古代における〝みち〟は「すべ」、「やり方」という技術的方法の意味が強かった。そして平安時代頃になって学問・技芸の各専門分野における教学的意義を持つようになるのである。

小西甚一氏は中世の「道」の成立する基本要件として①専門性、②普遍性、③拘束性、④継承性、⑤実践性をあげているが（「道の形成と戒律的世界」『國學院雑誌』五七－五　昭和三十一年）、これを武術の分野にあてはめれば、武術という専門分野の中にその専門性を超えたすべての分野に通ずる普遍性を見出し、その分野が培ってきた文化の伝統性の継承形式を整備し、一般的な日常生活以上の厳しい生活規範、すなわち〝行（実践訓練）〟を課すことにより、人間的向上を目指そうとするとなろうか。

わが国の武術も長い歴史の経過の中で他領域からの影響を受けながら、幾多の先達の努力によりこれらの要件を整備しながら発展してきたのである。また近世になると、儒学（朱子学）の影響を受け、各専門技芸分野の真理の体現に止まらず、「よろずの道」を貫通する天地自然の理を通して人の履行すべき理義へと発展するのである。武術の世界においてもこのような在り方は近世すでに主張されてはいたが、一般的には「武術」、「武芸」などと呼称されていた。

それでは「武道」という語はどのような経緯で使われるようになったのであろうか。「武道」という語の初見は唐時代（九世紀）の詩人李商隠（りしょういん）著『李義山詩集（りぎさんししゅう）』の中の「忠孝の両全文武の両道」が初見であるとされる。一方わが国では古代から中世にかけて『吾妻鏡』の「熊谷次郎直実……辞二往日之武道一……」や『平家物語』の「武道は血気の勇者、仁義の勇者といふ事あり。何も仁義の勇者を本とす」などにこの「武道」という用語をみることが出来る。それぞれ微妙なニュアンスの違いはあるものの、およそ「文道」に対する「武道」の意であったようである。

これが近世になると、「武道」は武士が心得守るべき行動規範、すなわち（武）士道の意となるのである。因みに近世初頭に著わされたとされる『甲陽軍鑑』や井原西鶴の『武道伝来記』、大道寺友山の『武道初心集』にみられる武道は（武）士道の意で使われている。

○「武術」から「武道」へ──今日私たちが使用している「武道」という用語は個人に帰する戦闘技術を、近現代の社会的要請や理念のもとに昇華再生した運動文化であると解釈できる。それではそのような意味での「武道」という用語はいつ頃から使用されはじめたのであろうか。

まず挙げられるのが明治二十八年の大日本武徳会設立趣意書の中の「……武道家ヲ会シ武道ヲ講演シ……」であろう。また筆者の管見によれば民権論を提唱した中江兆民も雑誌『武士道』二号（明治三十一〈一八九八〉年）の中で「武術より一変して武道に進むこと、是余の諸君に望む所なり」と述べており、さらには大正三年になって、時の警視総監西久保弘道が武道講話の中で、武術が単なる武術に止まらず徳育的意義を強調し、従来の武術・武芸を「武道」と呼称すべきである、と述べたことをあげることが出来る。

時代が下がるにつれてこのような考え方は社会的に共通理解を得るようになり、昭和六年に至って教育法規上「是レ剣道及柔道ガ我国固有ノ武道ニシテ……」と記されるようになるのである。

四　（武）道場・神棚

1（武）道場

武道を稽古する施設である〝道場〟という語は仏教用語に由来するもので、釈迦が悟りを開いた時の坐所であるブッダガヤの菩提樹の下の金剛坐をいい、仏道を修行する場所を道場というようになった。

わが国における仏道修行の場所以外の意味での使用の初見は、鎌倉時代に著された『古今著聞集』（建長六〈一二五四〉年）の「……管弦道場として道をたしなみける輩たへず入来所也」（巻七能書第八　橘成季編）であるとされており、武術関係では武蔵の『五輪書』の「とりわき兵法の道に色をかざり花をさかせて、術とてらひ、或は一道場、或は二道場などいひて、おしへ、……」がよく知られている。

しかし武術関係の文献を管見すると、近世においては通常稽古所や稽古場など、また藩校では演武場（演武所）、講武場（講武所）、武教場、武館などの名称がみえ、また弓術場（弓術所）、射場、的場、剣術場（剣術所）など各種目毎の名称がつけられている場合が多い。

今日武道の稽古施設全体を武道場といったり、弓道場、剣道場といった種目毎の名称が一般的に使用されるようになるのは、明治時代末期から大正時代以降のことである。

2　神棚

神棚は神道の神を祀るための棚である。武術を稽古する場所に神の名を掲げるようになるのは、多くの場合稽古する場所が屋内形式となる江戸時代以降のことであり、祀る神は『記・紀』に出典する武神である「鹿嶋大明神（武甕槌命）」や「香取大明神（経津主神）」、「摩利支尊天」など、また幕末になってからは「天照皇大神宮（天照大神）」の掛軸を床の間に掛けるようになった。

維新後天皇を古代の宗教的権威の復活とする明治政府は、わが国の歴史と風土の中で醸成され民衆に信仰されてきた産土神（うぶすなのかみ）を本宗である伊勢神宮の末社とした。そして明治二十八年設立された大日本武徳会は桓武天皇を祭神とし、明治時代末期から大正時代にかけ各武徳殿や警察の武道場に神棚が設置されるようになるのである。

また神棚の設置が学校の武道場に義務化されるようになるのは、昭和十一（一九三六）年の体育運動主事会議（文部省主催）において「学校ニ於ケル剣道柔道等ノ実施ニ関シ特ニ留意スベキ事項如何」の諮問に対し「道場ニハ神棚ヲ設クルコト」という答申がなされて以降のことであり、それ以前においては、たとえば昭和七年頃の神棚設置状況調査によれば、武道場に神棚を設置していた中学校は半数以下であったのである。

この昭和十一年は「第二次改正学校体操教授要目」が公示された年であり、この中で剣道・柔道は「……体育上誠に適切肝要のもの」として重要視され、弓道・薙刀も正科教材として加えられるようになった年でもある。学校武道での神棚設置の義務化は、緊迫する国内・外情勢のもと、国家体制強化のための施策の一環であったことは否めない。

この神棚設置の義務化については戦後昭和二十（一九四五）年十二月「国家神道・神社ニ対スル政府ノ保証、支援、保全、監督並ニ弘布ノ廃止ニ関スル件」（GHQ覚書）により、神棚の除去や新規設置・強制的な参拝が禁止されるのである。

そして昭和二十二年施行された新憲法第二十条第三項に「国及びその機関は、宗教教育その他いかなる宗教活動もしてはならない」とあり、これを受けて教育基本法第十五条第二項では「国家及び地方公共団体が設置する学校は、特定の宗教のための宗教教育その他宗教活動をしてはならない」と定められた。このことにより神棚は仏壇・仏像や祭壇・神像・聖像・十字架・鳥居などと同様、特定の宗教の象徴と解釈され、公的な施設などに設けてはならないこととなったのである。

第二節　弓道関係用語考

一　弓・矢

1　弓

弓はその形から見てわかるように、遠距離にある目標物にダメージを与えるため、矢という棒状体のものを射発つための弾性体の武器で、中国漢代に著わされた『説文解字』（十二下）によると、この「弓」という文字は「弓、窮也。以レ近窮レ遠者、象形……」とあり、また後漢末期の辞書『釈名』（「釈兵」）でも「弓は窮成り。之を張ること弓隆（ドーム形）然たり」とその形をもって説明している。さらに明代末の漢字字典『正字通』に「弓、揉レ木而弦レ之以発レ矢、六材所レ成、幹角筋膠絲漆」とあるように、「弓」は文字通りそのものの象形であることは容易に想像がつく（図2）。

すなわち弓は遠距離にある目標物にダメージを与えるため、矢を射発つための弾性体を象ったものである。わが国では古くは弓を「イ（ユ）＝射」と読ませ、『和名類聚抄』（『倭名類聚抄』『和名抄』）では和名で「由美」と書き、その意を「箭をやる器」としている。また「ユミ」はその形状から「ユガミ」からきたものだとする説もある。

さらに弓を「ミトラシ」と読ませることがある。これについて新井白石著の語学書『東雅』の中で「ミトラシといひしは御執也。男子の執る所の物なるをいふ也。万葉集抄にミトラシとは御弓也。……」と説明している。

○弦―弦は和名「由美都流」で、弓＋玄から成る。この「玄」は「幺＝糸の意」の象形である。因みに弦（ツラ・ユミヅル）について『東雅』では「ツルとは釣連之義にして、其弓の本末に掛けて引くべきをいふ也」とある。

２ 矢（箭）

「矢」は箆（矢幹・矢軸）に鏃や羽をつけた矢の象形文字である（図2）。『説文解字』（五下）によると、この「矢」は「弓弩の矢なり。入に従ひ鏑・栝に象る」とある。なおこの「入」は鏃の形を示している。

わが国では『記・紀』の中に「天羽々矢」・「真鹿児矢」などの語が見える。この矢の意について新井白石の『東雅』の中で『日本紀私記』を引用し「矢弓を以て射遣る義也とみへたれど、ヤとは破也。其物を破るをいふなるべし。……」と述べている。

矢は前進するという意味や、文字通りある方向を示す意味があり、矢形の印〝↓〟は天文学をはじめ気象学・生物学・海洋学・地質学など広く自然科学の分野でも使用されている万国共通の記号で、私たちの日常生活の中でも頻繁に見かける記号でもある。

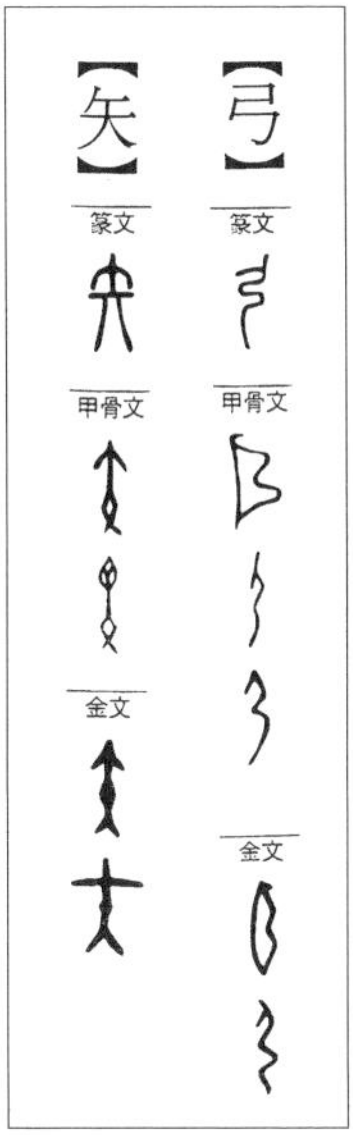

さて矢の刺突効果を高めるための箆（矢幹）の先につける鋭利な部分を「鏃」といい、和名では「夜佐岐」といっている。また別に「矢の根」・「矢尻」ともいうが、その文字の成り立ち

【弓】 篆文 甲骨文 金文
【矢】 篆文 甲骨文 金文

図2　漢字の成り立ち②──「弓」・「矢」

をみると、この「鏃」の「族」は「方」＋「人」＋「矢」の合字である。すなわち軍団（旗印）のもとにまとまった武器（矢）を用意し戦闘に備えるという意があり、矢先が竹製のやじりの場合は「簇」となり、石や骨製・金属製のものとなることにより「鏃」という文字となる。なお「鏃」についての詳細は別章で述べることとする。

さて矢先と反対の末端に弦を喰わえさせるため溝を切り込んだ部位がある。この部位を「筈（はず）」（かつ）」という。「筈」という文字は竹冠に舌であるが、この舌は「氒（けつ）」が変形したもので「括―しめくくる」に近い意味があり、わが国では矢軸の多くが竹製であったため、この「筈」が用いられた。

図3　漢字の成り立ち③――「羽」・「射」

【羽】　篆文　甲骨文

【射】　篆文　甲骨文　金文

ところで、矢をある意図した方向に安定した状態で飛翔させるために、矢に羽を付けることは古来より今日に至るまで世界いずれの地域や民族でも認められる。この「羽」という文字は図3からのものであることは容易に理解出来よう。この矢羽は一枚の羽を箆に挟む二枚立がもっとも原初的なものであるが、通常は一枚の羽を半分に割き、それを箆を三等分した角度に三枚剝ぎ付ける三立（みつだて）である。また使用目的により上下左右に四枚剝ぎ付ける四立（よつだて）もある。

わが国ではこの羽について、単に機能的な目的のみならず、美術的な観点からその斑（ふ）（羽の模様）を珍重する心情が伝統的にみられる。なお箆・鏃・矢羽・筈についての詳細は別章で述べることとする。

二　射・弓術・弓道・的

1　射

この「射」という字の初めの形は図3からもわかるように、弓に矢を番えて右手指で引き放つ形を象った「䠶」であったが、いつの頃からか矢の形を誤って寸の字が使われたという。

２　弓術

「弓術」は文字通り弓の弾力を利用して発射した威力のある矢を正確に目標物に中てるための技術、すなわち弓の引き方をいう。

この「弓術」という語がいつ頃から使用されはじめたかについては定かでないが、わが国最古の弓書とされる『射法本紀』（成立年不明）では「習二射術一、有レ三、一、的術、二、弓術、三、力術」とあり、的を狙う術を的術、的に中てる術を弓術、この弓術を完全に且つ円満に活用することを力術としている。

３　弓道

「弓道」はわが国の歴史と風土の中で発展・確立してきた固有の弓射文化のうち、特に今日広く行われている歩射文化を総称するが、とりわけ（小）的前を指す場合が多い。それではこの「弓道」という語はいつ頃から使用されはじめたのであろうか。筆者の管見によれば「弓道」という語の初見は大和流伝書の中に見られる。この大和流は江戸時代初期に成立した流派で、十六世紀初頭以降戦国動乱の洗礼を受けながら分流分派を重ねる中で成立していた先行諸流を集大成し、時代の要請に即応しながら新たな理念と指導体系のもとに創始された流派である。この大和流では弓を嗜む者の知得体得すべき事柄として、①射術、②射礼、③弓法、④弓器、⑤弓工、⑥四明の六項をあげており、四明について同流では「四明ノ法トテ蟇目鳴弦ノ事ナリ」（承応元〈一六五二〉年『大和流弓道教訓之巻』）とある。要するに前にあげた①②③④⑤を知得・体得した後に得られる弓射の最高の境地に達することをいう。

また時代は下がるが、享保九（一七二四）年の『辻的之書』の中では「夫、勧進的（かんじんまと）といふことは、士農工商を撰ばず、弓道に秀でて……」とあり、さらに天明三（一七八八）年平瀬光雄が著わした『射学要録』の中の「弓道は神代相承秘訣蟇目鳴弦一張弓（いっちょうきゅう）等深キ理ヲ究メ知ルコト」であり、大和流の「四明」とほぼ同意である。

この他にも「弓道」という語は江戸時代の伝書に散見することが出来るが、それ程頻繁に出典することはない。むしろ近代以前の弓射の総称としては、単に弓・射・弓法・射法・射術・射技・弓術などの語が一般的であった。

近代になってからもしばらくは前時代の呼び名が踏襲されていたが、明治二十二（一八八九）年には本多流の創始者本多利實翁が自著『弓道保存教授及演技説主意』の中で「弓道」という呼称を使っていることは特筆出来よう。これはすでに明治十五（一八八二）年嘉納治五郎がそれまでの「柔術」を新たな意義付けのもとに「柔道」へと改称しており、このことが本多翁に何らかの示唆を与えたことは容易に考えらる。

しかし公的用語としては明治三十八（一九〇五）年の「体操遊戯調査会報告書」の中でも「弓術」という名称が使用されており、これに先立つ明治二十八（一八九五）年設立の大日本武徳会でも同様であったが、大正八（一九一九）年には「弓術」を「弓道」と呼ぶようになった。

また大正六年の明治神宮大会、さらには学校教育の場では、大正十五（一九二六）年の「改正学校体操教授要目」の中ではじめて「弓道」という名称が使用され、これ以降特殊な場合を除きこの名称が定着し今日に至っている。ただ大学の部活動では学校教育や一般社会の弓界の動向に対し独自性が強く、「弓術部」から「弓道部」への名称変更は大正十年代以降、時代が下がるにしたがい徐々に増加していった。

4　的

中国古代の弓矢は武器としての用途以外に、祭祀や饗応の際に用いられていた。すなわち中国で弓射は馬とともに六芸の中の一科として重要視され、王が先帝を祀った後、群臣とともに射を行ずる「大射（たいしゃ）」、諸侯が隣国の王とともに行う儀礼射である「賓射（ひんしゃ）」、地方の士から弓の上手を撰び、時の王に献ずるための「郷射（きょうしゃ）」などが行われた。

これらの弓射の催しの折に用いられたのが〝侯（こう）〟である。その規格について『周礼』によると「十尺（約二二〇センチ）四方」とある。この侯には布侯（ふこう）と虎や豹・熊皮で作られた皮侯（ひこう）の二種があり、これを木枠に張る。そして「布の侯中には正を、皮の侯中には〝鵠（こく）〟を設ける」とある。

中国におけるこのような在り方の影響を多分に受けたわが国では、弓射の標的に「的」の字を当てた。この「的」の字は訓読みで〝まと〟で、元の字は「日＋勺」であった。その意は太陽の明らかなさま〝灼〟を表しており、後に〝日〟が〝白〟に変えられたという。

また〝勺〟は〝抜き出す〟、さらには「的」の「白」は白い色の〝まと〟、「勺」は〝つつむ〟の意で、この中に〝丶〟、すなわち色白の的の真中に黒色一点を入れた様子を表している。さらには「的」は〝抜きん出てはっきりしている〟という意味であることから、弓を射る際の〝まと〟の意に用いられるようになったという。

またその形が〝円（まどか）〟であることから〝まと〟といったり、射中る目処（まと・めど）からきたものであるとする説などがある。朝廷儀礼射を描写した絵図などを見ると、正方形の布幕に黒色の三輪を描いた的としていたことからもその様子がうかがえる（図102～104）。なおわが国では古くは身近にある木の葉や貝などの自然物を地に立てた棒状の先に挟んでこれを射る「挟物（はさみもの）」（図95）が行われていた。

なお本書で使用する用語のうち、「弓射」は弓矢に関する外面的内面的文化事象の総体を、「弓術」は原則として近代以前におけるわが国の弓射文化、とりわけ歩射文化の総体を、また「弓道」はわが国の風土の中で形成されてきた多様な弓射の意義の中でも、特に芸道性・教育性などの文化的価値に重きを置く弓射の在り方を指すが、必ずしも厳密なものではない。

第三節　武器としての弓矢とその意義

一　武器と兵器

前に武器と兵器の字義について簡単にふれたが、ここでもう少し別の角度から見てみよう。

まず武器と兵器の字義について『広辞苑』（岩波書店）、『新明解国語辞典』（三省堂書店）、さらには『新漢和辞典』（大修館書店）、『角川漢和中辞典』（角川書店）などを見ると、説明に若干の違いはあるものの、武器と兵器は同意で、基本的には両者に決定的な相違は見られない。武器と兵器についてあえて現代的な解釈をすれば、武器は個人が攻防を目的として携帯・操作することの出来る道具や器械、兵器は特定の集団の武装のため組織的に運用する形や機能において規格化された器械や機械装置であるといえようか。

また広義には戦闘にあたって必要な用具を武具と総称することもあるが、狭義には①主として攻撃に用いる用具である武器と、②身を守るための用具を武具と称し使用する場合が一般的である。

二　近接用武器と遠距離用武器

武器はその原理や発明・様態などの視点からみて、次のように大別出来よう。

1　近接用武器─身体そのもの、及び道具を身体の延長として使用するもの

武器の中でもっとも素朴で原初的な在り方としては、身体そのものを武器化し、物理的破壊能力の強化拡大を効果的にはかろうとしたと考えられるが、これをさらに発展させ身体の延長として道具を使い、運動エネルギーを拡大しようと工夫した。その道具の当初の材質は木や石・骨・青銅で、これがさらには鉄へと発展し、形状もその目的によ

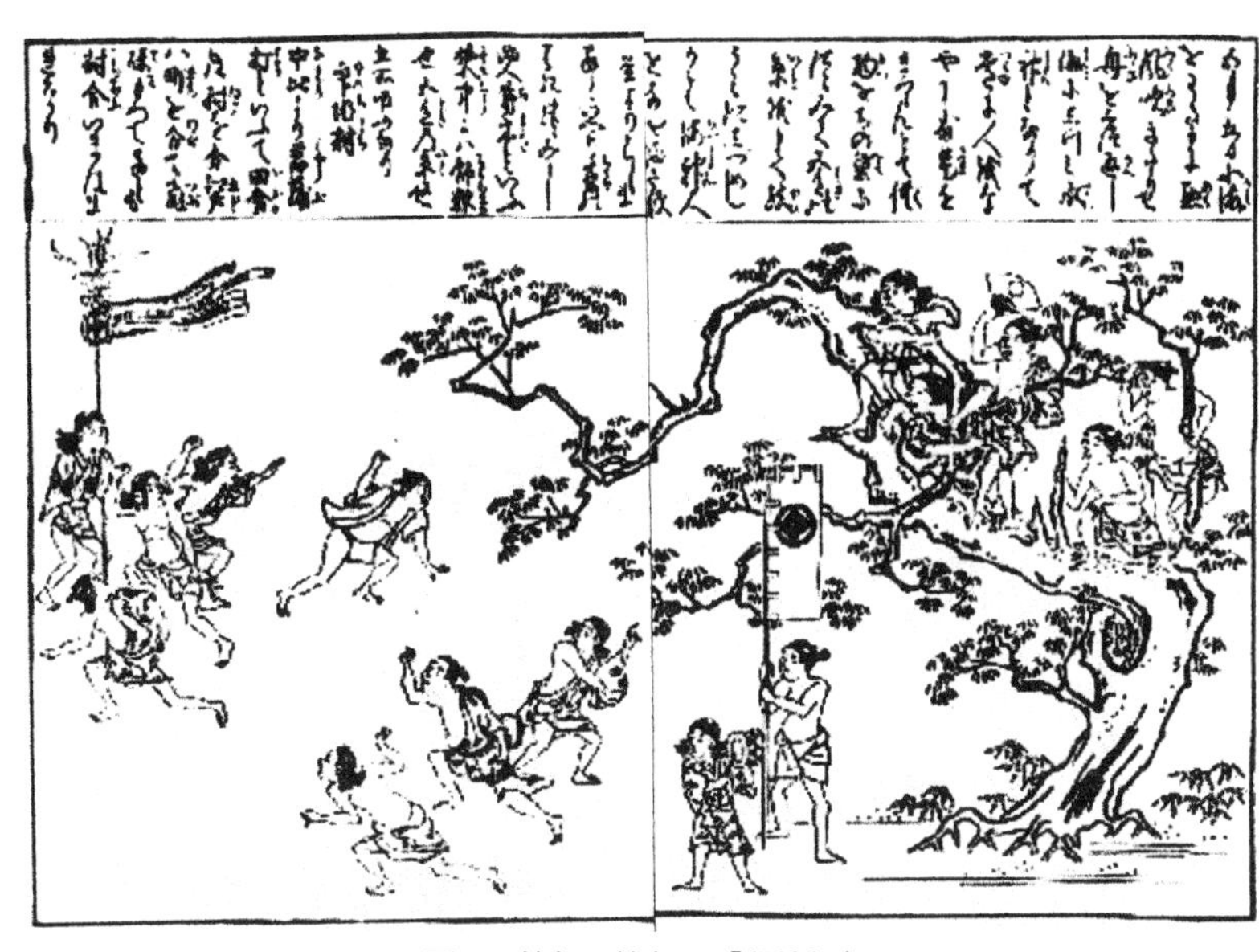

図４　端午の節句の「印地打」

りさまざまな工夫・改良が重ねられた。これらを大別すると次のようになろう。

A　身体そのものの武器化

イ、上肢各部を操作し、撃つ・殴る・突く・叩く・絞める・押す・捻じるなど

ロ、下肢各部を操作し、蹴る・払うなど

B　身体の延長化拡大化を図り、その有効性を高めるために開発された武器

イ、斬截を目的とする武器……刀・鉞・斧・鎌など

ロ、刺突を目的とする武器……鋒（戈・戟・矛）・鑓・剣など

ハ、斬截と刺突を目的とする武器……直刀・薙刀・鎌鑓など

ニ、殴打を目的とする武器……鎚

ホ、殴打と刺突を目的とする武器……棒（棍）

2　遠距離用武器の開発

右にあげた方法Bは道具を使うことにより身体の延長拡大化をはかり、より効果を得ることを狙いとするものであるが、これをさらに発展させ自己を安全な位置に置きなが

ら狩猟や戦いの場で動物やヒトにダメージを与えるために、筋力エネルギーを運動エネルギーに換えた次のような方法が考案された。

①石落し（石弓）

破壊力を増加させるため、大きな岩石を落下させるもので、この方法は原始時代マンモスなど巨大な動物を捕獲するために用いられたとされている。

②投鑓・投石

人類が最初に考えた方法は刺突用の近接武器である鑓状の武器を小型化して、これを投げつけたことであろう。この投鑓は投げつける際に直進力を一点に集中させ貫徹力を得ることが大切で、常に遠距離の目標物に対し穂先が向かうように安定して飛翔させることが重要である。そのため重心の位置や刺突部位、太さ、長さなどに工夫が凝らされたと考えられる。

この他考えられるものとしては、近辺にある適当な大きさや形・重さの石を投げ付けることであろう。わが国でも投石の文化は印地（いんじ）（印地打）、礫打（つぶてうち）などと呼ばれ、子供の遊びから石合戦や一揆の戦法として用いられた（図4）。

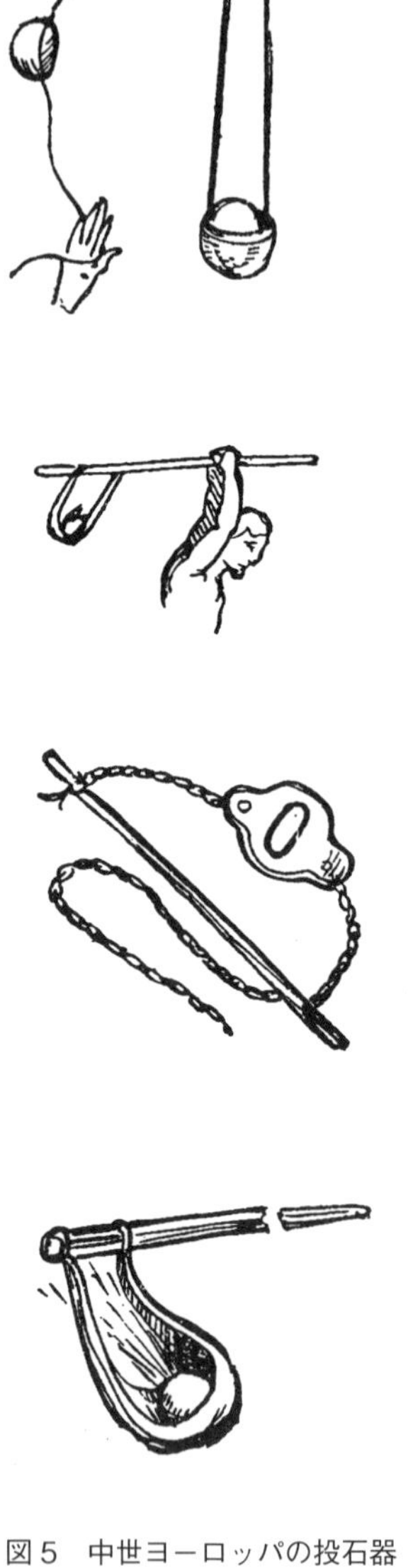

図5　中世ヨーロッパの投石器

このように破壊力を増加させるには物体を落下させたり、物を投げつけたりする方法が考え出されるようになった。しかし破壊の効果を高めるためには破壊物体の重量を増やすか加速することにあるが、ヒトの体力には限度がある。そこで次に考え出されたのが腕の延長として棒状のものに石を結び付け、これを回転させ、その遠心力により石を遠くへ飛ばす方法である。この方法は棒を紐に替えたり、さらには石だけを飛ばすための工夫がされるようになる（図5）。また棒状のものそのものに回転をつけ投げ付ける方法も見られ、これから斧状の武器や外縁に刃を付けた輪状の投擲武器も考案されるようになる。

③弓

さて、人類が次に考え出したのが弓矢である。オーストラリア生まれの考古学者G・チャイルド（Vere Gordon Childe）が「弓は人間が工夫して組み立てた器械装置として最初のものである」（『歴史のあけぼの』）といっているが、火薬の発達による銃砲兵器、核エネルギーの研究から生まれた核兵器、さらには生物兵器が実用化される以前において、弓矢は筋力エネルギーを効果的に運動エネルギーに変換し、殺傷力を増大させるための武器として画期的な発明であったといえよう。

この弓はすでに使用されていた鑓を遠距離に投げつける原理をさらに効果的なものにするため、木や竹・動物性の角や腱などの弾性を利用し、筋力エネルギーを溜め一気に放出することによりその反発力を使って飛行物体である矢を遠距離に飛ばし、目標物を貫徹し殺傷することを目的として考案されたものである。

狩猟や戦いの場で、逃げまどう動物や武具で身を固めた敵を殺傷する最も効果的な方法は、斬截よりも刺突が有効であり、この意味において

図6　弩で膝打をする人

図7　弩を手にした中世ヨーロッパの兵士

弓矢は人類が火器を発明・普及するまで自分の身の安全を確保しながら、動物やヒトを殺傷する道具として大変有効な存在として長い間重要視されてきた。

④弩

さらに弓矢の原理を拡大させ、矢をより強力且つ遠距離に射遣るための武器として弩という武器が発明された（図6）。この弩は銃の原型ともなった武器で、台座に弓を横に取り付け、弦を台座の引き金装置に掛けた後矢を番え、狙いをつけ、引き金を引き、発射する武器である。通常の弓より飛距離が長く、命中精度も高く、破壊力が得られ、同時に複数の矢を発射することも出来、しかも弓に比べるとその操作法が容易に習熟出来るため、紀元前より東アジアでその使用が認められ、また中世ヨーロッパでもクロスボウとして大規模戦闘に盛んに用いられた（図7）。

この弩をわが国にみると、飛鳥時代の六一八年に高句麗から献上されたという記録（『日本書紀』）があるが、それより以前の弥生時代すでに大陸から伝来していることが確認されている。しかし何故か実戦に用いられた形跡が見当たらない。わが国での戦闘が小規模に終始したため必要なかったからであろうか、或いは古代中・後期より中世、騎射戦での活躍を誇りとする武士たちの戦いの倫理として、その有効性を知りながらも受け入れ難い武器だったのだろうか、興味ある問題である。

その他建造物などの破壊を目的とし、人力では投げられない重い石を、遠距離に飛ばすための木や鉄の弾性体を利用した機械などがある。

弓矢の発明は武器の発達史上画期的なものであったが、わが国の人々はその実利的価値を受容する一方、その威力から派生する聖器・神器思想、さらには中国弓射思想にみられる倫理的意義や、特に近世以降に重視されるようになった芸道性に価値を見出し、さらにはその運動特性から多分に近代スポーツの条件を具備した競技性など、多様な性格を時代の要請に応じて発展させながら今日に至っている。

第一章　原始時代

かつて人類が自然界から植物を採集し、漁撈により川海から魚介類を得、山野から狩猟によって捕獲した小動物を食料として生活していたことは知られているところであるが、果たして人類がいつ頃から相争い、殺傷し合い始めたかについては定かでない。

猿人・原人の時代、食人が行われていたという説もあるが、これは現在のところ否定的である。ずっと時代が下がり、全国各地から発掘されている縄文時代や弥生時代のものとされる人骨の中には、石鏃や石斧による傷痕が見られるが、これは明らかに人類が弓矢や斬撃武器で殺傷し合っていたことの証左である（図8）。

このような人骨は発掘された総数からすればわずかであり、食料を自然界から手に入れていた縄文時代は、ヒトを殺傷するために弓矢や殴打・斬撃用の道具が使用されることはまれであったと考えられる。ところが弥生時代以降になると、大陸から稲作文化がもたらされ、これがわが国の農業の中心となることにより食料の入手が安定し、それに伴い人口が増加するようになった。

また貧富の差や権力構造の複雑化、さらには定住化が進むにつれて他集団と

図８　腰骨（左：福島県三貫地貝塚）と尺骨（右：愛知県伊川津貝塚）に刺さった石鏃（縄文時代）

の土地争いが起こり、軍事組織が生まれ、互いに自分の所属集団の意に従わせるために殺傷行為が行われるようになる。このようにして社会の仕組みはそれまでの自然物採集経済からの農業経済へと人々の生活の在り方が大きく変容することになるのである。

わが国の社会を巨視的に見れば、集団対集団の多数の殺傷を伴うような武力闘争が起こるようになったのは、一部の例外を除き一般的には弥生時代になってからであるとされている。したがって狩猟に使用していた弓矢や殴打・刺突具などを使ってヒトを殺傷するようになったのは農耕生活が始まった弥生時代以降のことであり、人類発生から数百万年の長い歴史から見れば、ほんの最近のことであるといえよう。

第一節　原始時代の弓射

一　原始時代の人々の暮らし

二本足で直立歩行する人類の遠祖である猿人が最初に現れたのは、今からおよそ四五〇万年前の頃で、石を打ち割って作った打製石器文化を持っていたとされている。また今から約六〇万年前には氷河期と呼ばれる時代が始まったとされ、われわれの住むこの地球は、ほとんど氷に覆われていた。この氷河期は第一氷河期から第四氷河期まであり、その間に三回の間氷期があったとされている。

そしてこの第二間氷期にあたる約五〇万年前になると、打製石器を用いるとともに火や言葉を使う原人が現れた。北京原人やジャワ原人はこの時代の化石としてよく知られている。

さらに第三間氷期から第四間氷期にあたる今から一〇万年前に出現した旧人と呼ばれる人類は、死者を弔う文化を持っていたとも言われている。ネアンデルタール人の化石はこの時代のものとして知られている。ただ原人や旧人が今日の人類の直接の先祖であったかどうかについては未だに結論が出ていない。

　今日の人類の祖であるホモ・サピエンスが出現するのは第四氷河期のはじめである約三〜四万年前のことであるが、地上で暮らすようになった人類は、洞窟などを住家として打製石器を使用し自然物採集や集団で狩りをした。厳しい自然条件のもとで衣・食・住を確保するためにさまざまな道具を工夫する必要に迫られたことが推測出来る。このような時代を旧石器時代というが、岩宿遺跡（群馬）で発見された石器はこの時代のものとして有名である。

　さらに約一万年前頃になると長く続いた氷河期が終わり、地上の気候は暖かくなり、大きな河川の流域に出来た肥沃な土地では牧畜や農耕文化が始まる一方、漁撈に便利な海辺や小動物や食用植物が入手しやすい森林地帯に住む人々も現れるようになる。

　この頃になると、それまでの打製石器から表面を磨き鋭利な刃をつけ使用に便利なような形にした磨製石器や、食物を保存したり煮炊きするための土器や織物が作られるようになるが、この時代を新石器時代という。わが国でも一万六千年も前の土器が発見されており、後にはこれに縄目の文様をつけた土器が作られたことから、一万数千年から紀元前四〜三世紀頃までを縄文時代と呼んでいるが、大陸ではすでに約六千年前頃に青銅器や鉄器が使用されるようになっていた。

　さてわが国の縄文時代に目を移すと、約一万年前までの氷河期の日本列島は大陸と陸続きのこともあったらしい。そのため大陸の動物やそれを追って人々が移動してきた。そして、氷河期が終わる一万年前頃から海面が上昇することにより、大陸から分離し、今日の日本列島が形成され、日本海には暖流が流れ込む自然環境となり、豊かな森林や河川・海岸に恵まれ、山野からは食用に適した動・植物、川や海からは魚介類など、山の幸、海の幸が豊富に採れるような自然環境となった。

　このようなことから、縄文時代の人々の食料は、主として自然物採集によるものであったが、縄文時代末期頃になると、大陸から稲作文化が伝えられ、弥生時代になると水田稲作が北海道をのぞく日本列島全体に広がりをみせた。人々の作業も共同で行われるようになり、住居も一定の場所に建てられ、集団で生活するようになる。

また食料の生産が向上するとともに人口が増加し、人々の交流が盛んになるが、その反面土地をめぐる争いが発生し、集団と集団との戦いがみられるようになり、指導的役割を持つ人物が現れるようになる。

またこの弥生時代には稲作文化とともに、大陸から青銅器や鉄器などの金属文化が伝えられたことは特筆すべきであり、特に鉄材は農具をはじめ武器・武具その他さまざまな生活用具の発達を促した。

二　狩猟具・武器の工夫

しかし金属製の器具は当時貴重であったため、人々は小動物を捕獲したり高い樹木の果実を手に入れたり、ヒトを殺傷するための方法として、手近にある小石を手に持ち、これを投げつけたり、適当な木枝を使って叩いたり殴ったり投げつけたりしたであろうことが推測される。さらに効果をあげるために、用途により長さを工夫した棒状の先端を尖らせたり、さらに効果を増すために鋭利に加工した石や骨などを棒の先端に取りつけて刺突したことであろう。

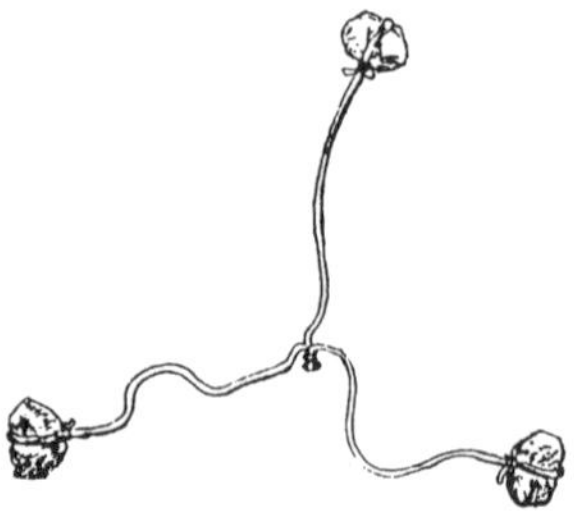

図９　投石器「ポーラ」

図10　長柄投石器を使う中世の英国人

しかしこれらはあくまで手・腕の延長としての技術であり、力学的にみて高度なメカニズムを持つものでなく、この方法に

図11　投槍器

図12　竹筒にシュロの葉脈で作った吹き矢で獲物を狙うインディアン

は限界があった。そこで当時の人々は先述した石や棒状などのモノを飛ばしたり加速したりする方法を考え出した。すなわち石をより遠くに飛ばすために棒や紐に石を結び付け、これを振り回しその遠心力を利用して遠くに飛ばす方法や、紐を残し石だけを飛ばす方法を考え出したのである（図9・図10）。

このような道具の中でもっとも効果的な方法としては、長い棒状の道具である槍を狙ったものに投げつけることであった。そしてさらにこれを発展させた投槍器（図11）という道具が考案されたことである。しかし投槍で成果をあげる技術を得るためには余程の訓練が必要であった。

このようなモノを直接投げたり、遠心力を使って飛ばしたりする方法とは全く違う原理で、遠距離にモノを飛ばす道具としては吹き矢がある。これは筒状の中に飛翔体を入れ、片方の口から急激に空気を入れることによりその膨張力を利用した道具で、南・北アメリカをはじめ、東南アジアの諸地域でもこれを用いた狩猟が行われていたことが報告されている（図12）。

三　弓矢の誕生

それでは本書の主題として扱う弾性体を利用し、矢という物体を遠距離の目標物に中て打撃を与える道具としての弓はどのような経緯で発明されたのであろうか。

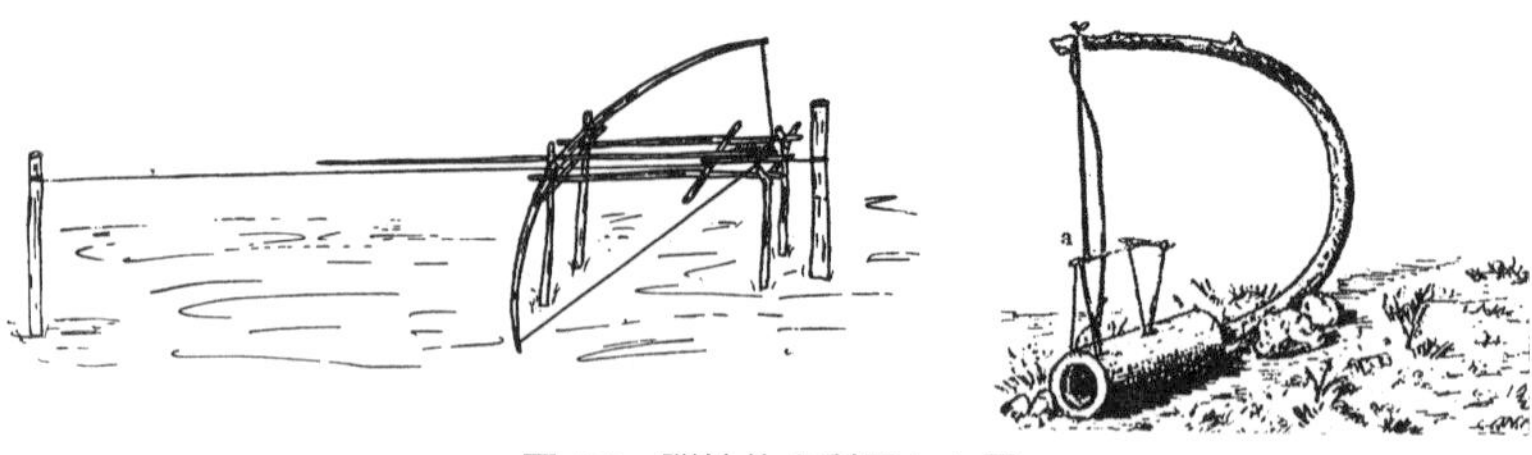

図13　弾性体を利用した罠
右図：筒の中に獲物が入ると、張った紐がはずれ捕獲できる仕組みの罠
左図：張った紐に触れると留めがはずれ、矢が発射される仕組みの罠

このことについてアルフレッド・クロスビー Alfred Worcester Crosby は『飛び道具の人類史』の中で、他の動物と比較し、人類がすぐれている点として、言語能力とともに①二足歩行、②火の使用、③遠距離投擲能力の三点をあげている。そして投擲物として投石・投槍に次いで弓矢の発明に言及している。しかし残念ながら投擲の原理とは全く相違する原理の弓矢の発明の経緯については触れていない。

弓矢の発明に至るヒントとして考えられることとしては、まず弾力ある一定の長さの棒状の木枝の一方または中央を固定して曲げ、外力によりそれを解放することにより生じる反発力を利用した狩猟用のトラップからではないかとする推測がある（図13）。

このことについてドイツの民族学者ユリウス・リップス Julius Ernst Lips も、棒状の弾性体を撓め、その反発する力を応用することから考案されたのではないかといっている。弾力ある棒状の竹や木などを地中深く立て、その先端に結び付けた紐を引き彎曲させた後解放し、その反発力を利用して石などを遠くに飛ばす「鞭箭」という武器が中国古代にあったということが知られている。しかし残念ながらこのような原理を利用してモノを遠くへ飛ばすという方法から、どのような経過で弓矢の原理に至ったかという経緯について説得力のある説明がなされていないというのが現状である。

ただこのトラップや鞭箭の原理から、棒状の弾性体の両端を撓らせて弦を掛け、弦の中央辺りに一定の幅を設け、そこに丸玉状のモノを挟んでこれを飛ばす「弾弓—はじき弓」という発射器具がインドや東南アジア・中国にみられる。わが国でも正倉院御物の中に木製、弓長一七一センチ、樹種不明の「弾弓」（図14）が残されており、平安時代

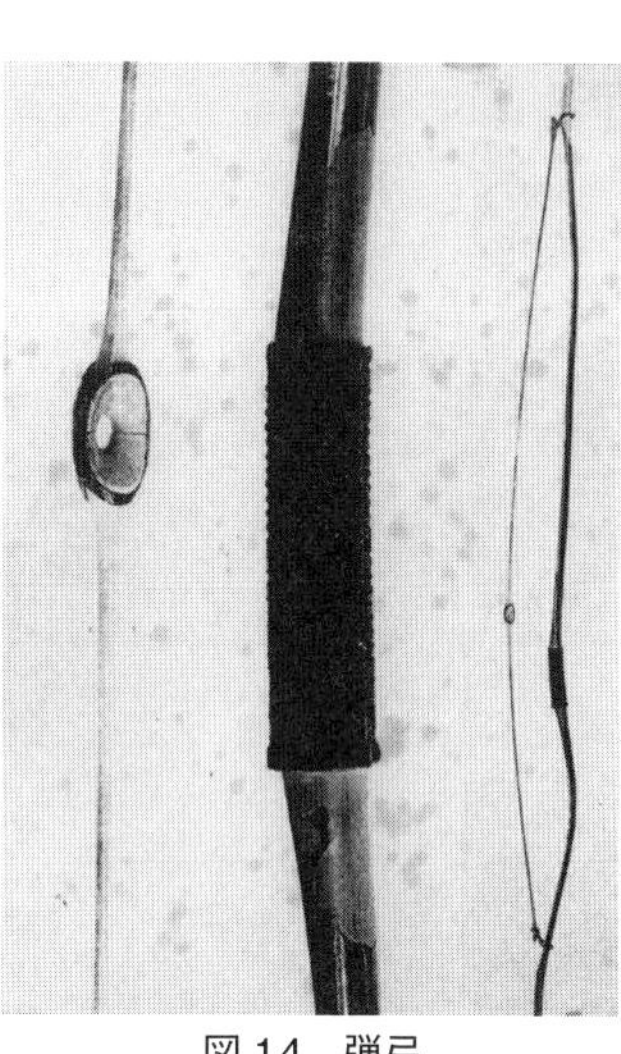
図14　弾弓

の『和名類聚抄』（『倭名類聚抄』、『和名抄』）の中にもこれが載っている。このような経過を経て丸玉状の物体の代わりに槍を小型化した矢を使ったのではないかとする見方は出来る。

ともかくはるか遠古の時代、人類が生きるために鳥獣を捕獲する手段として素手やその延長として竹ぎれや木の枝などの棒を使って叩いたり殴ったりすることから、さらに斬切するため鋭利な刃をつけたり、突き刺すため先を尖らせた用具を考え出すようになり、その後素材として金属が使用されることにより、ますます有効な用具が開発されるようになっていった。

さらに近くにある小石や槍状のモノを直接手に持って投げつけたり、棒に小石などを結び付け、それを振り回し、その遠心力を利用して飛ばしたり、トラップや鞭箭の原理を発展させ、竹や木・動物の角や腱などの弾性を利用した用具、すなわち弓を創り出し、石や玉状のモノの代わりに、それまで使用されていた投槍をさらに小型化したもの、すなわち矢を番えて弾性体としての弓の反発力を利用して遠距離の鳥獣魚を射るという画期的な方法を考え出したのである。

弓から発射された矢は固定された右手拳と左手拳の二点を結ぶ延長線上を直進するため、投槍を投げ命中させる技術と比較して目標物に射中てることが飛躍的に向上したことは容易に想像出来る。

先に述べたように、G・チャイルドは『歴史のあけぼの』の中で「弓は人類が工夫して組み立てた器械装置として最初のものである」といっているが、弓はそれを使う側の安全を確保した距離から獣やヒトを殺傷することが出来るという点において画期的な利器であり、筋力エネルギーを効果的に運動エネルギーに変換した道具として、人類が発明したさまざまな器械の萌芽的な性格を有していたものであったといえよう。

因みに「勹」と「車」から成る「軍―いくさ」を字義的にみると、兵士の集団＝軍隊の意味があるが、この字は弓を射る意の「いくふ」に関係があるとされ、「さ」は〝矢〟の意ともいう。すなわちこの「軍―いくさ」は「射交わす矢―いくわすさ」→「射交矢」から変化したものとされる。このことから〝いくさ〟は「互いに矢を射合うこと」という意があり、当時の武器としての実利性がうかがわれるのである。

さて太古の人々は狩猟や戦いに、素手やその延長として原始的な近接利器を使用する一方、鳥獣や人と離れたところから使用する遠距離用武器としての弓矢を創り出したことは、今日に続く人類の戦いの歴史の中にあって、中世の化学エネルギーとしての火薬の爆発力を利用した銃砲器の発達、さらには核エネルギーを利用した近代兵器と並ぶほどの一大革命をもたらしたであろうことは想像に難くない。

ヨーロッパにおいても古来より各民族は弓について強い関心があったことがうかがわれる。その一例としてヘロドトス Herodotus（紀元前五世紀頃のギリシャの歴史家）著『歴史』の中に、当時すでに弓矢が各地域や民族の文化の指標であることが十分に認識されていたことが次の記述からうかがえる。

・（ペルシャ人の）背には矢入れがつるされていた。また彼らは大弓、蘆の矢を持っている。（ヘロドトス著『歴史』六一）
・パクトラ人はその国で用いる弓と短槍を持っていた。（同六四）
・インド人は木綿製の衣服を纏い、篠の弓と篠の矢を携えていたが、それには鉄（の鏃）が付いていた。（同六六）
・カスピア人は国産の蘆の弓を持っていた。（同六七）
・サランガイ人はメディア風の弓を持っていた。（同六七）

・アラビア人は蔓をはずすと跳ね返るような長い強弓を持っていた。（同六九）
・エチオピア人は四ペキウス以下ではない長いヤシの葉柄で作った弓と、短い蘆の矢を持ち、石鏃を使っていた。（同六九）
・リウキア人は山茱萸（サンシューミズキ科の落葉喬木）の弓と毛羽のない蘆の矢を持っていた。（同九二）

わが国の戦いの歴史においても弓矢は有効な武器であり、時代が下がるにしたがい、もっとも効果をあげることが出来る有効な武器として弓矢が重要な位置を占めるようになったことは、さまざまな史資料からうかがい知ることが出来る。

そこで次にわが国の歴史を追いながら、武器としての弓矢がどのような形で日本人の生活の中に溶け込み定着していったかについてみてみよう。

第二節　人類の戦いの歴史

一　戦いの原点

現代の概念では、「戦争」は政治体制や宗教集団、さらには経済的利害関係のもとに起こる組織的闘争を意味するが、遠く原始時代以来の人類の歴史を振り返ってみると、時代や地域によりさまざまな理由はあったにしても、相互に殺傷し合う「戦い」は、人類にとって不可避ともいうべき宿命的な課題であり、今日においてもなお解決することの困難な人類最大の宿題であるといえよう。悲しいことではあるが、人類はいつ頃からか自己の生命を守り種族の存続や維持し発展させ、主義・信条を他者に強制することを目的として相争うような状況に身を置くようになったのである。

ところで争いは人類だけでなく、動物の世界にも認められる。しかし動物と人類との争い方の大きな相違をいえば、人類は争いのために自分の身体のみでなく、武器としてさまざまな道具や器械を創り出し、相手方を制圧するためにそれを有効に使用しようとする点であって、その操作技術を武術（武技）という。そしてその武器も各時代の最先端の科学技術を駆使したものが開発され、操作法においてもさまざまな工夫が凝らされるようになるのである。

原始時代においては生活用具であった石器も、それが戦いの道具に用いられた時は武器となる。弓矢も狩猟に用いられている限りにおいては単なる生活用具であるが、それがヒトを殺傷することを目的として使用された瞬間に武器となるのである。

このような理解の上に立って原始時代をながめると、縄文時代までの戦いは、個対個の形であったものが、弥生時代・古墳時代と時代が下がるにしたがって集団対集団による組織的な戦いの要素が大きくなっていく。その証左の一つとして、三世紀中期中国側から当時のわが国について述べた『三国志』（『魏志倭人伝』）に、当時わが国にはさまざまな小国があったことが記されており、また『隋書倭国伝』に「その国大に乱れ、遁（たがい）に相攻伐し歴年主なし。……」とあることから、わが国において集団的な戦いが頻発していたことがわかる。

二　旧石器文化から弥生文化まで

前に述べたように、今日われわれが猿人と呼ぶ初期の人類が最初に現れたのは今から約四五〇万年前であるが、彼らはすでに直立歩行し、石を打ち割って作った打製石器を使用していた。その後発掘された約五〇万年前の人類（原人）の化石や使用されていた打製石器などから、言葉や火を使用し共同生活をしていたらしいことが推測されている。

さらに今から三～四万年前になると、洞窟などに住み、集団で狩りなどを行うようになった。この時代を旧石器時代と呼んでおり、わが国でも群馬県岩宿遺跡でこのような文化を持った人類がいたことが確認されている。

そして長く続いた氷河時代が終わる一万年前頃になると気温も上昇し、大陸内部の草原が乾燥し、砂漠地域が多くなる。また人口も増え、肥沃な大河流域で農耕や牧畜が行われるようになり、狩猟や採集した食物を保存したり煮炊きするための土器や織物も作られるようになる。この時代を新石器時代と呼ぶが、文明の進んだ大陸ではおよそ六千年前になると青銅器、それより少し遅れて鉄器が使用されるようになる。また世界史的にみると、紀元前三千五百年～千五百年頃の間に農耕や牧畜に適した大河を持ったエジプト、メソポタミア、インド、中国に強力な支配者が現れ、文字文化を持った国家が誕生するのである。

このような動向をわが国にみると、約一万年前までの氷河時代も比較的に気候に恵まれ、大陸と地続きの時代もあって大陸から動物が渡ってくるようになり、それを追って大陸からも人々が移動してきたと考えられる。そして氷河時代が終わりを告げ、気温が上がり海水面が上昇することにより現在のような日本列島を形成するようになる。

このようにして日本列島に住む人々は温暖な気候に恵まれ、清らかな水と緑豊かな森林の中で川や海からは魚介類が、山野からは鳥や小動物を豊富に手に入れることが出来るという恵まれた自然の中で生活するようになるのである。

さてわが国では大平山元（おおだいやまもと）遺跡（青森県）より一万六五〇〇年前の無文土器片が発見されているが、この土器は諸外国の土器が貯蔵目的のものであるのに対して加熱の跡を残しており、世界最古の土器であるとされている。その後に出土する土器の表面には縄目文様がつけられていたことから、縄文土器と呼ばれている。そしてこの土器を使用していた一万数千年前から紀元前四～三世紀頃までを縄文時代と呼んでいる。

縄文時代の人々は竪穴式住居に住み、遺跡や貝塚からは小規模ながらさまざまな植物の栽培の兆しもみえ、流通経済が行われていたこともわかっている。また人々は人間の力を超えた自然の力に対する畏敬の念をさまざまな形で表現するようになった。

この時代は主として漁撈や狩猟によって生活していたが、紀元前四世紀頃になると北九州を中心に水田稲作が行われるようになり、時代が下がるにしたがって列島各地に普及していった。

そしてこの水田稲作の発達とともに食料生活も向上し人口も増えるようになり、一定の地域に竪穴式住居を建て、さまざまな共同作業を行う集団生活を営むようになる。またこのような集団を指導し祭祀を司る人物が現れ、他の集団との争いに大きな役割を果たすようになる。

この時代は縄文時代の土器に代わって文様が少なく肉薄で赤みのある土器が作られるようになり、さらには大陸から青銅器や鉄器が伝わることにより、鏃・剣・矛などの武器や宗教儀式に使われる鏡や銅鐸などが製作されるようになる。この紀元前四～三世紀頃から紀元三世紀頃までを弥生時代と呼ぶ。なお最近の研究では弥生文化の始まりは紀元前一〇世紀頃まで遡るという説もある

わが国がこのような時代で推移していた頃、大陸では殷（紀元前一七世紀頃～紀元前一一世紀頃）、周（紀元前一一世紀頃～紀元前八世紀頃）、春秋戦国時代（紀元前八世紀頃～）を経て紀元前二二一年に秦の始皇帝が中国を統一したが、紀元前二一〇年に死去しわずか一七年で滅びた。その後、漢が四〇〇年間にわたり中国を統治し、この間さまざまな文物にみられるように先進的な文化が生まれたのである。

後漢時代の歴史書『漢書』によると、紀元前一世紀頃の日本は一〇〇余りの小国があったことが記されている。また三世紀頃になると、漢が滅び魏・呉・蜀の三国に分かれるが、この頃書かれた『三国志』の中の「魏志倭人伝」にわが国に関する記述がみえる。この記述によると、卑弥呼という女王が治める邪馬台国という国があったらしいが、その記述内容についてはさまざまな説があることは周知の通りである。

三　原始時代の戦いの様相

さて人類の戦いの歴史については、民族学的角度からおおよそ次のような二つの段階に分類されている。すなわち、①人類のもっとも原始的生活形態である動植物の狩猟・採集社会においては、本来的には対人的争いはなかったと考えられる。争いがあったとしても防衛的なもの、或いは権利を守るための争いであり、その行動は積極的な攻撃というよりもむしろ防衛的な性格の強いものであったと考えられる。すなわち狩猟・採集文化段階においては攻撃的闘争はなかった。わが国でいえば縄文時代まではおそらくこの段階に対応するものであった。

ところが②弥生時代になると集団的な闘争が起こるようになる。すなわちこの時代の争いは一定の土地に定住し、稲作を中心とする農耕が主流となり、収穫高のよい良好な土地の確保を中心とした権力争いが起こり、争いの形も小さな集団対集団から次第に大規模で組織的な争いの様相を呈する社会となるという見方である。

そしてこのような社会においては対立する集団を屈服させるためにすぐれた武器を考案し、それを戦術的に有効に活用するようになる。中でも遠距離用武器である弓矢は、それまでの打突斬撃武器と比較して革新的な武器として重要視されたことは想像に難くない。

四　原始時代の武器

旧石器時代（先土器時代、無土器時代）の後期（約三万五〇〇〇年〜一万五〇〇〇年前）、石を打ち欠いて作っただけの打製石器としては岩宿遺跡（群馬県）出土の黒曜石で作られた尖頭器（槍の穂先用に先端を鋭く尖らせた石器）が有名であるが、その他にも石鏃・握槌（握斧）・石刄（細長い形をした石の剥片でナイフ形をした石器）などが各地で発掘されている。さらに中石器時代（紀元前一万年〜八〇〇〇年）以降になると、それまでの打製石器に磨きをかけて仕上げた鋭利な石斧や石剣などが作られるようになる。

このような石器を狩猟具や武器として使った場合は大きな威力を示すことが出来る。さらに部分磨製の楕円形石斧やナイフ形の石器が当時の遺跡から数多く出土している。その一例として、長柄の先につけると槍や投槍として使用出来る約二〇センチの槍先形尖頭器が子和清水貝塚(こわしみず)（千葉県）から出土している。

また西日本に多く出土される一〇センチ前後の有舌尖頭器(ゆうぜつせんとうき)はその大きさや重さからして投槍として使用していたことが考えられる。この投槍はまだ弓矢がなかった時代の武器や狩猟の具としてその刺突効果は大きかったことが容易に推察出来る。

なお最近の研究によれば六～七万年前の地層から三センチほどの鏃らしい細石器が南アフリカで発見され、すでに人類は弓矢の文化を持っていたことが報告されている（朝日新聞　二〇一二年一一月九―八日付　英国科学雑誌『ネイチャー』）。

第三節　原始時代の弓具

一　弓体の概要

歴史的にみて弓矢の文化はパリヤ族（南インド）・アボリジニ（オーストラリア）・マオリ族（ニュージーランド）・ポリネシア人（中部太平洋）など一部の種族を除き、世界のほとんどの種族や民族がもっていた文化であるとされる。その中でわが国の弓がどのような特徴を持っているかについてみてみよう。

1　長さ

弓はその長さから長弓と短弓に分類出来る。それを区別する基準については諸説あり一定していないが、わが国ではおよそ六尺（約一・八二メートル）を目安とする場合が多い。これを目安とした場合、縄文時代のものとされる弓の長さをみると、一〇一～一七五センチと幅があるが、その平均はおよそ一五二センチであるとの報告（川根邦男「縄文時代の弓についての一考察」『安田女子大学紀要』第二〇号）がある。

これが弥生時代になると長弓の傾向を示すようになり、現存する正倉院御物二七張の平均は二〇六・二センチ、春日大社蔵六八張の平均は二一一・五センチとさらに長大化するのである。このようにわが国の弓は長大化し、これが今日の弓長七尺三寸（二二一センチ―並寸）に至るのである。因みに世界の弓の長さを概観すると、南太平洋諸島、南米などの民族は長弓系の弓（図15）、モンゴル、中国、朝鮮半島などでは短弓系の弓が多く使われている。この理由については別章で述べることとする。

2　形状・機能

弓体は直弓と彎弓に分類することが出来る。直弓は単材弓にみられるもので、各部の彎曲率がほとんど同じ半月

図15　パプアニューギニアの弓矢

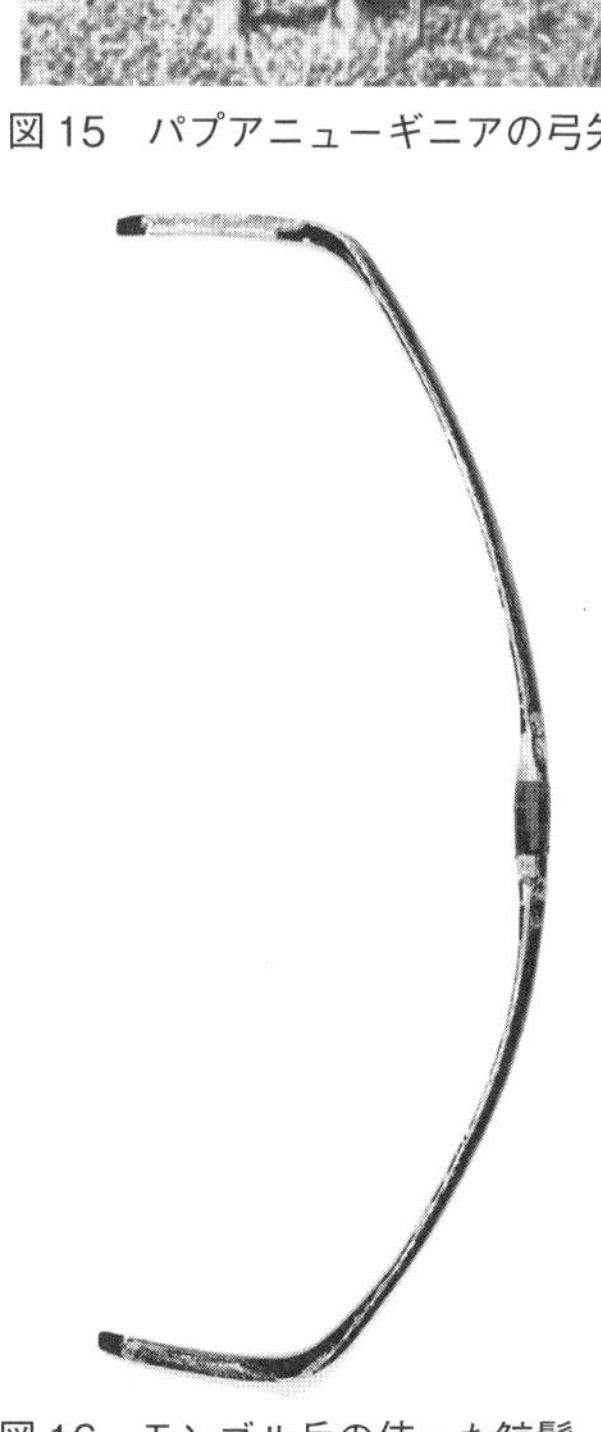

図16　モンゴル兵の使った鯨鬚張半弓

形をした弓で、弦をはずしても直線から張顔に近い状態の弓をいう。また彎弓は弦をはずすと逆に反り返る構造の弓で、モンゴル、中国、朝鮮半島の弓はこれに属する（図16）。これをわが国の弓にみると、原始時代〜古代末期までの弓は直弓に属するものであった。その後この直弓が伏竹弓→三枚打弓→四方竹弓……（後述）と構造が進むにつれて彎弓形式が採り入れられるようになる。しかし大陸系の弓に比較し彎曲度はそれほどくない。つまり半彎弓ともいうべき比較的裏反りの弱い彎弓である。

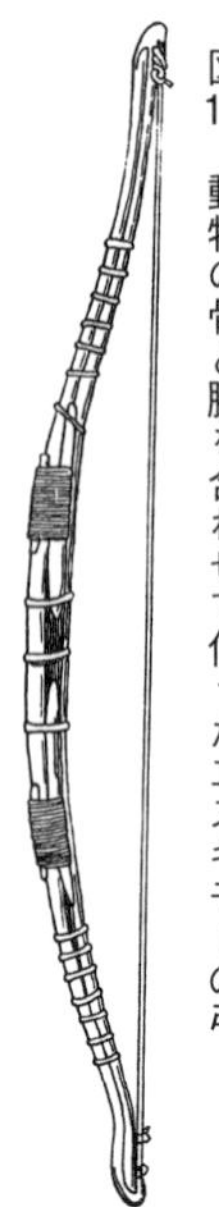

図17　動物の骨と腱を合わせて作ったエスキモーの弓

3　弝（弣部における弦との間隔）

彎弓形式の大陸系の短弓は、直弓形式の海洋系の長弓に比較して弝が高い傾向がみられる。つまり弓長に対し弓体（弣部）と弦との間隔の割合が大きいということになる。因みに現代のわが国の弓長は約二二一センチで、弝の高さ約一五センチであることから、その比率はおよそ一五対一の狭弝弓、中国・朝鮮半島の弓のそれはおよそ一八二センチ、三〇センチであり、その比率は六対一の広弝弓に分類出来る。なお一般的に直弓は狭弝弓、彎弓は広弝弓の傾向がみられる。

4　弓材と構造

弓材としては木・竹・角・腱などがあげられるが、それらの組み合わせにより次のように分類することが出来る。

①木・竹などいずれか一種類の材料で作った弓（simple）
②異種の材料二種を貼り合わせた弓（backed）（図17）
③竹や木など近似の異種材料三種以上を貼り合わせた弓（laminate）
④木・角・腱など異種材料三種以上を貼り合わせた弓（composite）

なお③・④を併せてcompoundということがある。

また弓体の破損防止・反発力強化のため、次のような加工が施されたものがある。

①樹皮や籐・糸などを弓体に巻く。

②漆を塗る。

③樹皮や籐・糸などを弓体に巻き、その上を漆で塗る。

④乾燥や弓体の彎曲による破損防止のために弓腹に樋（ひ）を通す。

二　縄文・弥生時代の弓矢

ここで縄文・弥生時代の弓具について概観してみよう。まず弓についてみると、その原初においては弓に適した自然の木枝を切り、これに弦を張った丸木弓や、弓体に適当な削りを加えた丸木削り弓が使用されていた。そして破損防止のために漆を塗ったり弓腹（ゆばら）に樋を通したり籐巻を施した弓が作られるようになる。その後弓背（ゆぜ）や弓腹に竹を貼り付けた伏竹弓（ふせだけゆみ）や三枚打の弓などの木竹合成弓が工夫されるようになる。要するに縄文・弥生時代の弓は①単体弓や、単体弓に何らかの工夫を施した弓が使用されていたとみられる。

なお一般的な理解として、縄文時代の弓は短弓が多くみられ、弥生時代になり長弓化の傾向を辿るとされている。しかし縄文時代のものと推測される長さ一四五センチある弓が発掘されていたり、弥生時代のものとして出土した弓にも八〇～一五〇センチと幅があり、必ずしも弓長で判断することは出来ないといえよう。

次に矢（箆）についてみると、この時代のものと考えられる矢の出土品は大変希少であ

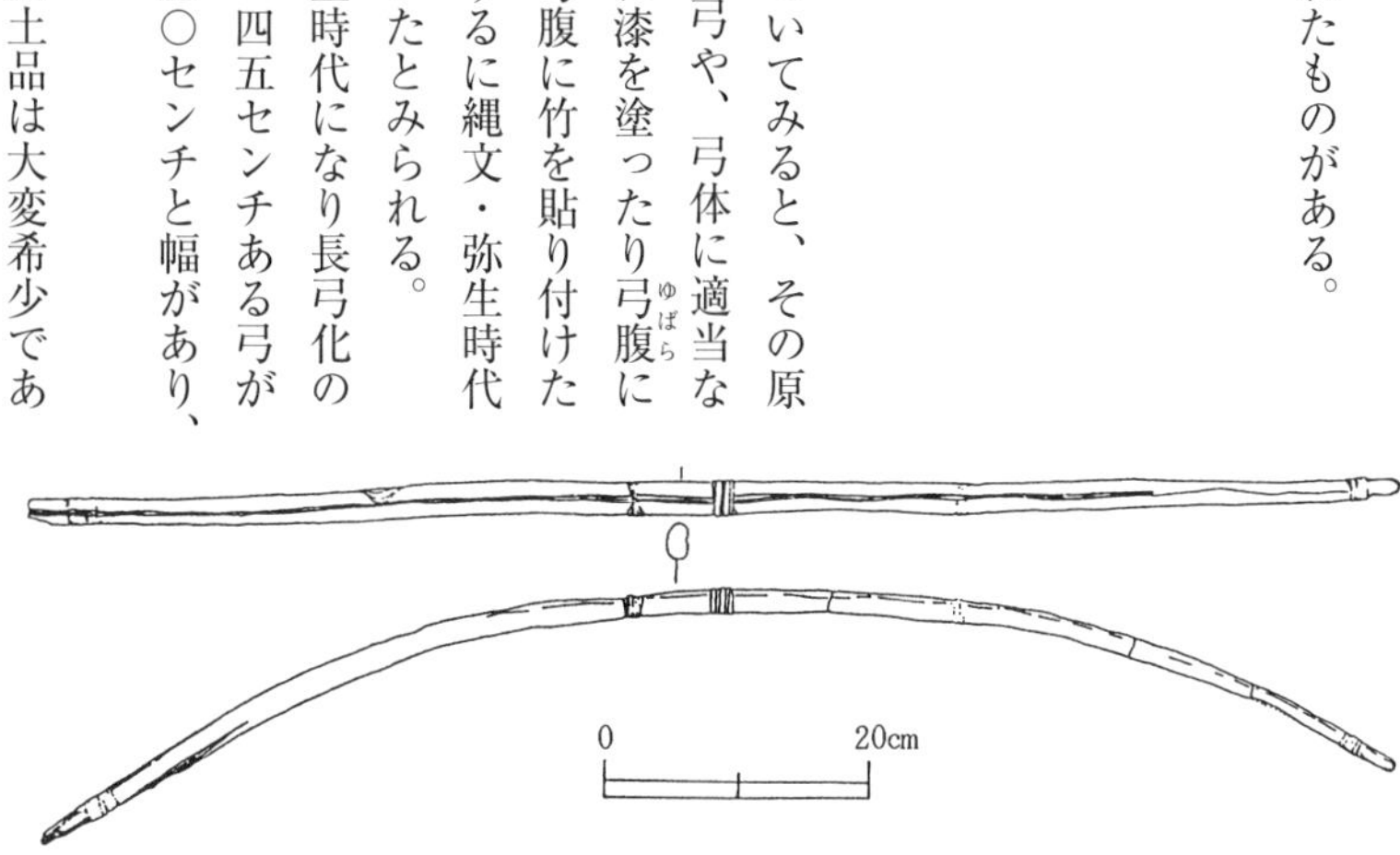

図18　縄文時代後期の弓（福島県荒屋敷遺跡出土）
漆塗りで弓腹に樋を通し、樹皮を巻いている。

図19　縄文時代晩期の弓
（青森県八戸市是川中居遺跡出土）

るが、その一例として弥生時代中期のものと推測される鬼虎川遺跡（大阪府）から発掘された石鏃を装着した矢（季刊『考古学』№23）があげられる。

1　発掘された弓体の概要

加茂遺跡（千葉県）出土の七〇センチ位の弓に代表されるように、縄文時代前期の弓はほぼ短弓であったことがわかっている。また同時代後期の弓としては真福寺貝塚（埼玉県）、荒屋敷遺跡（図18）などから出土した弓があげられる。これらはイヌガヤ材の丸木弓であり、一〇〇センチ以下のものから一五〇センチ位の長さであると推定され、さらに同時代後期のものと考えられる長さ推定八〇センチ、直径二センチのイヌガヤ材の弓が平成九年に下宅部遺跡（東京都）から発掘されている。その他当時代のものと推定される弓矢と獲物を描いた土器が韮窪遺跡（青森県）からも発掘されている。

また縄文時代晩期のものとしては滋賀里遺跡（滋賀県）から長さ一四〇センチ位の弓が出土しており、さらに是川中居遺跡（青森県）の発掘品の中には、長さ九〇センチ位から一五六センチ位の丸木の白木弓や、破損防止のために樺皮を巻き、防暑・防湿のために漆を塗り、樋を通した弓（図19）もあったことが報告されている。因みにこの樋とは弓全体の反発力の調整や破損防止のために、弓腹（弓の内側）の弭より下に彫った溝をいう。

先述したように縄文時代の弓の長さを概観すると、五〇センチ以下のものから一七五センチ位まで大きな幅があり、一概にその傾向を示すことは困難であるが、安田邦男は専門的立場から当時の平均的な弓の長さをおよそ一五二センチと推定している（前掲「縄文時代の弓についての一考察」）。

○塗弓―ここで漆について若干ふれておこう。漆はウルシ科のウルシノキから採取した樹液で、熱や湿気・酸・アルカリにも強く、塗料としての美しさや強靭さ、また防虫効果、さらには接着剤としてもすぐれているため、食器や家具、楽器などに広く用いられてきた。わが国におけるウルシは縄文時代前期のものとされる鳥浜貝塚（福井県）から発掘された櫛や土器に漆の使用が認められる。この漆はその特徴から広く日常生活品から美術品、さらには弓矢をはじめさまざまな武器・武具にも広く用いられている。

○弓幹に使用された木材の種類―これまで発掘された縄文・弥生・古墳時代の弓幹に使われた木の種類を分析すると、カシ（福井県鳥浜貝塚）、マユミ（京都府産土山古墳）、ケヤキ（群馬県漆山古墳）などの広葉樹材の例もあるが、多くはイヌガヤ・カヤ・イヌマキなどの針葉樹が用いられている。針葉樹は広葉樹に比べ肌目が緻密で乾燥による破損が少なく強靭で反発力があり、また加工しやすいという点ですぐれているとされる。そのため長く弓幹材として使用されてきたのではないかと考えられる。

2　わが国の弓体の秘密―形と働きから考える

わが国の弓が何故長大で弣部が弓体の中央より下にあり、しかもその勢(なり)（弦を張った弓を側面からみた形―張顔）が上下違っているのかについて考えてみよう。今日までに出土した原始時代の弓の中に動物性の材料が使用された弓があったかどうかは、その材質上これを解明することは困難である。しかし現存する古墳時代・奈良時代の弓は木製単材で狭弝の長弓であり、その後、木と竹をさまざまに組み合わせた半彎弓へと発展し、今日に至っていることは周知の通りである。

わが国の遠い祖先はおそらく大陸系の動物性の素材を使った短い彎弓形式の弓の存在を知っていたと考えられる。

しかしわが国の風土ではその弓材の入手が困難であり、しかも高温多湿の気候では動物性弓材は破損や腐食の点で問題がある。そこでこの問題をクリアするための方策として、わが国で容易に入手出来る弾性素材としてすぐれている竹を利用することを考え、さらには木材と竹材をさまざまに組み合わせることに工夫を凝らしたのである。

しかし木材や竹材は動物性素材に比べ弾性限界が低いという欠点があり、破損防止のため長大化せざるを得なかったのである。このことについて「（日本人の）弓矢に対する尊崇感は日本人の弓矢が他の民族と異なった長大な形態をなしていると共に、特異な点であるといえるのである。むしろこの尊崇感のために弓は長大になったともいえるのである」とする説（『弓道教本』）もある。しかしこの見方は神武東征の折、天皇が持っていた弓弭にとまった黄金の鵄（とび）が光り輝き敵軍の目を眩ませたという神話をイメージさせるもので、このような構図の場合短弓では様にならず、武威を象徴するためには長大な弓の方が絵になるという皇国史観的な発想ではなかろうか。

さてこの長大化による反発力の減退を防ぐため、先人は弓体の各部に微妙な強弱を配置するとともに、弣部を中央より下に置くことを考え出したのである。すなわち長大になることにより矢勢（反発力）の減少を防ぐため勢（なり）に工夫を凝らすとともに、弣の位置を中央より下に置くという世界の弓体の中でも特異な弓体を創り出したのである。

因みに弣の位置について先人は長年の試行錯誤の末、破損を防ぎ矢勢を最大限発揮させるため、最終的に張り弓の弦の全長をおよそ黄金分割した割合に近い位置に設定した。建築学ではこの黄金分割を「線分ABを点Cで内分し、AC：BC＝AB：ACとなるようにした時のACとBCの比をいう」と定義しており、その比率の値は一：一・六一八（約五：八）であるとしている。この比率に近い値は自然界にも存在しており、古代ギリシャ以来建築物や美術品の中にもみられ、視覚的に美しさや安定感を与えるものとされている。

わが国の弓の弣部が黄金分割に近い位置に設定されていることは、機能性を求めた末の結果であって、決して美的視点からの配慮ではなかったが、偶然にもその位置が黄金比に近い位置であり、それが日本の弓の美しさに合致したのである。評論家長谷川如是閑もこのことについて、日本の弓が剛柔強弱の微妙な五つの曲線（反り）を描くことにより機能性と耐久性を兼ね備え、美的観賞にも耐え得ることの出来るほどの弓となったことを自著『禮の美』（河原書店　一九四七年）の中で次のように称賛している。

世界に弓を持たない人種はないが、日本の弓のやうに美しい曲線をもった弓はない。世界の弓の弧線は、皆平凡な蒲鉾形で、中心に弣があるが、日本の弓は中心から下の、全長の約三分の一の辺に弣があって、その上下がそれぞれの特殊の美しい曲線―反―をもってゐます。……

最大の機能性を求め、弣の位置を中央より下げた先人の生活の知恵の素晴らしさに頭の下がる思いがする。このことについて私たちが現在使っている弓体に関する力学的実験によれば、上下非対称で微妙な勢（張顔―曲線）の意味について次のような結果を得たという報告がある。

すなわち十分に引き込まれた弓が復元する際の動きは図20のようになる。これからわかることは、①A及びBは不動点（振動の節―node）、②Bから末弭（上端部）及びAから本弭までが的方向に復元しようとし、③A～B間は振動の腹（loop）となり的の反対方向に戻ろうとする。さらに弓の重心を実験的に求めるとC付近にあり、この重心を極力移動させないように弣部を設定すれば、弓が復元する際、弓手（左手）にほとんど衝撃を受けない、というものである。

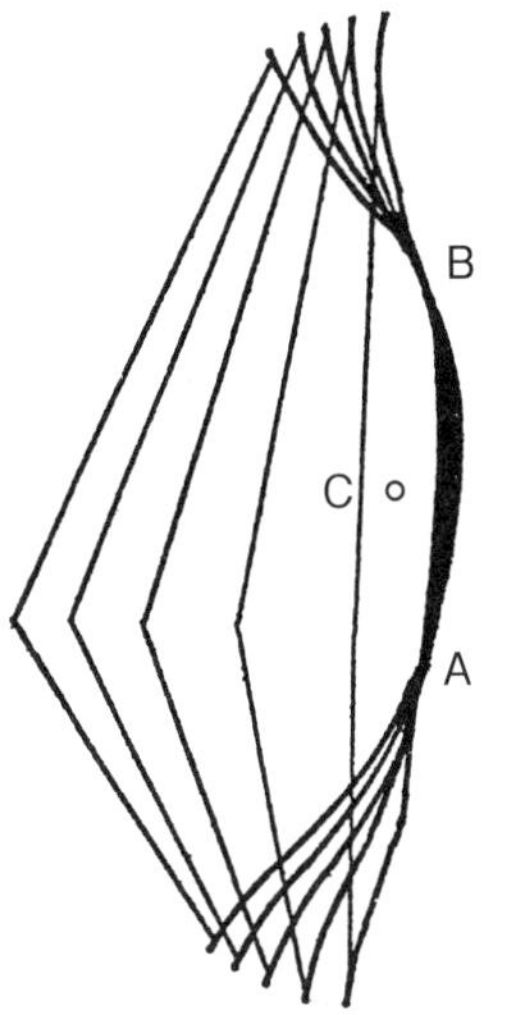

図20　日本弓の復元の際の振腹と振節との関係

因みにアーチェリーの場合、弣部がほぼ中央にあり、上下対

図21　袈裟襷文銅鐸に描かれた「イノシシ狩り」の図
（図21・22：伝香川県出土）

図22　袈裟襷文銅鐸に描かれた「シカを射る人」

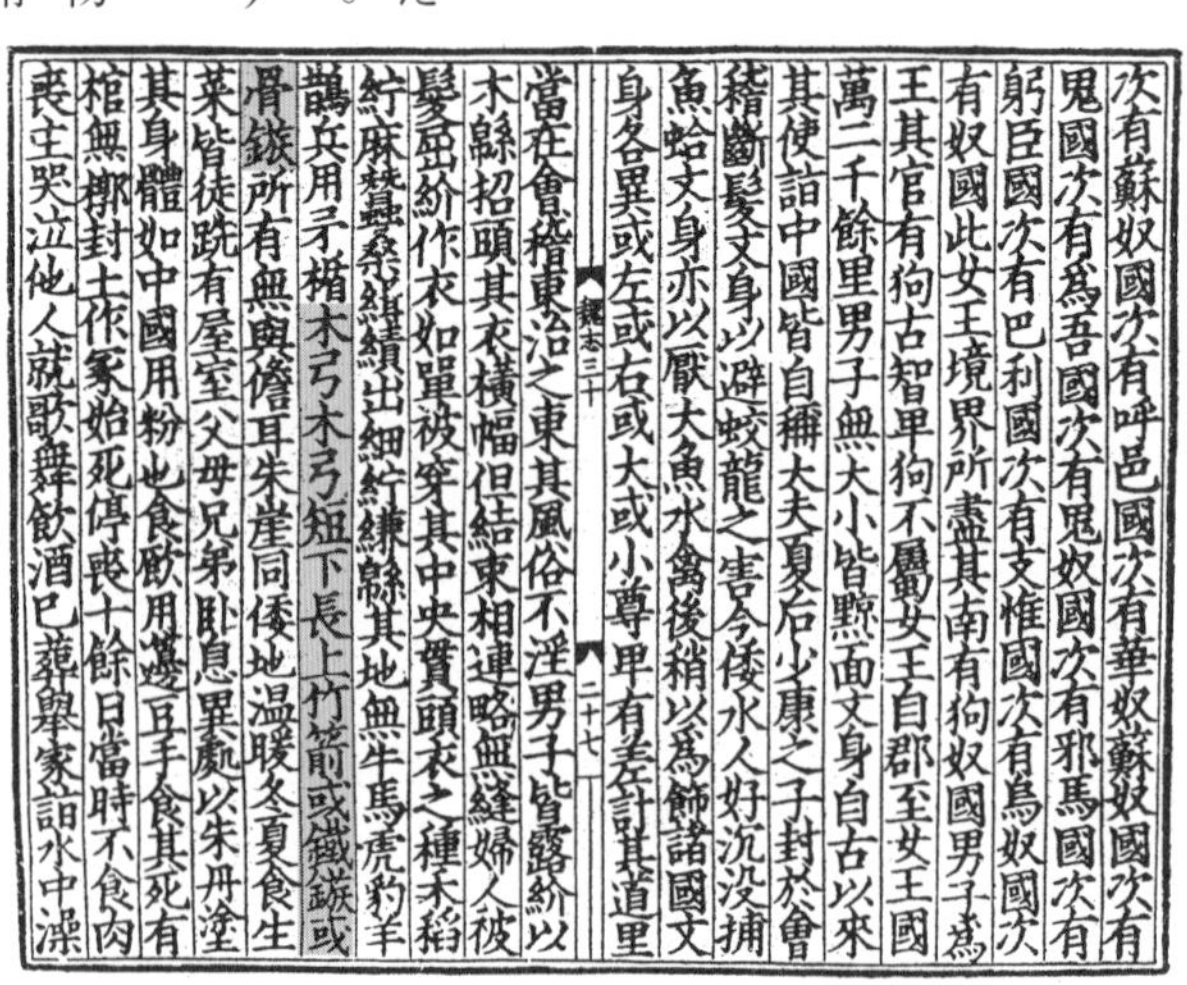

称の弓形であるため、発射に際し上下が単純に的方向に復元するため、弭部が丁度振動の腹にあたり、弓手に衝撃を受けることになる。そこでこの問題を解決するためにスタビライザー（安定器）を使用するのである。

今日のわが国の弓体は、木材や竹材の使用を前提として、破損防止と矢勢の強化という二条件をクリアするため弓体の長さ、勢、弭部の位置などに工夫を凝らし、発射に際し二ヶ所の不動点（振動の節－node）と相反する三ヶ所の振動の腹（loop）が配置されている。このようにわが国の弓体は最早改良の余地のないほど力学的に合理的な工夫が施されている。

この長大で上長下短の弓については、弥生時代の銅鐸（図21・22）、さらには三世紀末頃に記された中国の地理書『三国志』（『魏志倭人伝』）の記述「……木弓短下長上……」（図23）からその一端をうかがい知ることが出来る。

次有蘇奴國次有呼邑國次有華奴蘇奴國次有
鬼國次有爲吾國次有鬼奴國次有邪馬國次有
躬臣國次有巴利國次有支惟國次有烏奴國次
有奴國此女王境界所盡其南有狗奴國男子爲
王其官有狗古智卑狗不屬女王自郡至女王國
萬二千餘里男子無大小皆黥面文身自古以來
其使詣中國皆自稱大夫夏后少康之子封於會
稽斷髮文身以避蛟龍之害今倭水人好沈沒捕
魚蛤文身亦以厭大魚水禽後稍以爲飾諸國文
身各異或左或右或大或小尊卑有差計其道里
魏志三十　二十七
當在會稽東治之東其風俗不淫男子皆露紒以
木緜招頭其衣橫幅但結束相連略無縫婦人被
髮屈紒作衣如單被穿其中央貫頭衣之種禾稻
紵麻蠶桑緝績出細紵縑緜其地無牛馬虎豹羊
鵲兵用矛楯木弓木弓短下長上竹箭或鐵鏃或
骨鏃所有無與儋耳朱崖同倭地溫暖冬夏食生
菜皆徒跣有屋室父母兄弟臥息異處以朱丹塗
其身體如中國用粉也食飲用籩豆手食其死有
棺無槨封土作冢始死停喪十餘日當時不食肉
喪主哭泣他人就歌舞飲酒已葬舉家詣水中澡

図23『魏志倭人伝』

3　発掘された矢の概要

矢は弾性体である弓から発射され、目標物を刺突してはじめてその目的を達する。この矢＝箭の字義は、古くは「投ぐる箭の遠ざかり居て……」（『万葉集』十三）とあり、また「水霊＝水の霊」、「尾呂霊＝蛇の精」などの意があることから、人類に幸せ（サチ＝箭霊）をもたらすという具であると信じられていた。

ところで弓と矢の発生時期について考えると、これまで縷々述べてきたように弓よりも矢の方が先であったと考えられる。すなわち矢は人類のもっとも早期の生活用具であった木・竹棒から発展した槍から、それを動物などに投げつけるために小型化軽量化した槍をさらに遠くへ飛ばすための道具としての弾性体である弓が考え出されたのではないかと推測出来るからである。

矢は箆、羽、鏃、筈から構成されるが、残念ながら矢を構成する材料は鏃以外の多くが有機物質であり、地中に埋もれると腐食するため、原始時代の矢がどのようなものであったかについての全体像は不明な点が多い。

4　箆（矢幹・矢柄・矢軸・簳）

中国では箆の材料として蘆幹や楊柳などを使っていたとの記録もあるが、幸いわが国には箆に適した竹が豊富にあったことから、その多くは篠竹が使用されていたことがわかっており、縄文時代の箆の例としては寿能遺跡（埼玉県）から出土した竹箆が知られている。

さてわが国の箆に関するもっとも古い文献としては、『魏志倭人伝』の中の「……竹箭ハ或ハ鉄鏃、或ハ骨鏃……」があげられる。なおわが国で発掘された箆の長さは長短さまざまであるが、九〇センチを超えるものは出土していない。

箆は真っ直ぐであることが古今東西必須の条件であることはいうまでもないが、自然の矢竹を均一に擦り磨き、真っ直ぐにする道具として縄文時代すでに「矢柄研磨器」という道具があったことが知られている。この「矢柄研磨

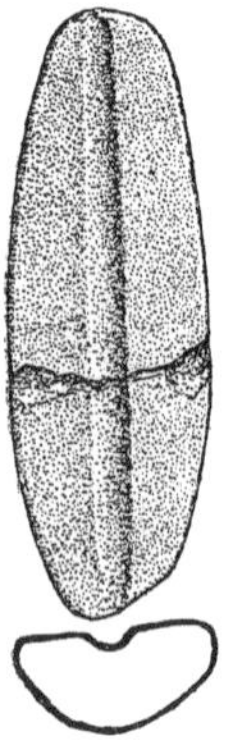

器」は卵を二つに割ったような形をした砂岩の石の平面部に溝をつけ、これを両面合わせると箆の太さの円管形となり、この溝に箆（矢幹）を通し擦り磨く道具である。

　これを考古学的にみると、縄文時代草創期（約九千年前）のものとみられる矢柄研磨器が中部山地を中心に全国各地から発掘されている（図24）。最近では金沢市銚子町からも発掘されたとの報告があり、矢を製作する道具が当時すでに広く普及していたことがわかる。

図24　縄文時代の矢柄研磨器（岐阜県椛の湖遺跡出土）

5　鏃

　わが国では鏃を矢の根、矢の根石、矢尻、根などとも称しているが、英語ではこれをarrowhead、中国では箭頭といっている。その文字の意味からすると、わが国と諸外国との間に矢に対する意識の相違が見られるようである。確かに矢は鏃を先に目標物に向かって飛んでいくわけであるから「head・頭」という意味の文字が使用されるのは納得出来る。

　一方わが国ではこれと反対の部位であるかのような意味合いとしての「矢尻」とか「（矢の）根」などという。このような違いはどこからきたものであろうか。

　これについて特に定説はないが、その理由の一つとして、わが国の箆は古くから竹が使用されており、鏃はその竹の根（下部）の方に装着するからであるということが考えられる。因みにわが国では矢は羽の方を上に、鏃の方を下にして並べ置く慣習がある。その理由として、実利的には筈の彫（弦道）に異物が入らないようにすることもあるが、それ以上の理由として、わが国では羽根の斑（紋様）を美的鑑賞の対象とするという理由から、羽根を上にして見やすいようにしたことに起因するのではないかと考えられる。

　わが国には古くから武器・武具に対し、諸外国にみられるような単なる殺伐武骨な戦闘の具ではないとする心性が

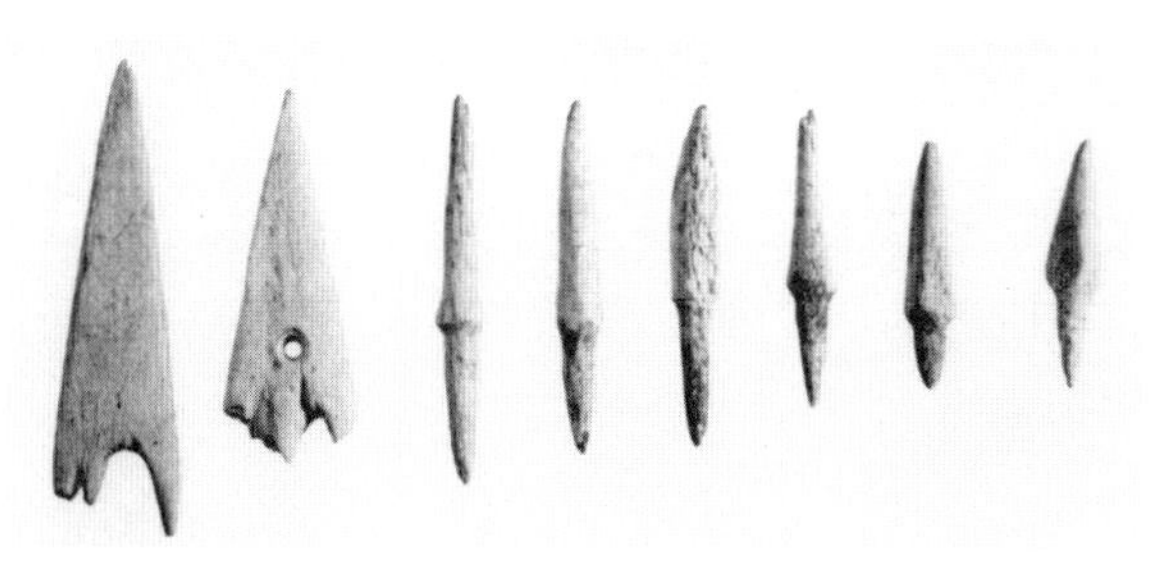

図25　縄文時代の骨角製鏃（宮城県沼津貝塚出土）

図26　縄文時代のさまざまな石鏃（栃木県北浦遺跡出土）

見られる。すなわち穏やかな風土に育まれた先人たちは、古代より武器・武具に実利的な機能性を求めるだけでなく、人々に幸をもたらすことを願う神聖な祭具の対象にまで高め、さらにはそれを美的鑑賞に耐え得る芸術品の域にまで昇華させたという点で意義深いものがある。

このように矢羽に使用する鳥の種類やその斑、すなわち羽の紋様や色彩などに美しさを求めようとするとともに、殺伐とした雰囲気を持った鏃にも美的配慮をした先人たちの感覚は特筆すべきものがある。

このようなことから矢を美的鑑賞の対象とする時は、矢羽の方を重視して上に、殺伐とした鏃を下にして置くのが日本人の心情表現として当然の在り方となったと考えられるのである。

①鏃の形状とその分類

鏃の材料を世界的にみると石・竹・木・角・骨・青銅・鉄などがあげられる。わが国における最も古い鏃としては、今から約一万年前の縄文時代早期のものと考えられる正三角形、或いは二等辺三角形の鏃で、重さ四グラム位、長さ約一センチほどの小型の石鏃が出土している。

縄文時代の石鏃材としては、一般的に黒曜石・瀝青石・讃岐石などが使われており、骨角製のものも発掘されている（図25）。そして弥生時代に入り大陸から金属文化が伝わってからは青銅製や鉄製の鏃が使用されるようになる。

次にこれまで発掘された縄文時代の石鏃の形状をみると、①平基無茎式、②凹無茎式、③凸基無茎式、④凸基有茎式の四種類に大別出来（前掲『戦争の考古学』）、その他に⑤平基有茎式、⑥凹有茎式などが数多く発掘されている（図26）。

その形や大きさは時代や地域によっても違いがあるが、全体の傾向としてその形状は①平基無茎式や②凹無茎式が多く、その重さや大きさも二グラム以下で三センチ未満のものが中心であるが、弥生時代中期以降になると畿内では③凸基無茎式、④凸基有茎式が多く使用されるようになる。なお伊勢地方では縄文時代晩期のものと思われる⑤平基有茎式、⑥凹有茎式の石鏃が発見されている。

因みに黒曜石は北海道から九州まで広く分布しているが、中でも諏訪湖から小諸方面に出る途中の和田峠付近で現在でも産出する黒曜石は、全国的にみても美しいことで有名であり、筆者もその地を訪れ実感したものである。この黒曜石で作られた石鏃は北海道から伊豆七島、さらには九州まで全国的に分布しており、三内丸山（さんないまるやま）遺跡（青森県）から出土した黒曜石の鏃を分析した結果、霧ヶ峰（長野県）産のものが混じっていたことが報告されている。このことから当時の人々の鏃の製作技術の高さとともに、交易の広さや生活の中に占める弓矢の重要さの証左として先人の動向の一端をうかがい知ることが出来て興味深いものがある。

その後時代が下がるにしたがい鏃も重く大型化していく。これは弓力が向上したことと関係していると考えられる。

②鏃の装着法

さて鏃を箆に装着する方法としてはその形状から次の三種類に分類することが出来る。
一、箆の先端を二つに割りこれに鏃を挟み込み、糸状のもので縛り固定する方法
二、鉾や袋槍などと同様、空洞にした筒状の鏃に箆を差し込む方法
三、空洞になっている箆に鏃の茎部を差し込む方法
縄文・弥生時代前期に多く見られる無茎石鏃の場合は一の方法が多く、金属製の鏃になってからは二や三の方法が多く用いられた。特にわが国では箆が竹箆であることから有茎鏃ではすべて三の方法が採られている。

6　矢羽

矢羽は弓から発射された矢を意図した方向に安定して飛翔させることを目的として付けられたものであるが、いつ頃から矢羽が用いられるようになったかについては定かでない。古墳時代の発掘品の中からは明らかに矢羽を装着した矢柄が出土している。一筋に用いる羽の枚数についてみると、当初は一枚の羽を矢柄に挟み込む二枚立であったものが、後に一枚の羽を二つに割り、それを等間隔に三枚、或いは四枚と付着する三枚立、四枚立へと発展するようになる。

なお矢羽として使用された鳥の羽についての全体の傾向を通史的にみると、古代は雉羽・雉尾などが多用され、中世になると鷹や鷲などの猛禽類が多用されるようになる。公家文化を背景とした華やかな雉羽の優美な色彩、また武家文化を象徴する鷹や鷲などの質実剛健で力強い色合いはそれぞれの時代の雰囲気を表わしているものであり、大変興味深いものがある。

7　矢筈

矢筈は矢を番える時に弦を受ける部分名称であるが、そのもっとも原初的な矢筈としては、単に箆の末端を刳り込

むものであり、時代が下がっても征矢・野矢などにはこの形式が用いられた。この形式の筈を筩《よ》（余）筈という。その後筈の材料としては別の木、竹節、角（鹿・水牛など）、骨、水晶などの材料を使うようになった。この筈と異なった材料の筈を使った筈を継筈《つぎはず》という。また継筈の一種に、筈より少し太くして筈に被るような形をした筈もあった。これを笠筈という。

筈は「かこゐ」（筈の両端）や弦を喰わせるための「彫《えり》」（弦を喰わせるために抉ったところ）・弦持《つるもち》（抉った底の部分）などにさまざまな形があり、使用目的によりその形は異なっている。

三　弥生時代の武器—金属文化と稲作文化の伝来と普及—

1　金属製武器の発達

弥生時代になると大陸から朝鮮半島を経て南下するルートや西南諸島の黒潮ルートなどを経由して水稲栽培文化が伝来することにより、人々は土地に定着しムラを形成するようになる。そして時代が下がるにしたがい人々の生活は小集団から徐々に大きな集団へと統合されていく。

弥生時代の生活道具の材料としては縄文時代に使用されていた動・植物や石材の他に、大陸から伝来した金属文化が伝わることにより、さまざまな生活用具に止まらず、武器・武具も金属製のものが作られるようになる。すなわち弥生時代は縄文時代に引き続いて石器も使われる一方、青銅製や鉄製の道具が製造されるようになる。中でも鉄製の武器は斬撃刺突の機能にすぐれていたため、その普及は軍事面で大きな変化をもたらしたものと考えられる。

①青銅製武器

銅はそれだけでは軟らかいため、せいぜい装身具に用いられる程度であったが、これに十数パーセントの錫を混ぜ合金にすることにより硬化する性質を持っている。これが青銅と呼ばれるもので、それまでの石製武器や農工具に代わって使用されるようになる。

そこでこの青銅と武器との関係についてみてみよう。まず当時代前期～中期に三〇センチ位の細形の青銅製の刺突武器が大陸から伝えられ、その後わが国でもこれを真似た武器が鋳造されるようになる。そして後期になると鉾（刺突を目的とした袋穂を持つ両刃の長い柄を持つ武器―矛）や戈（槍・矛の一種で、柄に対し直角に剣がついた武器）は大型化し、実利性のある武器から祭祀の具へとその目的が変化する。またこの時代、集団祭祀の具であったとされるさまざまな形や大きさの銅鐸も作られるようになる。

青銅製の具は鋳造法によりさまざまに形作ることが出来、鉄の鍛造法に比べ同じものが容易にしかも大量に生産することが出来るという利点がある反面、武器などに使用する場合は強度の点で弱点があったことは否めない。このような理由から青銅製武器は次第に実用の具から祭祀の具へとその用途が変わっていった。

②鉄製武器

一方青銅と同じ頃わが国に伝来したとされる鉄製の武器は、機能的に大変すぐれていることから実利の器として受け入れられ、青銅製武器に代わって次第に普及していった。しかし実際には鉄製武器と並行して石鏃や骨鏃も数多く使用されていたこともわかっている。

さて前に述べたように、わが国の鉄の文化は紀元前三世紀頃青銅文化とほぼ同時期に大陸から朝鮮半島を経て入ってきたが、世界史的にみればわが国への伝来は比較的遅かったといえよう。しかしわが国は火山性の土地柄から砂鉄が豊富に入手出来、先人はこれを溶鉱炉で溶かし、不純物を除去し、炭素を入れながら鋼を造りだすタタラ製鉄法が発達した。

このことは当時のものと思われる出土品や、常陸国や出雲国・播磨などの各『風土記』の中にみられる鉄の生産の記事からもうかがい知ることが出来る。そして鉄で作られたさまざまな生活用具は当時の人々の暮らしを豊かにした。

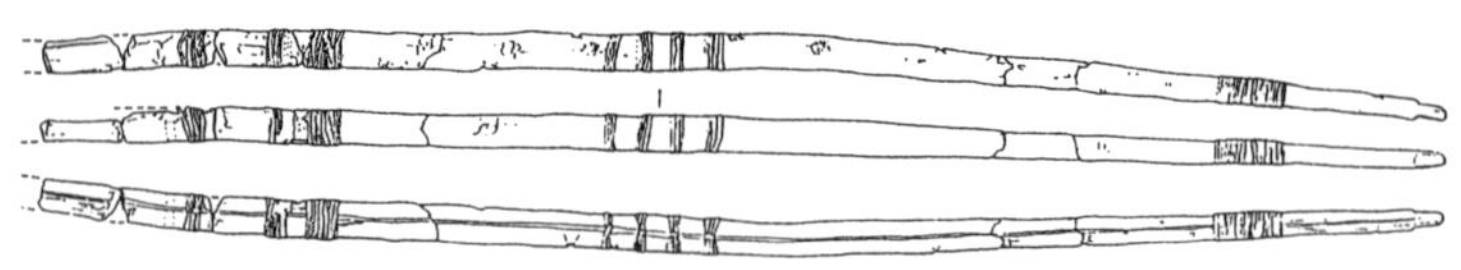

図27　弥生時代後期の弓（群馬県新保遺跡出土）
現存長119cm、径1.4cmの削り弓で、樋を通し樹皮巻。

このことは当然ながら鉄を使用した武器・武具の機能を向上させることとなり、戦いの様相を一変させ、軍事的な力関係に大きな影響をもたらしたことが推測出来るのである。

これに対し弓矢の材はそのほとんどが動・植物で作られており、わずかに鏃のみが銅製や鉄製であった。このことは有史以来今日に至るまで変わっていない。また矢は本来消耗品的な性格を持つものであるが、わが国の製鉄技術の発達がもたらした刀剣製作法の向上は、副次的に形や機能上からも多様で良質な鏃文化を発達させ、さまざまな形や機能を持つ鏃が製作された。そして美術品として高められ、観賞に耐えられるものも作られるようになっていくのである。

四　弥生時代の弓具の例

1　弓

長短区々であった縄文時代の弓は、時代が下がるにつれて次第に長大化の傾向を示すようになる。また構造的にも工夫が凝らされるようになり、ヒトを殺傷するに十分な威力を備えるまでに発達したが、弥生時代の弓はさらにさまざまな工夫が施され、当時の武器の中で重要な役割を果たすようになる。そこで次に弥生時代のものとしてこれまでに発掘された弓の例をあげてみよう。

まずその代表的な弓として唐古（からこ）遺跡（奈良県）の弓があげられる。この遺跡からは一九例の弓が発掘されているが、その中にはイヌガヤ材の丸木弓で、弓体を黒漆で塗り、節の部分には破損防止のために樺や桜の皮を巻いたり弓腹（ゆばら）部に樋（溝）を通したものも出土している。このような工夫はすでに縄文時代の弓にもみられるものである。次に当時代後期の弓体の実例として新保（しんぼ）遺跡（群馬県）から発掘された弓体についてみると図27のようである。

図28　銅鐸に描かれたイノシシ狩りの図（図21を線画にしたもの）

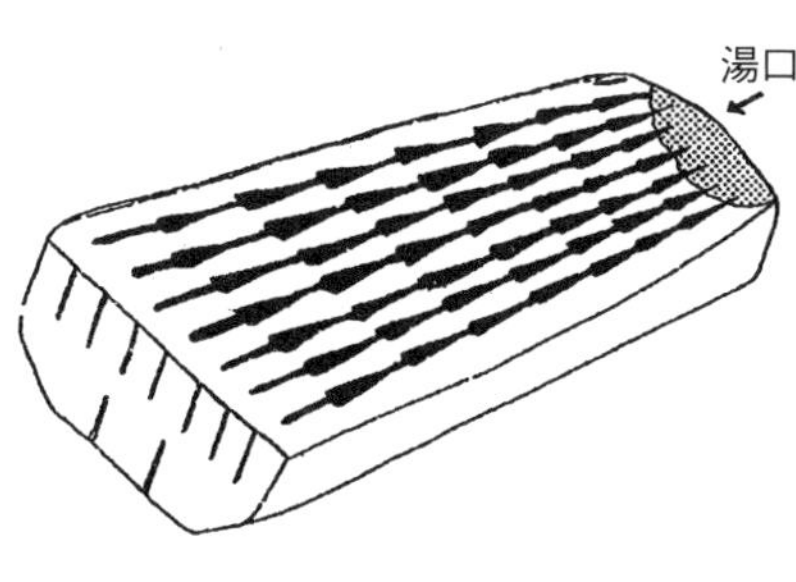

図29　銅鏃鋳造器（福岡県須玖岡本遺跡出土）

その他登呂遺跡（静岡県）から三例、山木遺跡（同）から三例、篠束遺跡（愛知県）から九例それぞれ出土しているが、それらはいずれも二メートル前後の長弓であったことがわかっている。

伝香川県出土の銅鐸に描かれた線刻画（図21・22・28）をみると、明らかに弭部が全長の中央より下にあり、すでにこの頃から弭部を中心に上長下短の傾向があったことがうかがえる。これらの狩猟の図からもそのことが推測出来る。また先に述べたように『魏志倭人伝』の中の「兵用矛楯木弓、木弓短下長上……」とある記述は、当時のわが国の弓体の形状を端的に表現しているといえよう。

2　金属製の鏃

また弥生時代中期になると青銅器生産技術の発達に伴って、銅鏃が数多く作られるようになる。確かにこの青銅製の鏃は脆いという欠点があり、機能的には鉄製の鏃には劣っていることは知りながらも、同じ条件の鏃を大量に鋳造することが出来るという特徴を持っていることから青銅製の鏃も作られていたのである。図29は須玖岡本遺跡（福岡県）で発見された長石斑岩塊に溝を彫り込んだ青銅鏃製造のための鋳型で、長さ三・七センチ、幅一センチ大の青銅製鏃を一度に四九個作ることが出来るものである。なお青銅製鏃の形状は石鏃のような平基式のものもあるが、大半は凸基有茎式のものである。

図30　弥生時代の銅鏃

しかし弥生時代に大陸から伝えられた鉄の文化を受けて、同時代中期頃になってわが国でも作られるようになった鉄鏃は、時代が下がるにつれて武器としての有効性から次第に石鏃や銅鏃を凌駕するようになる。ただこれら金属製の鏃は地中に埋もれると腐食しやすいため、遺物として発掘されるケースが少ない（図30）。これに対し弥生時代の出土品としては縄文時代に引き続いて当時代に使用されていたとみられる石鏃は数多く出土している（図31）。その例として土井ヶ浜遺跡（山口県）から出土した一五本の石鏃や人骨に射込まれた石鏃をあげることが出来る。

3　縄文・弥生時代の石鏃

ここで縄文時代と弥生時代の石鏃の形状・重さから、その使用目的の違いについてまとめると次のようになる。

縄文時代の石鏃―平基無茎式、凹無茎式はその形状からして、側辺と底辺との角度が直角より小さく鋭くなっており、いわば後代の腸抉（わたくり）の機能を持っており、しかも軽量であるため動物を疵つけるという点では理に適ったものといえる。

弥生時代の石鏃―先端を細くした木の葉形の凸基無茎式やその発展した形である凸基有茎式で、重さを増した当時代の石鏃は、飛距離を延ばすとともに、その形から深く貫通させることを目的として作られたものであったと考えられる。このことは使用目的が革甲（かわよろい）で武装した対人用、換言すれば弓矢が戦いの武器として使用されていたことの証左であるともいえよう。

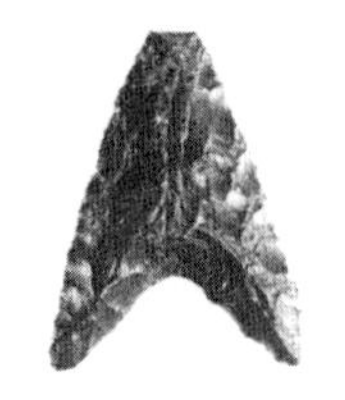
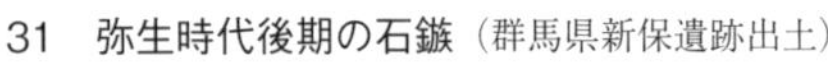

図31　弥生時代後期の石鏃（群馬県新保遺跡出土）

第四節　射法の分類とわが国の射法

一　射法のさまざま

弓体の反発力を利用して矢を発射しそれを目標物に射中てる技法、すなわち射法は歩射の場合通常両足をやや前後或いは左右に踏み開き（足踏み）、体前で弦に番えた矢と弦を右手指で搦め（取懸け）、弓をやゝ体斜め前下で発射しやすいようにしっかりと弣を握り（手の内）、その構えから体前左斜め上方に打ち上げた（打起し）後、左手は的方向に伸ばし、右手は上腕・前腕を折り込みながら十分に引分けた（引分け）後発射（放れ）するのが一般的であり、この一連の動きは基本的に古今東西変わるところはない。

しかしそれぞれの地域や民族がおかれた風土の中で、時代が下がるにしたがって次第に特徴ある射法が行われるようになっていく。それがもっとも顕著に現れているのが右手指で、番えられた矢と弦を搦める方法、すなわち取懸け法の相違とそれに伴う弓に対する矢の置き方の違いである。そこでこの取懸け法についてみると、次のような方法が見られる。なお取懸け法の詳細については「第二章　古代」も併せて参照されたい。

①原始射法（つまみ型・Pinch Method）（図32－1）

もっとも素朴な方法で、番えられている矢の内側から添えた親指とかがめた人差し指とで矢と弦とを挟む方法

図32　さまざまな取懸け法

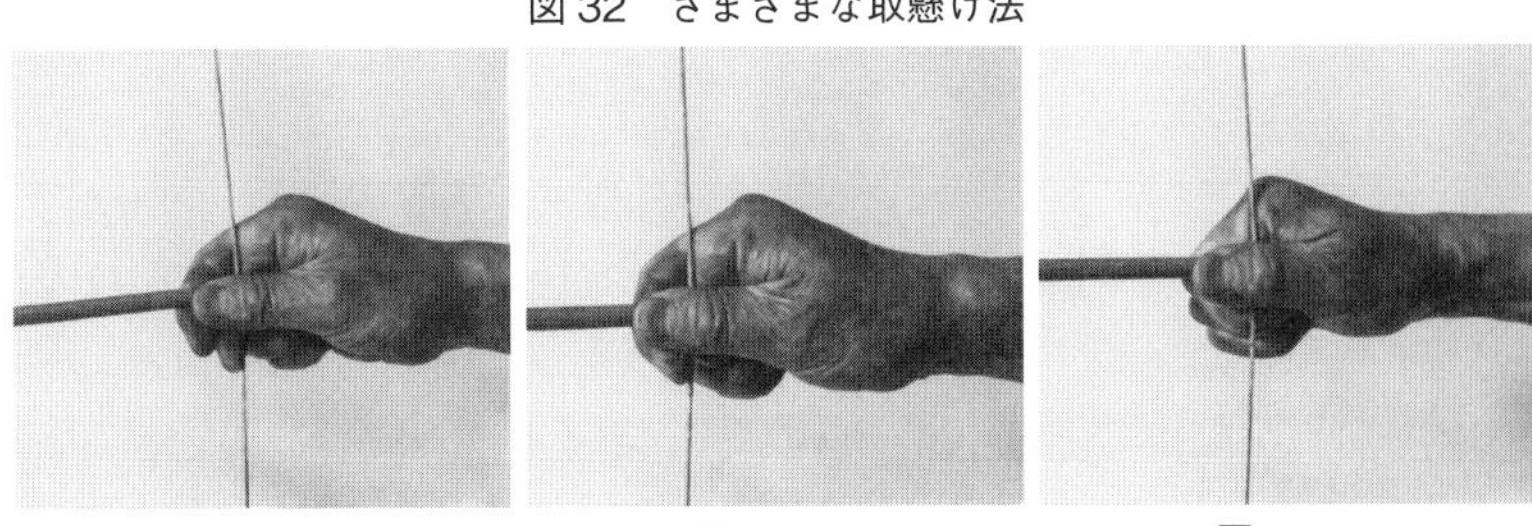

図32－3　図32－2　図32－1

②原始射法の発展型　その一（図32－2）

親指とかがめた人差し指とで矢を挟むとともに、人差し指を弦に懸ける方法

③原始射法の発展型　その二（図32－3）

親指とかがめた人差し指とで矢と弦とを挟むとともに、人差し指・中指を弦に懸ける方法

④原始射法の発展型　その三（図32－4）

親指とかがめた人差し指とで矢と弦とを挟むとともに、人差し指・中指・薬指の三指を弦に懸ける方法

⑤モンゴル式射法（Mongolian Form）その一　単塔法（たんとうほう）（図32－5）

この取懸け法は矢を弓の右（外）側に置き、右手親指の腹を番えられた矢の下辺の弦に懸け、人差し指で親指の爪根を押さえて弦を引く方法で、中国の崇禎十（一六三七）年に高穎叔（こうえいしゅく）が著わした弓術書『武経射学正宗（ぶきょうしゃがくせいそう）』の中で「単塔法」という呼び名で述べられている。この系統の取懸け法は、古代中東地域をはじめモンゴル・中国・朝鮮などで行われている方法である。今日の日本弓の取懸け法もこの系統に属するが、日本でいつ頃からこの取懸け法が行われるようになったかについてははっきりとしたことはわからない。このことについて戸田智の「射型・射技の変遷とその分類」（『古代学研究』八八）の説によると、この方法が行われるようになった時期はわが国に大陸の弓矢の文化が伝来した弥生時代後期頃であったとしている。

⑥モンゴル式射法（Mongolian Form）その二　雙塔法（そうとうほう）（図32－6）

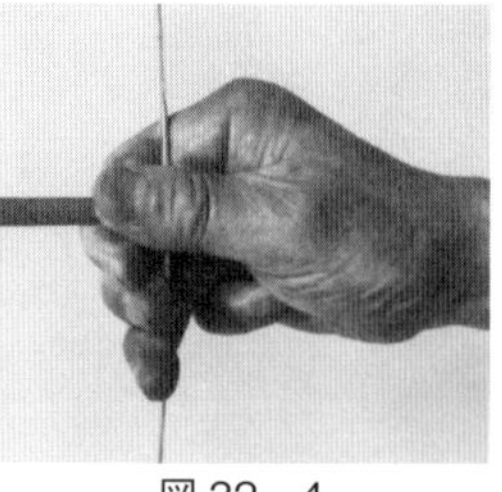
図32－4

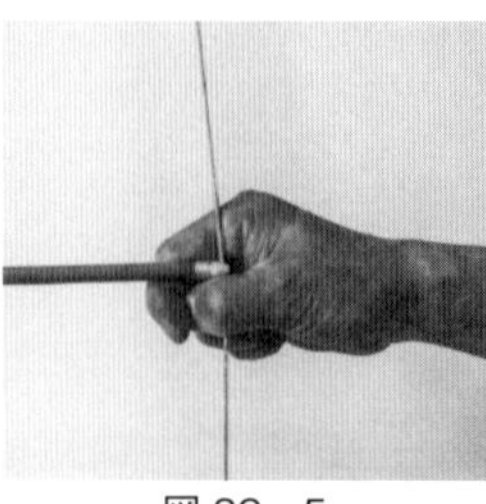
図32－5

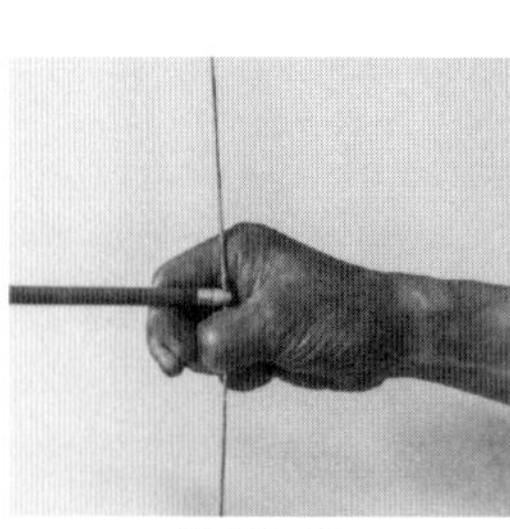
図32－6

⑤の取懸け法をさらに強化するため、人差し指と中指の二指で親指の爪根を押さえて弦を引く方法である。この取懸け法は少なくとも的前・敵前を問わず中世以来今日まで伝統的にわが国で行われて来た方法である。なおこの方法は前にあげた『武経射学正宗』の中では「雙塔法」として説明されている。

ただ今日のモンゴルの射法を見ると、弓体に対し矢の置き所は左右いずれでも自由のようである。この理由として次にあげる地中海型射法からの影響が考えられる。矢は弓体の左側（内側）に置いてモンゴル式射法を採る場合は、当然ながらわが国の取懸け法のような強い捻りが加わらない（加えられない）引き方になる。

⑦モンゴル式射法（Mongolian Form）その三（図32－9）

⑥の取懸け法をさらに強化させるため、人差し指と中指の二指に薬指を加えた三指で親指の爪根を押さえて弦を引く方法である。この方法はわが国で工夫された取懸け法で、疲労少なく長時間にわたり射続ける競技（堂射）のために開発された特殊な取懸け法である。

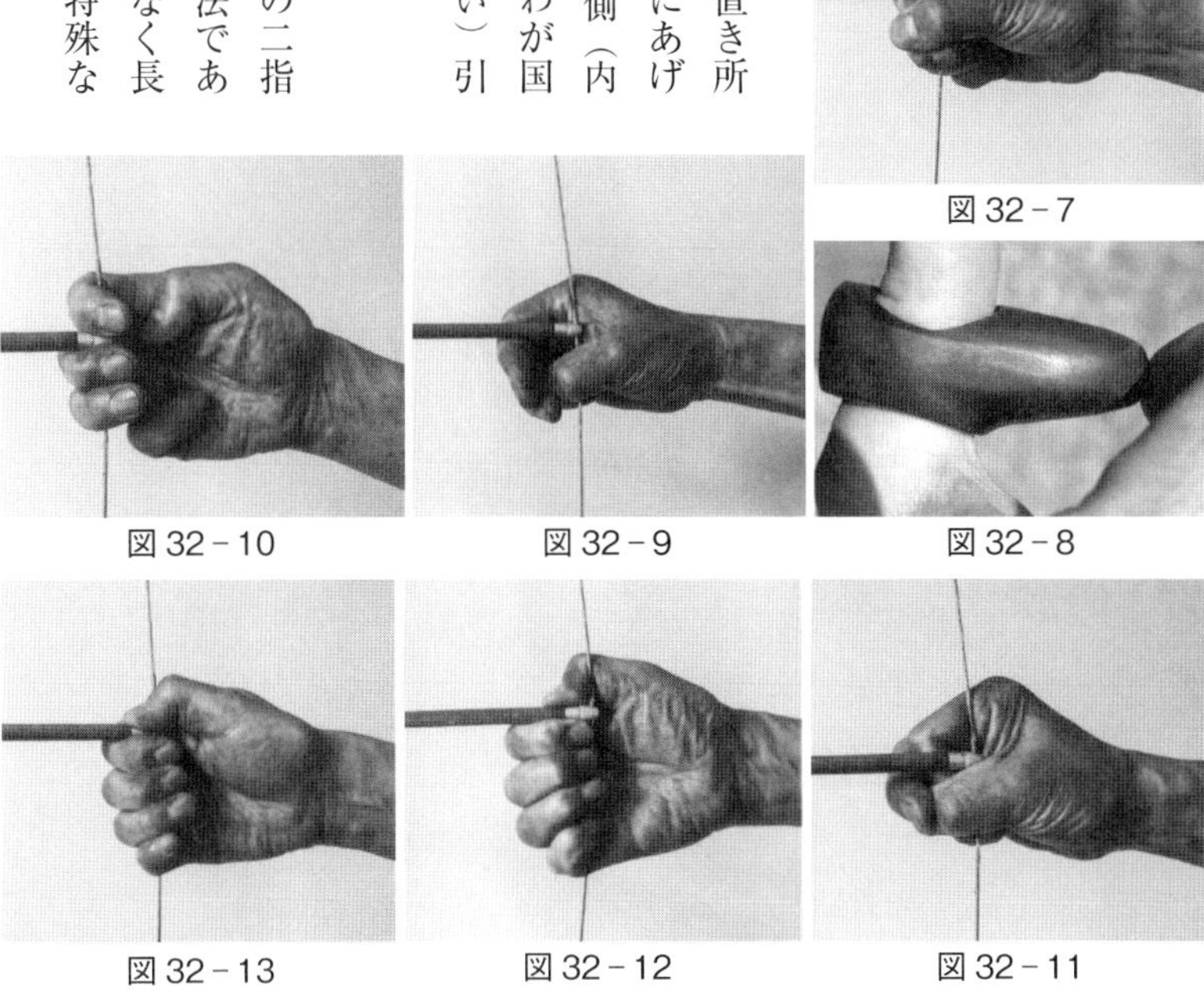

図32－7
図32－10　図32－9　図32－8
図32－13　図32－12　図32－11

⑧モンゴル式射法（Mongolian Form）**その四**（図32－7）
⑥に似た取懸け法で、図32－8のような用具を着けた親指を折り曲げ弦を懸け、これを人差し指と中指の二指で押さえ、さらにその上を親指で押さえるもので、原始射法（Pinch Method）の発展型二と雙塔法の中間的な取懸け法である。

⑨地中海型射法（Mediterranean Form）（図32－10）
矢を弓の左（内側）に置き、右手の人差し指と中指との間に番えられた矢を挟み、人差し指・中指・薬指の三本の指先を弦に懸けて引く方法である。この方法は古くエジプト・アッシリア・古代ギリシャなど地中海沿岸を中心に広まった方法で、その後ヨーロッパ全域に普及し、さらにイギリスを発祥とするスポーツ文化の発展とともにアメリカに渡り、世界的に普及している取懸け法である。

⑩その他　アメリカインディアンの取懸け法（図32－11〜13）
アメリカ先住民は図（三種）にみられるような取懸け法で行射していたという報告がある。

このように今日世界で行われている取懸け法は原始射法から発展し、モンゴル式射法と地中海型射法の二大潮流に大別で出来るが、時代が下がるにしたがって各民族・地域によって若干の派生的方法をみるようになるのである。なお取懸け法については、第二章第四節「一　取懸け法のさまざま」も参照されたい。

二　わが国の射法

わが国の原始時代における射法・射術がどのようであったかについて詳しいことはよくわからないが、おそらく最初は左手に丸木の短弓を握り、弦に番えられた矢を右手親指の腹とかがめた人差し指の側面で挟み引く方法、いわゆる「原始射法（Pinch）」、または「原始射法の発展型」であったことは容易に推測出来る。
発掘された弓の材質や長さから推定される弾性限界や取懸け法、人骨に残る鏃疵の状況、さらには当時の人々の推定平均身長（縄文時代：一六〇センチ、弥生時代：一六二～一六三センチ）などからして、矢尺も後代と比較して短かったと考えられるが、その他のことについては残念ながら具体的なことはわからない。

弥生時代になると銅鐸に描かれた狩猟の絵から、当時の射法を推測する若干の拠り所がみられるようになる。その例としてあげられるのが伝香川県出土の銅鐸面に描かれているイノシシ猟の絵である（図22）。この絵を見ると、むこう向きの一頭のシカの背後から一人の狩人が弓に矢を番えて腰をかがめた低い姿勢でそっと近づき、今まさに弓を引き絞ろうとしている様子が描かれており、もう一面を見ると、耳を立て足を踏ん張った一頭のイノシシを中心に五頭のイヌが周囲から取り囲み吠え立てている。イノシシがイヌに気をとられている間に背後から矢を発射した瞬間が描かれている（図28）。

この両絵図に描かれている弓を見ると、いずれもかなりの長弓であり、しかも全長の中央より下がったところを握っていることがわかる。また矢を番えて弓を引き絞る前段階の構えでの弓が体左前方にあるが、この構えは歩射における古今東西共通の構えであり、当然のことながらわが国の歩射々法においても有史以来伝統的に採られてきているもっとも自然で合理的な射法の在り方である。

さてもう一面の絵図の発射した後大きく開いた右上肢の構図から推測すると、その取懸け法は地中海型射法ではなく、つまみ型の変型か或いはモンゴル式の取懸け法に近いもので、矢尺もかなり取っていたと考えるのが自然であろう。

三　弓矢の威力

発射した矢が直進しモノを刺突する威力は、斬撃する力と比べはるかにダメージを与えたことは容易に想像出来る。原始時代の弓矢がどれほど威力があったかについては定かでないが、近年その威力を証拠付ける一大発見があり世界を驚かせた。それはアイスマンと呼ばれるミイラの発見からである。

このミイラはイタリア・オーストリア国境近くのエッツ渓谷の氷河に埋もれていたもので、その調査報告書によると今から約五三〇〇年前のミイラで、作りかけの弓矢を持っており、その死因は背後から弓で射られ、その後後頭部を殴打されたらしいとの記述があり、ミイラの左肩付近から石鏃が見つかっている。これからして弓矢は当時すでに強力な殺傷武器として使用されていたことがわかるのである。

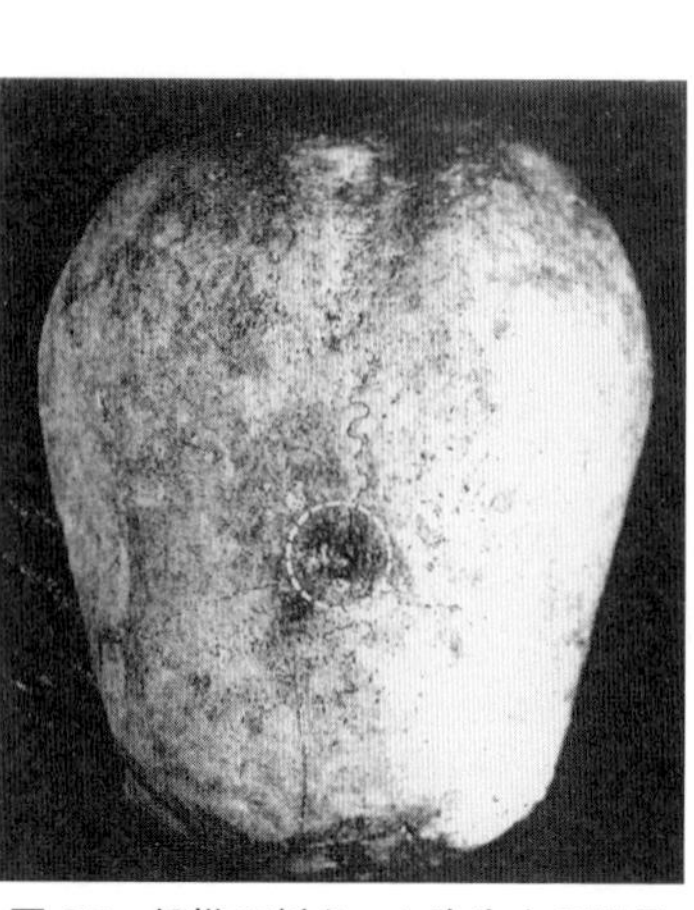

図33　銅鏃の刺さった弥生人の頭骨
（長崎県平戸島根獅子遺跡）

さてわが国に目を移すと、縄文時代の弓矢の威力を推察する一例として、粒江磯の森貝塚（岡山県）から同時代前期のものと推定される石鏃があげられる。この石鏃は内臓器官を貫通し上部胸椎骨に達している人骨に刺さっていたものである。また先に上げた伊川津貝塚（愛知県）出土のものとして尺骨に刺さっていた例（図8）や石鏃で射貫かれた三貫地貝塚（福島県）出土の腰骨（図8）も知られている。

また勝部遺跡（大阪府）の墓地から五本の矢を受けている人骨、土井ヶ浜遺跡（山口県）からは胸部に磨製石鏃や牙鏃を射込まれた男性の骨や、一五本もの矢を受けた人骨が出土していることが報告されている。

これを銅鏃についてみると、近年土佐市（高知県）居徳遺跡から発掘された縄文時代晩期の出土品の中から、無数の金属製鏃が射込まれた人骨が発見されたとする報告があり、当時すでに金属製武器を使用した集団対集団の戦いが行われていたことがわかる。これらの物証は当時の生活の中で弓矢が単に狩猟のみでなく、自己及び所属集団の生命保全のための有効な武器として用いられていたことの証左となろう。

そのほか銅鏃の例として根獅子遺跡（長崎県）出土の女性の頭頂部に射込まれた銅鏃（図33）をあげることが出来、平成一二年に青谷上寺地遺跡（鳥取県）から発掘された弥生時代後期（紀元後二世紀）頃の人骨五三体の内一〇体に致命傷と思われる矢疵があったことが報告されている。

さらに弥生時代中期（紀元前一～紀元後一世紀）のものとして、平成九年に清水風遺跡（奈良県）から出土した壺に鮮明に描かれた「矢負いの鹿」の絵は、当時の狩りの様子が鮮やかに表現されている。

このように銅鐸や壺に描かれた弓矢による狩猟の様子が見られるようになる一方、戦いの重要な武器として使用されたことをうかがわせるような出土例も各地から数多く発掘されている。

四　矢毒について

1　世界の矢毒

人類が動物やヒトを殺傷する目的として、動・植物から採取した毒物を使用することは有史以前より行われていた。また矢先に毒物を塗り付け、その刺突効果により動物やヒトの体内に毒性物質を注入することを目的とした毒矢文化の世界的分布状況をみると次のようになる。

- 一　アジア毒矢文化圏
  - （一）トリカブト毒矢文化圏
    - 東北アジア海岸文化圏
    - 東南アジア内陸文化圏
  - （二）イポー毒
- 二　アフリカ毒矢文化圏

三　南アメリカ毒矢文化圏

この分類のうち、キンポウゲ科のトリカブト属植物の根塊から採取した毒物アコニチンを矢や銛の先端に塗り付け、これを使用する民族としては、東南アジア内陸から東北アジア海岸、すなわちネパール、ブータン、雲南、四川、沿海州、カラフト、カムチャツカ半島、アリューシャン列島、北海道などに住む民族などがあげられる。またクワ科の広葉樹イポーの樹液から採るイポー毒はマレー半島やインドシナ半島、スマトラ、ボルネオ、フィリピン諸島などが使用し吹き矢を利器として使う場合が多い。

2　わが国の矢毒

アイヌの弓矢について江戸時代後期の蝦夷探検で有名な近藤重蔵が著わした『蝦夷来由記』の中で次のように記している。（現代語要約）

まず弓（グー）はイチイ（オッコ、オンコ、アララギ）の木を素材とし、桜の樹皮を巻いた長さ一メートル、直径二センチ位の丸木弓で、弦は植物性の繊維を使用している。また矢（アイ）は全長が約五〇センチ位で、矢柄はアシの茎製、重さは一五グラムほどである。矢尻は熊笹（ネマガリダケ）製で長さ五センチ位、幅一・四センチ位、その片面は毒物を塗り込みやすいように凹みをつけている。また羽根は通常二枚羽根で矢尻に対し直角になるように取り付けている。

アイヌ人は生中乾きのトリカブトの根部を平らな石の上で唾液をかけながら粘り気のある状態までよくすりつぶしたり、松脂などを溶かした容器によく乾燥させた根の粉末をまぶしつけたりして矢毒として使用した。

図34　毒矢を使うアイヌ

このように日本列島における毒矢は、古くからアイヌ人たちが狩猟の利器として使用していたことは知られているところであるが（例えば弘法大師筆『遍照発揮性霊集（へんじょうはっきしょうりょうしゅう）』）、これを使用した戦いの例としては、アイヌ人たちの勢力争いから和人支配を排除しようとする民族紛争にまで発展したシャクシャインの戦い（寛文九〈一六六九〉年）があげられる。この戦いにおいてアイヌ人は盛んに毒矢を使用し、津軽や松前の藩士達を悩ませたと伝えられている（図34）。

アイヌ人が毒矢を使用したことについては伊勢貞丈も『安斎随筆』（巻三十二）の中で「蝦夷人の矢の根に毒をぬりて射るに、其の毒は番しゅく蜘蛛（ちちゅ）附子（ふす）この三種なり。毒にあたりたる時に、大蒜（にんにく）をすり鉛をまぜて付くる。毒解する事妙なり。毒の所は肉をエグリとりて薬を付くるなり」と述べている。

そしてその治療法について平瀬光雄著『射学要録』（天明八年刊）の「外之物（とのもの）」の一項として「毒矢に中りたるとき洗薬幷鏃抜き薬の事」として「我朝毒矢射ることなしといへども、万一毒矢に中らば蘿蔔（だいこんじる）汁にて洗うべし。……早く脱ざれば肉からみてぬき難しと云へり。……」、また江戸時代中期の百科事典『類聚名物考（るいじゅうめいぶつこう）』には「……人若（もし）此箭に射られし時は、早く豆を煎てその湯を飲めば毒を解く故に……」とある。なおアイヌ人の毒矢使用の風習は明治新政府により明治九（一八七六）年に禁止された。

ところでこれまでのさまざまな毒矢に関する先行研究の中に、日本人がかつて狩猟や戦闘に毒矢を使用したということを見い出すことが出来ない。すなわち元寇の有様を描写した『八幡愚童訓（はちまんぐどうくん）』（鎌倉時代末期）の中で「蒙古カ矢ハ短シト雖モ、矢ノ根ニ毒ヲ塗リタレハ、中ル程ノ者毒気ニ負スト云事ナシ」とあるように、毒矢については十分にその効力についてわかっていたと考えられ、また古くからアイヌの毒矢の威力を承知していた。それにもかかわらず日本人はあえてこの毒矢を使用しなかったのは何故であろうか。

このことについて山崎幹夫は『毒の文化史』の中で「わが国は地理的にみて異民族の侵入とか、外敵とのふれあいに際して毒物として利用しなければならなかった必然性のようなものがなかった。具体的にいうと、大陸、朝鮮半島、北海道、南方諸島などの地域ではかなり異民族の往来があったが、わが国の場合は地理的・歴史的にみてそれほど民族の往来がなかったことから、外敵を防ぐために強力な武器を使う必要がなかったことから、毒を武器として利用することにさほど熱中しなかったのである。(要約)」と述べている。

また千葉徳爾は『たたかいの原象　民俗としての武士道』の中で「わが国の国民性の中に次のような心性が伝統的に流れているのではないか」と述べている。すなわちその心性とは「わが国の狩猟活動において野獣のうちで、大型のものに対してはただひとつの武器を手にして相手と対等な条件、つまり一対一で勝負するものであった、わなを仕掛けたり毒餌を食わせたりするだまし討ち同様の捕獲は大物猟師のなすべき狩猟法とは認められなかった。」というものである。

隣接民族としてのアイヌなどが使用していたトリカブトなどから採取した毒を毒矢や毒餌などとして使用するということの効果について、日本人は当然承知していたであろうが、それを使用したという形跡は筆者の管見するところ全く見られない。日本人の心性にそれが〝卑怯な方法〟と映ったからであろうか。もしそうだとすればこのような心性はその後のわが国の〝戦いの美学〟にも反映していることが理解できる。「日本人と毒矢」については、今後なお研究の余地のある問題である。

第二章　古代

時代区分としての古代は奈良・平安時代を指す場合もあるが、本書における時代区分としては、国家形成期から奈良〜平安時代とする。

さて西暦八〇年頃（わが国では弥生時代）に編纂された中国の歴史書『漢書』に、日本では多くの小国があったことが記されている。また三世紀末頃になると、邪馬台国という国が多くの小国を従えていた（『魏志倭人伝』）ともあり、権力者たちはさまざまな形や大きさの墳墓を残した。そしてその権力を統一したのが大和朝廷であったとされる。

わが国は当時中国大陸や朝鮮半島の各国との複雑な政治的軍事的関係の中で、さまざまな先進文化を受容する一方、時代が下がるにしたがってわが国の風土や民族性に適った独自の文化を形成していった。その中には当然ながら武器・武具も含まれ、政治・行政面でも先進諸国の制度や機構を見倣い、遷都を繰り返しながら徐々に国としての形を整備していったのである。

一〇世紀頃以降になると各地方に力を持った集団から誕生した豪族は、自ら開墾した土地（荘園―大規模な私有地）を力ある寺社や貴族に寄進し、自分はその管理者―荘官となり実質的な支配者となった。また律令政治のもとに中央から派遣された国司は、地元の有力者である豪族に税の確保を委ねるようになる。

このような状況の中で地方に赴任した国司は、その土地に根付いた皇族や貴族の子弟のもとに、強力な武装集団を形成するようになった。彼らは弓馬の技にもすぐれていたため、中央で朝廷の警備や有力貴族の護衛、市中の治安保持、税の運搬などの役目を担った。そしてこの任にあたる武士たちは、家柄がよく指揮官として能力ある人物を主と仰ぎ、強い絆を持った主従関係を結ぶようになる。中でも源氏と平氏は天下を二分する武士団として歴史を大きく左右するような力を持つようになるのである。

そして与えられた任務を遂行するために武器・武具の工夫は勿論のこと、それらを操作するための武術訓練を盛んに行った。

第一節　古代の武器

一　国風文化と弓・刀

弥生時代以前にも石製の棒や斧、剣、槍などの存在は認められるが、その使用目的の多くは狩猟用であった。弥生時代になると大陸から金属文化が伝えられ、青銅製や鉄製の剣や、断面が二等辺三角形の直刀、さらには矛、鑓、鏃などが輸入された。やがてわが国でもこれらの武器が造られるようになるが、青銅製の武器は実用性において鉄製のものに比べ劣っていたため儀仗用のものとなり、武器としては鉄製のものが主流となっていった。

三世紀半ば以降の古墳時代になると、国内外で規模の大きな戦いが行われるようになり、武器の需要が高まるにつれ、わが国でも鉄製の武器が盛んに造られるようになり、これがおおいに普及・発達した。

『東大寺献物帳』（聖武天皇の遺愛品を光明皇后が東大寺に献納した際の目録）によると、奈良時代の弓としてもともとは一〇三張収納されていたのであるが、現在は梓弓（あずさゆみ）三張、槻弓（つきゆみ）二四張の弓のみが正倉院に収納されている。これは天平八（七三六）年の恵美押勝（えみのおしかつ）の乱に多くの弓が出蔵されたため、後になって収められたものである。

さて平安時代中期頃になると、それまでの唐風文化に対してさまざまな方面においてわが国独自の文化、いわゆる国風文化が形成されるようになる。このことは武具や武器の分野においてもみられ、その代表的な例として武具では大鎧、武器では弓と刀があげられる。そこでまず刀について少しふれておこう。

○国風文化と武器の発達─わが国の古い時代の剣や平造り（ひらつくり）の直刀の操法は、その長さや形状からして、主として片手で刺突・斬撃していたものと推測出来る。このような状況を長年経過した後、度重なる戦いの中から平安時代の中頃になって直刀は斬撃に適するように刀身に反りを持たせた彎刀形式で、しかも平造りから鎬造り（しのぎづくり）（太刀）に改良され、またその鍛造法においても大きな進歩をみるようになる。

この変化の理由としては、蝦夷地での戦いや東北地方を中心として盛んに展開した武士団の武技の訓練を背景に、前九年や後三年の役などの戦いの中から必要に迫られ誕生したもので、特に騎馬戦が盛んとなった戦場裡において、馬上からの刀の操作法の工夫から編み出されたものであるとされている。そしてこの刀の形状の変化は、片手での刺突斬撃技法から諸手刺突斬撃する多彩な技法の開発へと発展するようになるのである。

二　日本人の武器に対する信仰

洋の東西を問わず古代社会においては、いずれの民族も武器を聖なるものとする心情を持っていたことが知られているが、わが国においても原始時代から刀剣や弓が持つ威力やそれが醸し出す雰囲気から、武器を信仰の対象として意識していたことがうかがわれる。

すなわち大陸から青銅や鉄の文化が伝来し、それで造られた武器や武具の持つ性能は戦いの在り方を大きく変え、自己及び所属集団に幸せをもたらす神器・聖器であるとする志向がみられるようになるのである。

栗田勇が「鉄器が磨かれ、深い淵のような虚空を刃に宿した時、また夜空の星が刀身にその光を宿して煌めくのを見た時、私たちの祖先はそこに神が宿ると考えた。そして神のものとなった心もそこに宿ると信じたのである」（『日本美の原像』）と述べているように、鉄製の刀剣はそれが醸し出す神秘的な雰囲気から、神聖さを象徴する武器として長く尊崇されてきたのである。

　このように刀剣を代表とするわが国の武器は、古くから信仰の対象とされてきており、古墳から発掘した副葬品の中に数多くの武器・武具類がみられるのはその証左といえよう。すなわちその古墳に埋葬された人物の周辺に武器・武具類を並べ置くことにより俗世界から守る一方、死者を封鎖することを目的として副葬されたものと考えられるのである。

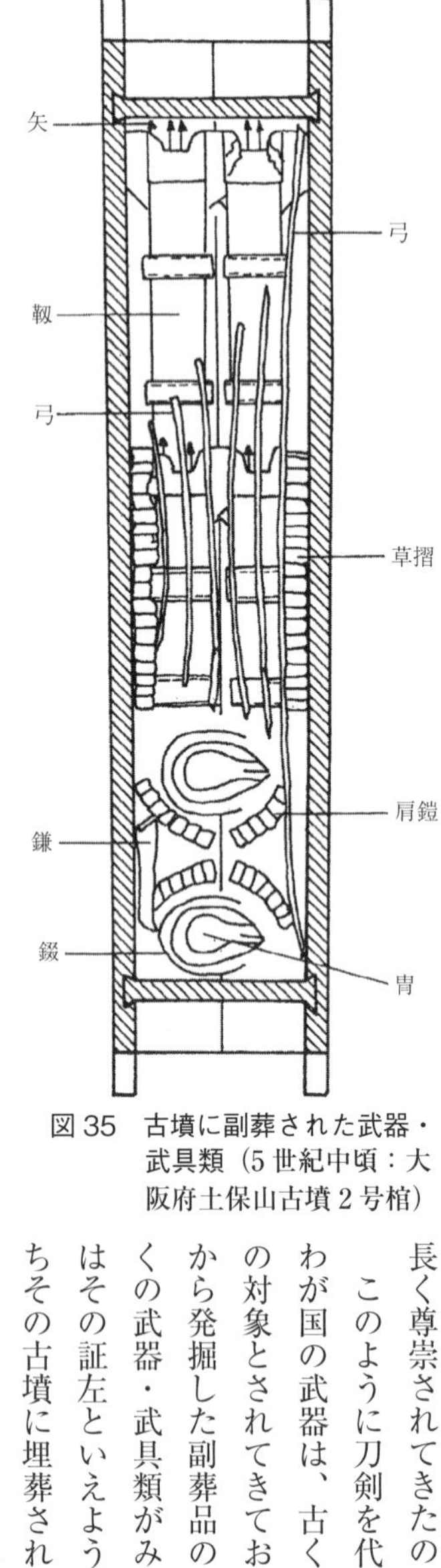

図35　古墳に副葬された武器・武具類（5世紀中頃：大阪府土保山古墳2号棺）

　さてこれまで古墳から発掘された武器副葬品としては、金属製の刀剣類が多くみられる。これに対し弓具は鏃を除く大部分が有機物であったため腐食しやすいということもあり残存している例は少ないが、弓矢も刀剣と同様重要な武器として取り扱われていたことがその発掘品からうかがい知ることが出来る。ここに弓具類の副葬品を伴った古墳の一例（図35—大阪府土保山古墳）をあげておこう。

　一方わが国の人びとは原始・古代よりその置かれた風土の中に神の存在を信じ、畏敬・感謝の念を抱きながら生活してきており、特に稲作文化とそれに伴う農耕儀礼として、豊作を願い、神を慰めその意思を伺う神事・祭事として古くから弓矢は相撲と並び重要視されてきた。特に矢の中・不中や中り所で吉凶を占う方法は、神意の所在を知る上で最適であったと考えられる。また弓射は古代より悪霊を鎮め退散させる呪術的な力を持っていると信じられ、鳴弦や蟇目などの民間信仰が山岳仏教と結びつき、広く人々の生活の中で行われてきており、今日もなお伝統的な弓射儀礼式の中にそれを見ることが出来る。

第二節　古代の弓具

一　弓

1　中国・朝鮮の弓

成宗五（一四七四）年に朝鮮で刊行された『兵器図説』（『国朝五礼儀』の内）によると、弓の本体は湿地に棲む牛の黒角で作るとあり、明代末の崇禎十（一六三七）年に編纂された産業書『天工開物』では「弓を造るには竹と牛角を幹材とし、これを膠で貼りあわせ桑材で上下の弭とする。まず一片の竹を削り、弓の中ほどは少し細くし、長さは約二尺ばかりとし、片面に膠を塗り、牛角を貼り付け、他の片面には牛筋と膠とを当てて固める。なお竹は一本で外側にくる。また牛角は二枚を継ぎ合わせる。また膠は魚の浮きぶくろや腸でつくる。……」とある。

ただ当時の朝鮮には牛が少なかったため大変貴重で、中国からの輸入に頼っていたらしい。また同書によればこの角弓は雨露に遭うと剝がれやすく、乾湿寒暑の差の大きい大陸ではその管理が大変であると記している。

2　わが国の弓

○丸木弓から削り丸木弓へ―さてわが国では原始時代、弾力性に富み弓体に適した木枝を適当な長さに採り、末弭・本弭を切り、これに弦を張った丸木弓を使用していた。そ

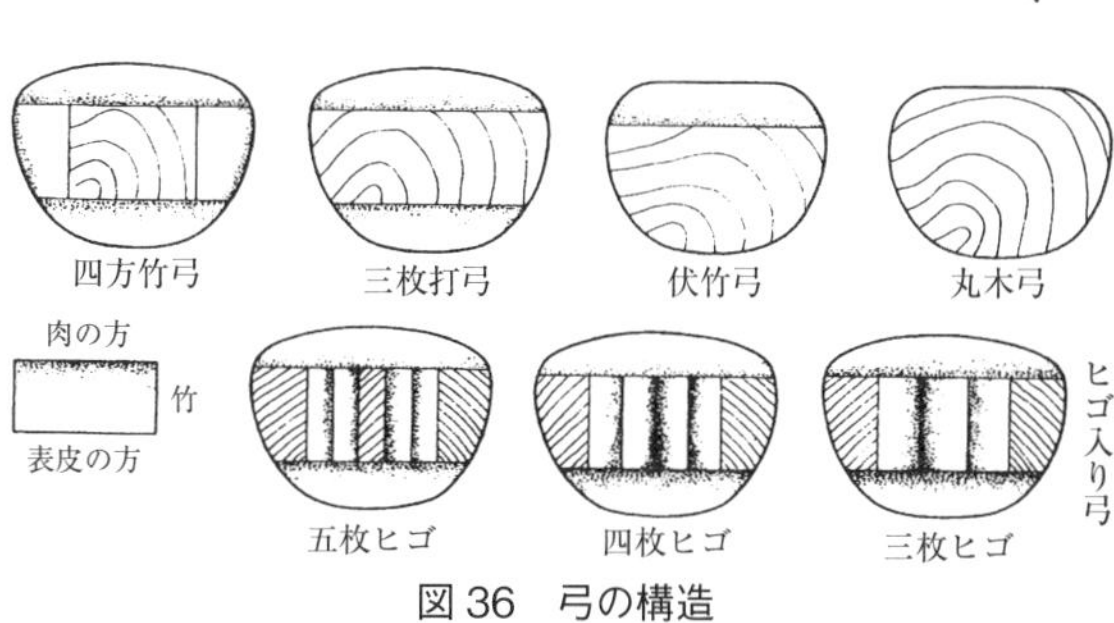

図36　弓の構造

の後弓に適したやや太目の弾力ある自然の木枝を適当な長さに切った後、これを削り強弱を調整し、破損防止や反発力を強くするために漆を塗ったり樋を通したり樹皮や籐などを巻いたりした削り丸木弓が作られるようになる（図36）。

次に古代の弓がどのようなものであったかについてみてみると、まず古墳時代前期（四世紀）の弓として、前方後円墳のメスリ山古墳（奈良県）から出土した長弓があげられる。この弓は弭部の位置からして上長下短で、さらに鉄製であることからおそらく儀仗用のものであったと推測される。

また古墳時代中期（五世紀中期）の産土山古墳（京都府）からは、石棺の遺骸の左右に長さ一二四・八センチ（四尺一寸一分）位でマユミ材の樹皮巻の弓二張が出土している。

ここで土保山古墳の埋葬施設（図35）から発掘された出土品の中の弓について少し詳しくみてみよう。

この古墳は五世紀中期頃造られた直径約三〇メートルの古墳で、その中から発掘された二個の木棺の中に太刀・甲冑・馬具などとともに弓や矢が出土した。弓についてみると、長さ二メートル弱の丸木弓が六張あり、いずれも弣の位置はおよそ全長の七：三辺にあり、太さは直径二・五センチである。そして弣辺から末弭・本弭に向けて少しずつ削りを入れ細くなっており、いずれの弓も弾力調整や破損防止のために上端近くを除き弓腹に樋（溝）を通した弓で、これに樹皮（樺皮）を巻き、黒漆塗りや丹塗りを施しているという報告がある。

このように当時すでに長弓で上長下短というわが国の弓体の特徴がみられることは特筆すべきである。さらに二〇一三年になって、新たに古賀市の谷山北地区遺跡群（福岡県）から六〜七世紀初頭のものと推定される漆塗りで、長さ二・二〜二・三メートルの弓が金属や鹿角製の弓弭とともに六張発掘された。

また六世紀中頃の七廻り鏡塚古墳（栃木県）の木棺から長さ約二メートルある弓が発掘されている。この弓は弓材に適した太い木材を削り、これに熱を加えて彎曲させ黒漆塗りとし、さらに弣より下に樋を通した削り丸木弓であり、当時の弓製作の技術のほどが偲ばれる。しかし素朴な丸木弓からさらに進んで弓体の破損防止や機能アップのために、削りを入れ始めた時期がいつ頃からであったかについての正確な時期を特定することは現在のところ難しい。

さて次に削り丸木弓に関する文献について見てみると、一〇世紀初頭に編纂された『延喜式』の中に次のような記述がみられ、一張の弓を作るにあたって削りに相当の時間を費やしていることがわかる。

　梓弓一張〈長七尺六寸槻柘檀准是〉長功十五日、中功短功逓加一日、削成三日〈一日小斧削二日鉋〉……

当時の弓材としては八世紀初頭編纂の『続日本紀』に「歌斐の国献梓弓五百張……」（大宝二〈七〇二〉年）や「信濃国献梓弓一千廿張」（同三年）などとあるように梓が主として用いられ、その他に櫨―「天之波士弓」（八世紀『古事記』）や「天梔弓」（八世紀『日本書紀』）、また「波自由美」（八世紀『万葉集』）や檀―「檀弓」（『古事記』）、「末由美」（一〇世紀『和名抄』〈『倭名類聚抄』『和名類聚抄』〉）、「柘豆美」（同上）、「由美人取材以柘為上」（一六世紀『本草綱目』）、槻―「槻、本名堪作由美也」（『和名抄』）、「以槻弓走猪」（八世紀『播磨国風土記』）……などが使用された。

ただこれらの弓材のうち、梓の木は軽軟で割れやすい木質を持っており、今日私たちが理解する梓の木ではないという。当時弓材として使っていた〝梓〟と称していた木は樺科の〝峰がい〟という桜に類する落葉樹であったらしく、幕末の国学者屋代弘賢著『古今要覧稿』に「斧折」とあり、文字通り大変堅い木で弓に好適であるという説がみられる。

その後さらに丸木弓の反発力を高め破損を防ぐ工夫として、弓体全体がバランスよく働くように弓体に削りを入れた木弓が作られるようになる。因みにこの削り丸木弓製作作業を〝弓削〟といい、その技術集団を朝廷に仕える兵部省に属する〝弓削部〟といった。

さてこの反発力増強と破損防止を得るための削りを入れた木弓は、おそらく図37のような張顔に変化したのではないかと推測する。さらにこの弓に防湿防水のため弓体を漆塗りとしたり、樺皮などを巻いたり、さらには弓腹に樋を

図37　斎藤直芳氏の推測する古代の弓の勢
（右：丸木削り弓、左：丸木弓）

通したりして破損を防止する工夫が施されるようになるのである。

なお当時の弓長についてみると、一〇世紀頃に刑罰や行政の規定である律令の細則を定めた『延喜式』（兵庫寮）の中に、削り丸木弓の長さは七尺六寸（約二・二八メートル）とある。しかし実際の長さは区々であったようで、このことは現存する当時の弓や『東大寺献物帳』などの文献史料からも理解出来る。

○削り丸木弓から伏竹弓へ――さて丸木弓に削りを加えた削り丸木弓の次の工夫として、弓体の外側に竹片を貼り付けることを考えた。これを伏竹弓（ふせだけゆみ）という。この伏竹弓は図36のように削り丸木弓の弓背（ゆぜ）（弓体の外側）に竹片を貼り付けたものである。この伏竹弓の考案は、わが国の弓の長い歴史の中で、それまでの木のみの単材であった弓から木・竹という異質の弓材を組み合わせるという画期的な発想の出発点となったもので、その後の弓体へのさまざまな工夫の嚆矢となったものといってよい。

現在のところこの伏竹弓の考案者についての確たる文献はないが「思はずや手ならす弓に伏す竹の　一夜も君にはなるべしとは」の歌をあげ、その作者である源頼政（一一〇四～八〇）であるという説、また平安時代中期、百足退（むかで）治で有名な俵（藤原）藤太秀郷、鎮守府将軍として前九年の役で安倍氏と戦った源頼義、平安時代末期の奥州藤原氏三代秀衡などの説があるが、いずれも伝説の域を出ないものである。

これらの人物が活躍した時代は一一世紀中期頃から後期に勃発した前九年の役、後三年の役をはじめ、その後政権を揺るがすほどの大戦が勃発した時代であり、誰ともなく必要に迫られて考案した産物ではないかと考えるのが妥当であろう。

なお伏竹弓のもっとも有力な文献としては、承平年間（九三一～九三八年）成立の『和名抄』（源順編）の中にみえる「細射弓箭、今案此間云、末末岐由実是也」や、延慶三（一三一〇）年頃成立の歌集『夫木抄』（藤原長清編）に出典する「いかにせむままきの弓のともすれば　引はなちつつあはぬ心を」（琳賢法師）、「あづさ弓末までとほす伏せ竹の　はなれがたくもちぎる仲かな」（信実）があげられる。

ここに出る〝ままき〟について江戸時代の故実家伊勢貞丈は、これを木と竹を貼り合わせた〝継木弓〟、すなわち伏竹弓のことであるとしている。この歌の意味は、伏竹弓は引き易く矢勢も出るという長所はあるが、その反面接着した木と竹が剝がれ易いという欠点があることを男女の仲にかけて詠んだものである。

さてこの木と竹を接着する物質として鰾という良質の膠が用いられた。この鰾はスズキ科の海魚で、その浮き袋を煮詰めて採った魚膠（一説に関東ではイシモチ、関西ではグチと呼ばれる「鮸」という海魚の鰾「浮き袋」を煮詰めた膠）で、これが大変粘着力がよかったところから接着剤として用いられた。

またこれに代わり鹿皮を煮詰めた鹿鰾という接着剤も作られたことが、語源辞書『名語記』（経尊著　建治元〈一二七五〉年）の中に「ニヘ　弓ノ竹ナトアハスル　ニヘ如何　答　ニヘハネリノ反　コレハ鹿ノ頚皮ヲ数剋ムシヤハラクスレハホヤム也」とみえる。

さらに牛などの生皮や骨（獣膠）を弱火で煮詰めたものもあり、江戸時代の弓書をみると、鱧・鮫など魚類の内臓（魚膠）を原料としたとする文献も散見出来る。

なおこの膠がいつ頃から接着剤として使用されていたかについては不明であり、残念ながら出土品の中にも確認出来ないので、比較的古い文献から関係記事のみをあげておこう。

・膠二両一分（『造仏所作物帳』天平六〈七三四〉年）

・一、請二阿膠弐斤一。右、為レ固二高座一、所レ請如レ件（『造石山院所解案』天平宝字六〈七六二〉年）

・阿膠十両、炭二斗一升切釘廿隻（『延喜式』「内匠寮式」延長五〈九二七〉年）

この記事からすると、膠は主として木製の器物や仏像などの結合剤として用いられていることがわかる。また『造東寺司紙筆墨軸等充帳』（天平勝宝六〈七五四〉年）や『造東寺司定文』（天平宝字九〈七五七〉年）などによると、壁画などの顔料にこれを混ぜて塩湯していたらしい記録がみえる。

さてこの良質の膠である鰾を接着剤として打った弓は、使いやすいが雨露や湿暑に遭うと剝がれ易いという欠点があったので、実戦には依然として削り丸木弓が使用されていたらしい。このことについては幕末の故実家で武器・武具研究で著名な栗原信充（柳庵）も「（丸木弓は）雨露は云に及ばず水中に入ってもはなれ損ずる事なし」（屋代弘賢編『古今要覧』）、「（丸木弓は）雨にも水にも損じ破らる、ことなし」（『木弓故実撮要』）と、木・竹合成弓が雨露に弱いという欠点があったことを指摘している。

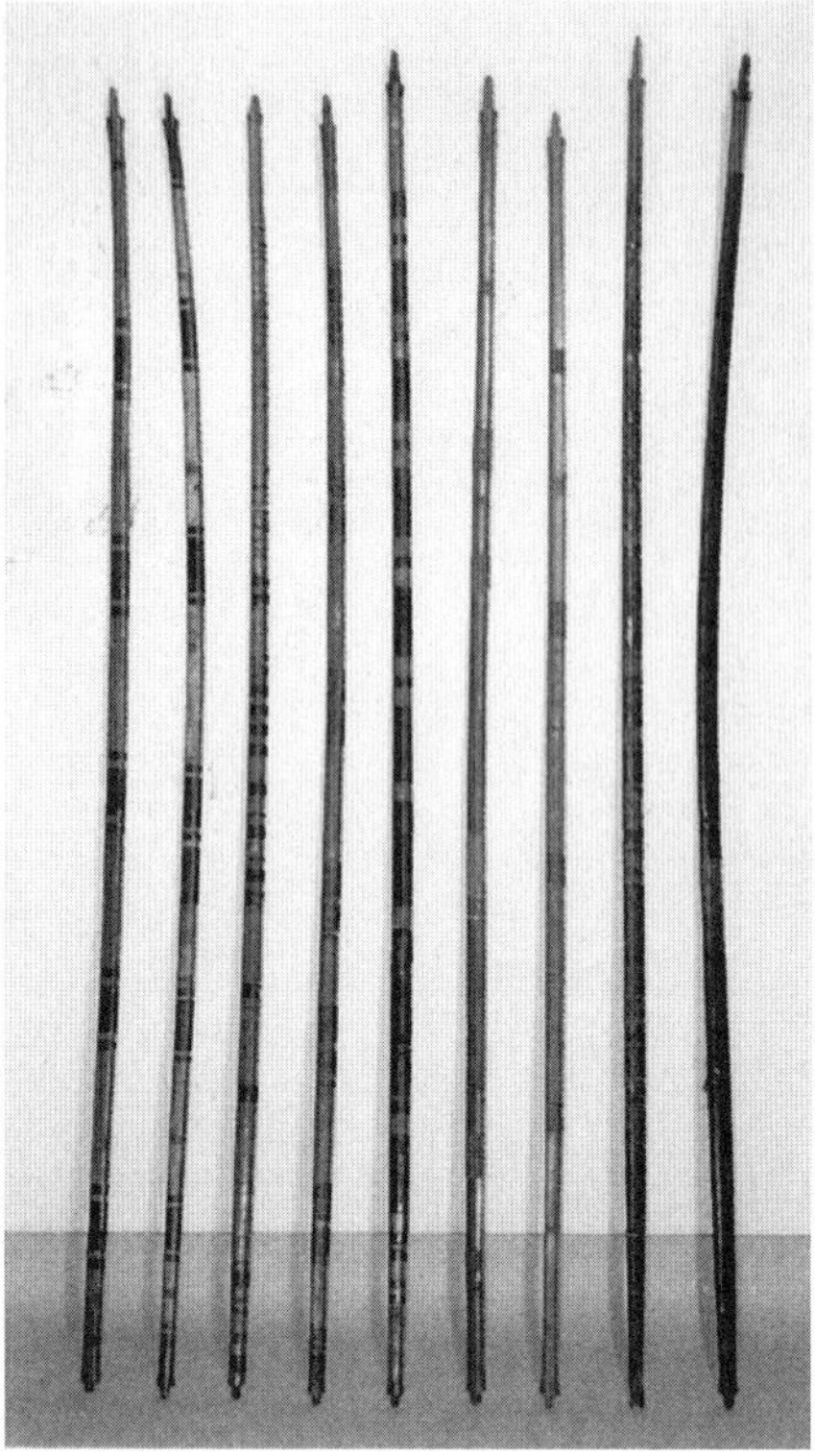

図38　弓九張

弓長226～241cm位の三枚打の塗弓を細い藤で巻いている。

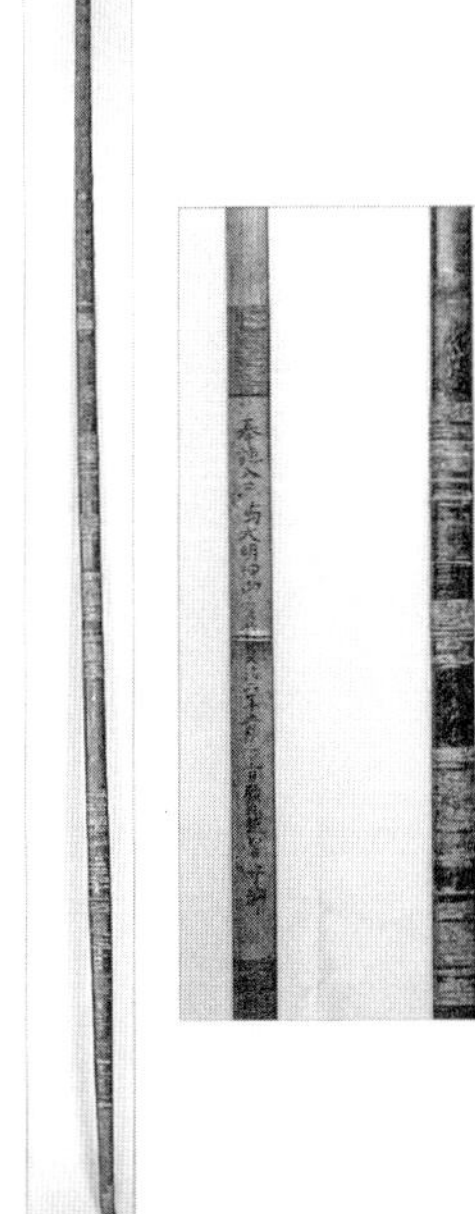

図39　黒漆塗二引重籐弓
弓長239.5㎝位の三枚打弓で、「正中二年（1325）」の針書きの銘がある。中世の実戦用の弓の遺品として貴重である。

なお現存する伏竹弓としては都々古別神社（福島県）蔵、中尊寺薬師堂蔵に各一張、また石上神社（奈良県）蔵に二張所蔵されているが、これらはいずれも鎌倉時代のものであるとの説もあり、それ以上の正確な製作年代は不明である。

○伏竹弓から三枚打弓へ―この伏竹弓をさらに発展させたのが三枚打弓である。すなわち三枚打弓は伏竹弓の弓腹（内側）にも竹片を貼り付けたもので、その断面はおよそ図36のようである。現存する三枚打弓としては九張の弓が大山祇神社（愛媛県）に所蔵されているが（図38）、中でも平家の武将教経（一一六〇～一一八五年）奉納とされる黒漆塗の弓、貞治二（一三六三）年越智守綱奉納の銘のある塗籠所絲巻弓、正中二（一三二五）年の黒漆重籐弓（図39）の三張が有名である。

その他にも石上神宮に黒漆塗滋籐弓一張、兵主神社（滋賀県）に一張、法隆寺西円堂に一張が所蔵されている。この三枚打弓がいつ頃作られたかについて確たる文献はないが、大山祇神社蔵の三枚打弓が教経奉納であることを信じるとすれば、平安時代末期にはすでにあったことになる。

○重籐弓・滋籐弓について―原始時代の削り丸木弓をみると、すでに破損防止のために樋を通したり漆を塗ったり、さらには樺・籐などを巻いたりした弓が出土していることはすでに述べた通りである。このような工夫は伏竹弓へと発展してもなお踏襲されていた。その後三枚打弓になって樋を通すことはなくなったが、時代が下がるにしたがって漆の塗り様や籐の巻き様にもさらに工夫が凝らされるようになっていった。

平安時代中期～後期頃以降さまざまな分野において故実が定められるようになるが、弓体に籐を巻くことについても破損防止という実利的目的の他に、弓体の装飾を兼ねて重籐・塗籠籐弓（ぬりごめどうゆみ）・笛籐（ふえどう）巻弓・二所籐（ふたどころどう）弓・三所籐（みところどう）弓など、その用途によりさまざまな籐の巻き様が施されるようになる。

因みにこの籐巻の弓について当時の戦いを描写した軍記物語をみると、次のような記述を散見することが出来る。

・切生の矢負ひ、重籐の弓持って……（『平治物語』待賢門の軍の事　付けたり信頼落つる事）
・しげとうの弓もって……（『平家物語』巻二　堂衆合戦、山門滅亡）
・ぬりこめどうの弓に白柄の大太刀とりそへて……（『同』巻四　橋合戦）
・重籐の弓にとりそへて南殿の大床に祗候す（『同』巻四　鵺）
・滋籐の弓持って……（『同』巻七　実盛）
・しげ籐の弓のとりうちを……（『同』巻九　河原合戦）
・しげとうの弓脇にはさみ甲をば脱ぎ……（『同』巻十一　那須与一）
・笛籐の弓真中取り……（『源平盛衰記』巻第三）
・切符（きりふ）の矢に二所籐の弓持ち……（『保元物語』巻一　官軍方手分けの事）
・三枚兜に染羽の矢負三所籐の弓持ち……（同上　義朝白河殿夜討）

この中で滋籐と重籐については、両者とも籐を繁く巻いた弓の意として特に区別せず使用されていたが、室町時代になり故実が整備されるようになって以降、黒漆塗弓に白籐で弣上に三十六ヶ所（地の三十六禽）、弣下に二十八ヶ所

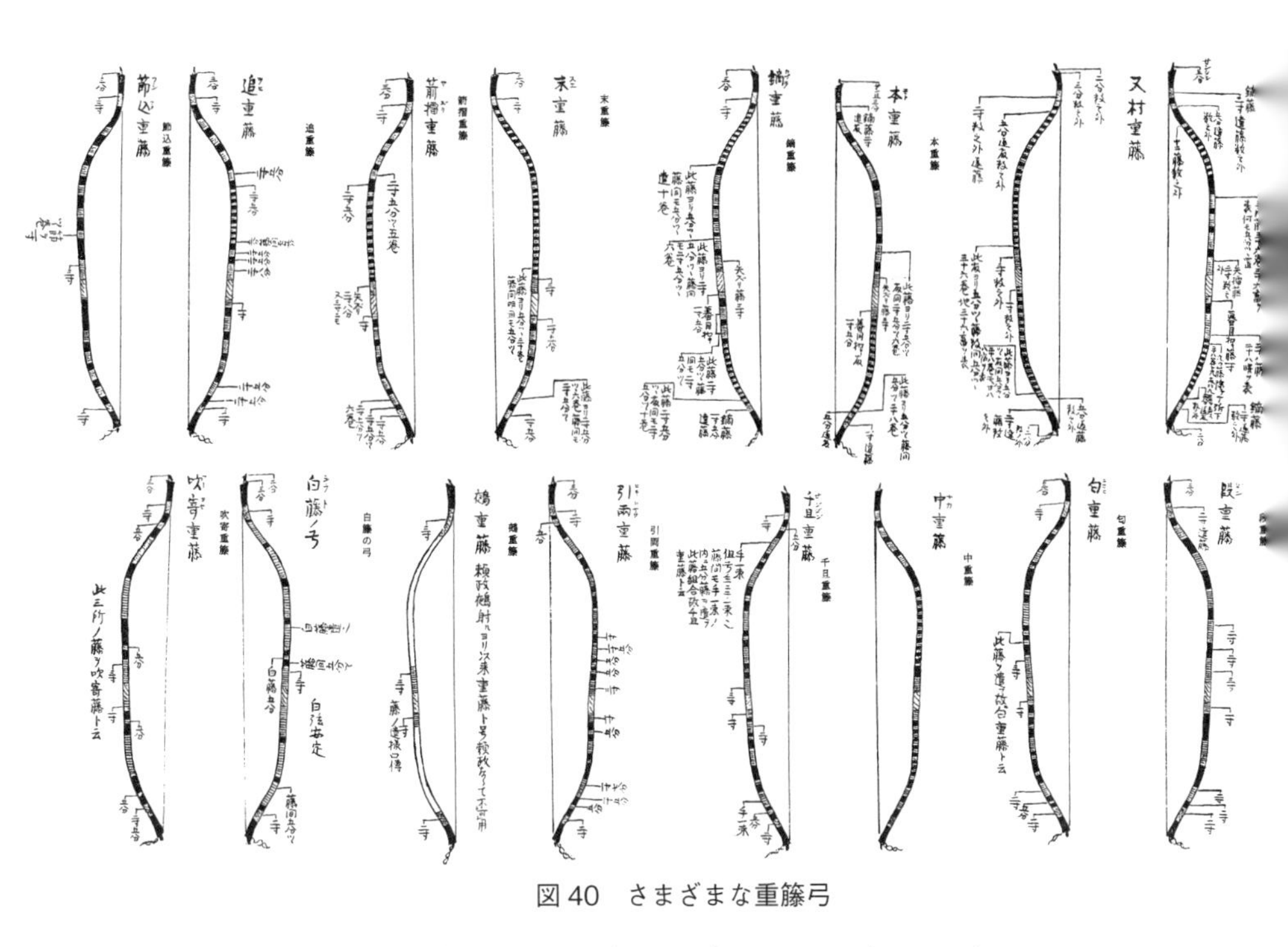

図40　さまざまな重籐弓

（天の二十八宿）籐を巻いた弓を重籐として大将軍の持つ弓と定められるようになった。

さらにこの重籐弓も外竹を朱塗、内竹を黒塗とした弓を一張弓と号し最高位のものとした（伊勢貞丈『四季草』）のである。また塗籠籐は籐を巻いた上に漆をかけたもの、二所籐は籐を一寸位幅に二ヶ所宛寄せて巻いた弓、三所籐は二所籐に準じた弓をいう。

これも中世に入ってから故実が整うにしたがって格式化されたものである。江戸時代の文献の中に故実として籐の巻き様の相違によってさまざまな種類の籐巻弓がみられる。参考のためにその絵図を図40にあげておこう。

○弦―諸外国の弦材は籐蔓のような強靭な植物の皮を細く切り裂いたり、棕櫚のような植物の繊維を縒ったり、或いは動物の筋などを使っていたようである。わが国の弦材として太古にどのようなものが用いられていたかは不明であるが、少なくとも奈良時代には麻の繊維を片縒りしたものが使用されていた。

いずれにしても弦の材料は有機物質であるため、古

図41　弦の断片

いものは残っていないというのが現状で、現在わが国に残っている最古の弦としては正倉院御物の中に一例あるのみである（図41）。この弦は麻材で作られており、当時より今日までわが国の弓弦は一貫して麻材を水扱きし、それを精製したものを片縒りにして使ってきた。

なお弦に関する最古の文献としては『古事記』（仲哀天皇）の「……爾に頂髪の中より設弦を採出し《一名うさゆづると云》」をあげることが出来るが、この設弦がどのようなものであったかについてははっきりしない。一〇世紀初頭に編纂された『延喜式』に〝苧〟という植物がみえるが、これは麻のことで、別名〝苧麻〟、〝茎蒸〟ともいう。

さらに『延喜式』の中に「……弦臬一両二分……」（廿六）、「料理臬、続弦著弓一日……」（四十九）などとある。この臬は別名〝苧麻〟、〝真麻〟、〝からむし〟、〝ころもくさ〟などともいうイラクサ科の多年草で、これを水に浸して扱いて精製すると弦の用途に適した強靭な繊維となるのである。斎藤直芳氏は自著で正倉院の弦はこの臬を片縒りしたものであろうと述べている。

なお弦は湿気や折れ、縒りの戻りなどにあうと切れやすい性質を持っている。これらの弱点をカバーするため平安時代中期から末期にかけての幾多の戦いの中から、塗弦や禦弦が考え出されるようになる。この塗弦は直接弦を漆塗りしたものもあるが、一般的には幅五分位の和紙を弦に巻き付け、その上を漆で塗った弦、また禦弦は細くした糸を巻き付け、その上に漆をかけた弦をいう。

○釻―〝釻〟は〝束〟の転音であるとされる。弓の付属品であるこの釻というものが平安時代末期頃に使われていたという次のような記事が軍記物語の中に散見出来る。

・五人張の弓、長さ七尺五寸にて釻打たるに……（『保元物語』巻一　新院御所各門門固の事）

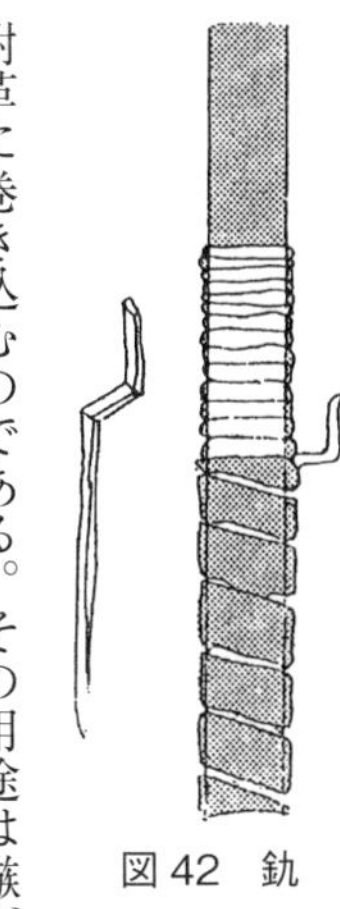
図42　釻

・二所籐の弓の銀づく打たるを……（『太平記』巻十二）
・相馬〈四郎左衛門〉銀づく打たる弓の……（『同』巻十七）

さてこの釻は金属製でおよそ図42のような形をしており、これを弓体の弭革に巻き込むのである。その用途は鏃が長大で重くなるにしたがって矢先が重くなり、弓手親指上の矢がこぼれる失が起こることを防止するためのものである。

後代の釻について本多利實翁は「……大事のものを射る時は多く打切といふて弓を返さず射ることとなれば、如レ此釻を打ちたる方大丈夫なり。……」といっている。したがってこの具はあくまで敵前用の具であり、的前では必要ないものであったため、戦乱の世が遠ざかるにつれ、いつの間にか忘れ去られてしまったという経緯がある。

3　正倉院御物の弓

古代の諸官庁や寺院の主倉庫を正倉といい、その一角を正倉院と呼ぶが、今日残されている正倉院は東大寺の付属のみで、通常正倉院といえばこの校倉造の建築物を指す。

さてこの正倉院の内部は北・中・南の三倉に分かれており、その中に納められているのは聖武天皇の御物であり、武器・武具は中倉に所蔵されている。そこでこの正倉院に保存されている弓具についてみてみよう。

天平勝宝八（七五六）年に作成された『東大寺献物帳』によると、当時弓は一〇三張あったことが記載されている。しかし残念ながら皇位継承に絡んで天平宝字八（七六四）年に起こった恵美押勝の乱の際に持ち出され、乱後になって別の弓が納められたという経緯がある。現在正倉院には槻弓二四張、梓弓三張、計二七張の弓が保存されているが、これらの弓も当時のものである。そこで次にこの『東大寺献物帳』にみる記録上の弓がどのようなものであったかについてみてみよう。

まず弓材をみると、梓・檀・梔・蘇芳・阿恵・槻、さらには角などの材名が記されている。また弓長については斎藤直芳氏の調査によれば、一〇三張の内特別に短い弓や角弓を除いた一〇〇張、及び現存する二七張の弓、さらに参考のために正倉院とほぼ同じ頃創建された春日神社の宝物として保存されている六八張を併せて分析すると次のようになる。

	献物帳御物	現存御物	春日神社宝物	計
八尺五寸台	—	一	—	一
八尺四寸台	—	二	—	二
八尺三寸台	—	四	—	四
八尺二寸台	—	三	—	三
八尺一寸台	—	五	—	五
八尺台	—	三	—	三
七尺九寸台	—	一	—	一
七尺八寸台	—	一	一	二
七尺七寸台	—	—	一	一
七尺六寸台	—	一	三	四
七尺五寸台	四	—	五	九
七尺四寸台	一四	—	八	二二
七尺三寸台	一八	二	四	二四

七尺二寸台	一八	二	一〇	三〇
七尺一寸台	一七	一	八	二六
七尺台	八	｜	五	一三
六尺九寸台	九	｜	五	一四
六尺八寸台	三	｜	四	七
六尺七寸台	三	｜	一	四
六尺六寸台	一	｜	四	五
六尺五寸台	二	｜	三	五
六尺四寸台	一	｜	｜	一
六尺三寸台	二	｜	一	三
六尺二寸台	｜	｜	一	一
六尺一寸台	｜	｜	一	一
六尺台	｜	一	一	二
五尺九寸台	｜	｜	｜	｜
五尺八寸台	｜	｜	一	一
五尺七寸台	｜	｜	一	一
計	一〇〇	二七	六八	一九五

この分布表をみると、現存する弓は『献物帳』御物と春日神社宝物とその傾向を異にしているが、三者の全体的傾

向としては七尺一寸から七尺四寸のものが多いことがわかる。

また当時の弓の作り方を総合的にみると、弣が中央より下がった所にある丸木削り弓であり、張顔はおよそ円弧状の長弓の傾向であったことが知れ、弓材としては檀、槻などが用いられている。外装は白木のものもあるが、多くは赤や黒の漆塗りを施し、弣は赤や黒・紫・緑などの一色、または交色の組緒か紫・黄の皮を巻いており、大半の弓の弣の上下辺りは樺や糸・籐などで巻いている。

二　弩

弦を張った弓体（「翼」という）を横にして木製の台座（「臂」・「身」という）に取り付けたもので、これに矢を装備し、引き金（「懸刀（けんとう）」という）を引くことにより器械的に発射する武器である。台座と弓が直角になっている形から、ヨーロッパではクロス・ボウと呼ばれ、中国をはじめ東アジアでは古代から近世まで（日清戦争でも使用されたという報告がある）戦闘の場で長く用いられてきた。

この器械弓である弩がいつ頃から使われ始めたかについては判然としないが、中国ではすでに紀元前五世紀頃の『孫子』の中にこの弩が出典しており、戦国時代（紀元前四世紀頃～）には盛んに有効な武器として扱われていた（図43）。

図 43　中国古代、弩に弦を懸ける射手

弩の特徴は通常の弓に比べ初速・飛距離・貫通力にすぐれ、照準も合わせやすいという長所があり、それ程訓練をしていない兵士でも使いやすく、体力が劣っている者でも強い弓を扱うことが出来ることから、ヨーロッパや中国では小銃が現れ普及するまで歩兵の主要な武器として大規模な戦いの場では重要視された。

図44　木製の弩
（島根県姫原遺跡出土）
弥生時代終末期と推定

さてわが国における弩は、中国より朝鮮半島を経由して伝えられたとされている。しかしこれまではわが国で現存する弩の遺品はなく、また発掘調査でも出土した例はないとされてきた。しかし平成一一年に出雲市姫原西（ひめばらにし）遺跡から弩の腕木の部分が発掘された（図44）。この腕木は長さ約九〇センチで、中国の五〇～六〇センチのものと比較して長く細身であることから、祭祀用に作られたものと推測されている。また伊藤城遺跡（宮城県）の住居跡からは奈良時代から平安時代初期のものと推定される弩が出土している。

文献上における弩としては『日本書紀』（推古天皇二十六年）に、高麗から「鼓（つづみ）吹（ふえ）　弩（おほゆみ）　抛（いしはじき）の類　十物（とくさ）　駱駝一匹　貢献（たてまつ）る」が初見である。抛はいわば大型の〝はねつるべ〟で、てこの原理を応用して腕木の一端に石を乗せ、反対側に付けた綱を一斉に引くことにより遠方に投石する兵器であるが、わが国では普及しなかった。なお『平家物語』（巻二）や『太平記』（巻二十八）などに〝石弓を云々〟という記事がみえるが、これは単に高い所からある仕掛けを利用して石を落とすようなものではなかったかと考えられる。

また『日本書紀』（天武天皇十四年の項）に「弩、抛の類は私家に存すべからず……」とあることから、わが国でも当時かなり普及していたことがわかる。弩は矢を番え弦を引き金に掛けるのに時間がかかるため、「列弩乱れ発し、矢の下がること雨の如し」（天武天皇　壬申の乱）とあるように、戦場での用い方は後代の鉄砲隊に見られるように、横隊になった弩兵が組織的に入れ代わり立ち代わりしながら発射する方法がとられていたことがうかがえ、武器として相当有効であったことが推測される。

ただわが国における弩は、中国からのものをある期間使用していた節が文献上うかがえ、前述した文献以外にあまり弩の使用に関する記述が見当たらない。したがってこの弩がわが国の戦いの場で武器としてどれほど定着していたかについては甚だ疑問である。

その理由の一つとして、弩を製作するにあたっては引き金部分を金属で作るため、当時のわが国の製作技術では問題があったことが考えられ、丸木弓の方が簡単にしかも大量に作ることが出来るとことや、速射には通常の弓の方が有利であることなどがあげられよう。このことについては、弩を盛んに用いていた中世ヨーロッパにおいても、弩（クロス・ボウ）と長弓（ロング・ボウ）との速射比は一対六であったとされ、速射性において劣っていたという説があることからしても理解できる。

なおこの弩は形式的にはわが国の律令制の中に組み込まれていた。しかしそれが活用された形跡は見当たらない。按ずるにわが国の当時の戦い方は歩兵を中心とする戦いから騎射個人戦となり、戦闘倫理上騎馬射の美に意義をみいだそうとする当時の武士にとって、器械的兵器である弩は、心情的に好まれなかったのではなかろうか。因みに弩は正倉院御物の中には見当たらない。

三　矢

矢は箆・矢羽・矢筈・鏃（根）で構成されている。古代の矢は縄文・弥生時代の矢の機能や形状を受け継ぎ、射の目的の多様化にしたがって工夫が凝らされ、さまざまな矢が作られるようになる。例えば五世紀中期頃のものと見られる土保山古墳（大阪府）から発掘された副葬遺品の中の矢について、その報告書の中に「鏃は鉄鏃でかなり腐食しているが、その形状はすべて長茎片刃で、骨製の矢筈も一個発見されている。箆は原型を失い漆膜のみが棺内に散乱しているが、残存する漆膜からして箆の長さは六五～八〇センチ位あったと推定される。この漆膜は矢羽を取り付けた痕跡が残っており、それから推測すると二枚羽・三枚羽・四枚羽の三種あるが、二枚羽が一番多い」（要旨）とある。

そこで次に当時代の矢について概観してみよう。

1　箆（矢竹・箭竹・矢幹・矢軸・簳）

①箆の材料

中国明代（一七世紀）の弓書『武経射学正宗』に「北人は多く木箭を用ひ南人は竹箭を用ふ。……」とあるが、広大な中国大陸では地域により竹以外に蘆や柳などの木枝が使用されていたらしい。わが国でも伊勢貞丈の著わした故実書『四季草』（春之上）に「柳の木にて矢箆作る事、木性しなやかにして軽くして宜しかるべし。……今は竹箆のみ用いて柳箆をば知りたる人少なき故これを記す也」とあるように、かつては柳材の箆も用いられていたこともあったらしい。しかしわが国では箆に適した良質の矢竹の入手が容易であったため、古代より今日までそのほとんどに矢竹が使われてきた。

箆竹はその生育期間や切る時期によってさまざまであり、伊勢貞丈『安斎随筆』（巻二十三）の中で、五月に生じ翌年の五月に切ったものを二年竹、八月に切ったものを片うきすといい、さらに三年目に切った矢竹を諸うきす、三年目の八月に切った矢竹を三年竹、また四年目の矢竹を強箆といっている。

箆竹は年月が経つほどその性が固く強くなる。「（秀郷は）五人張ニセキ弦掛テ噛ヒ湿シ三年竹ノ節近ナルヲ十五束三伏拵テ鏃ノ中子ヲ筈本迄打トホシタル矢只三筋ヲ手挟ミテ今ヤココゾト待タリケル」（『太平記』巻十五）とあるように、年を経て太く腰の強い箆竹は征矢（軍陣用の矢）の箆として用いられた。

②古代の箆

現在正倉院御物として所蔵されている箆をみると、篠竹や蘆幹材を使っていることが認められ（図45）、その長さはおよそ二尺三～四寸（六九～七二センチ）ある。また大山祇神社蔵の古い箭（図46）をみると、二尺八寸（七四センチ）～二尺九寸（七七センチ）位であるが、平安時代中期以降さまざまな戦いを通して当時の射法・射術としてはか

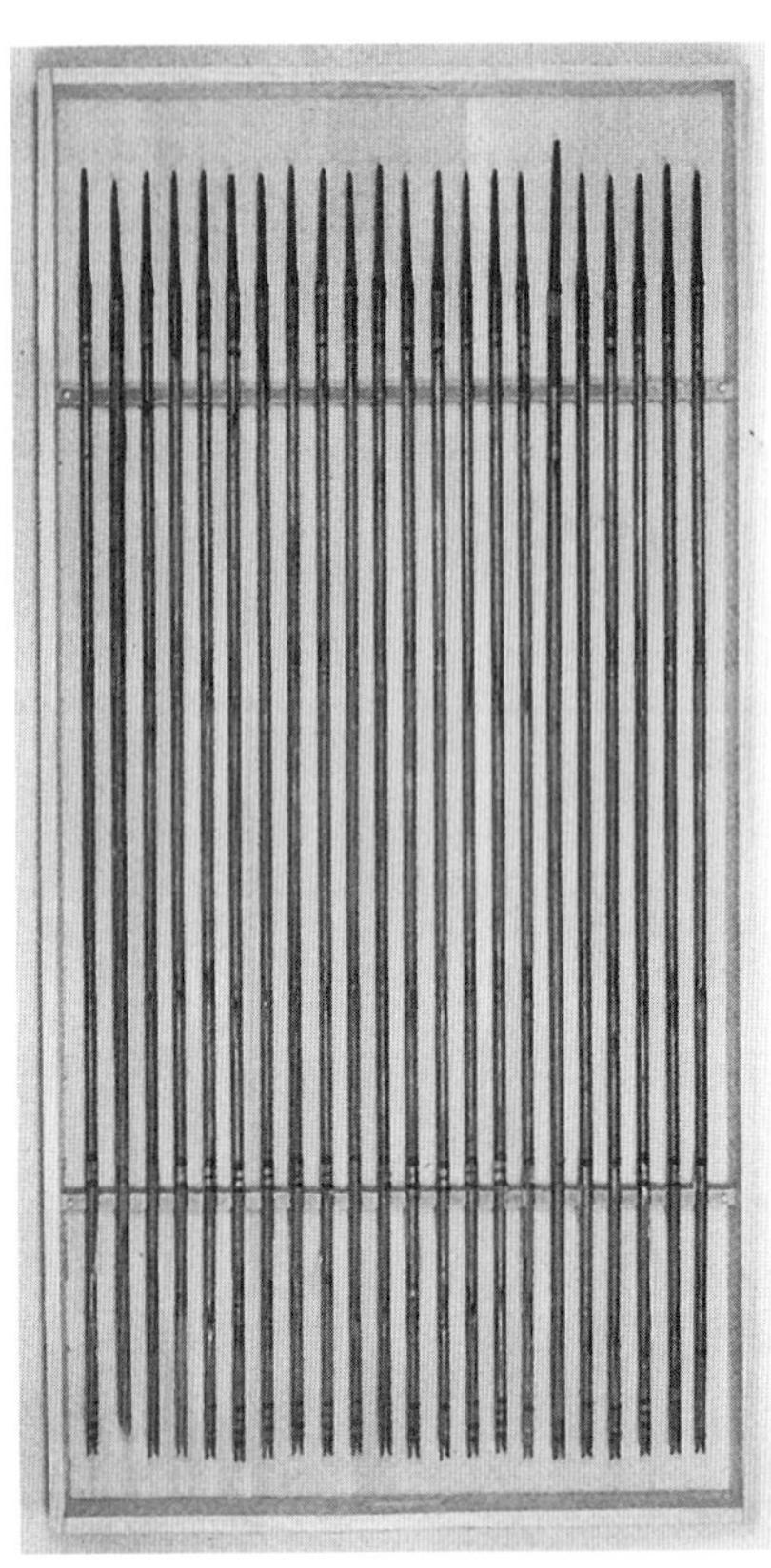
図46　征箭
箭は節影拭篦、三枚羽、鉄製尖鏃。

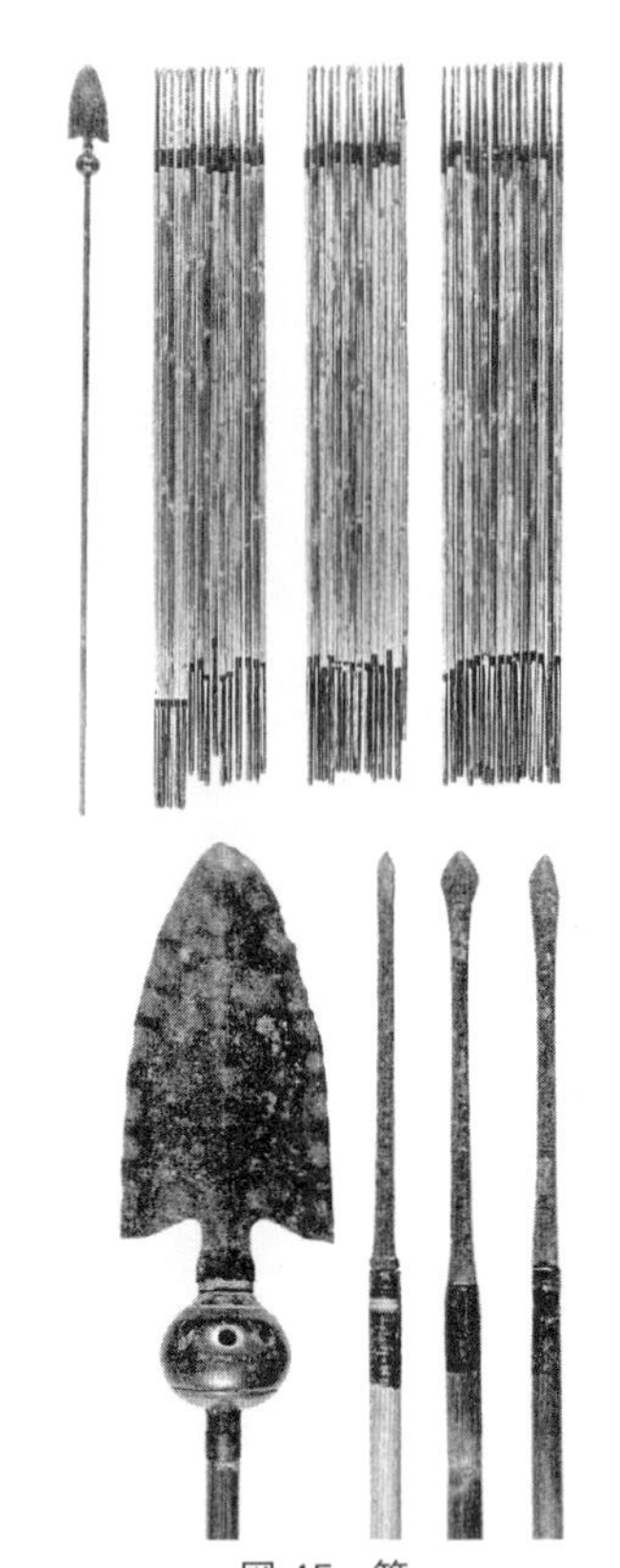
図45　箭
箭長はおよそ75～83cmで竹篦に鉄鏃、そのうち一隻は八目鳴鏑。

なり長矢束の強者が現れるようになったことが次の軍記物語の記述からうかがえる。

・弓手の腕馬手より四寸長かりければ、矢束をひくこと十五束……（『保元物語』巻一　新院御所各門門固の事）
・君は実盛を大箭とおぼしめし候歟。わづかに十三束こそ仕候へ。実盛程の侯物は八ヶ国にいくらも候。大矢と申ぢやうの物の、十五束におとってひくは候はず。……（『平家物語』巻五　富士川）
・十二束よっぴいてひゃうとはなつ。（『平家物語』巻十一　嗣信最期）
・（与一）小兵といふぢゃう十二束三ぶせ、弓はつよし。……（『平

家物語』巻十一　那須与一）

ここにいう〝束〟に関連した語として『古事記』には次のような記述がみられる。

・伊邪那岐命、御佩の十拳劒を抜て……
・須佐之男命佩るところの十拳劒……
・建御雷神十握劒を抜て……
・須佐之男命の八拳鬚……

因みにこの記事にある「拳」、「握」は〝束〟と同じ意で、棒状のものを親指を除く四指で握った時の長さ（幅）をいう。この〝束〟は古代よりわが国で使用されている長さの単位で、およそ二寸五分（約七・六センチ）とされている。したがって十拳劒の長さは二尺五寸（約七六センチ）であったことになり、十三束三伏とは約九七・五センチに指幅三本分を加えた長さをいう。これからすると、十五束は一一四センチともなる。確かに那須与一が扇の的を射る際は「甲をばぬぎたかひもにかけ」たので、兜をつけた時よりも矢束はとれたであろうが、それにしても文学的表現とはいえ、ややオーバーな感は否めない。

さて一〇世紀前期に書かれた『延喜式』（『二十三』民部　下）によると「凡兵庫寮造箭柳箆四百廿隻……」とあるように、柳の箆もあったようであるが、箆材のほとんどが竹箆へと移行するにつれ、鉄鏃も箆に装着しやすいように込み（中子）のあるものが主流となっていった。

また古代末期の箆の多くは白箆とともに、節影、黒塗りの矢、節黒など漆を用いた箆が作られるようになった。この節影とは「白篦に節陰ばかり少し塗りて」（『太平記』巻十二）などとあるように、白篦の節際が干割れするのを防止するために節の部分のみを塗った篦をいう。そしてこの漆塗りの篦は当初は実用のものであったが、時代が下がるにつれて観賞目的で作られるようになっていった。次にわが国の竹篦の製作法と形状のさまざまについて整理しておこう。

③篦の種類

竹篦はその性能や用途に応じてさまざまな種類とその製作法がある。

・白篦（しらの）―矢竹を天日干しにし、火を入れたり焦がしや塗りもせず、砂磨きした白色をした篦で、的場の射初（いぞめ）や鏑矢・狩俣などに使用した。この白篦については「こがしもさわしもせざる也。色白き也。」（『貞丈雑記』巻十）、「犬射からは白篦たるべし（『高忠聞書』）、「砂磨をなしたる計にて漆にても塗らず火にても焦がさず白きままを用ゐるを云」（『大和流小的全鑑』巻下）などの記事がみえる。

・焦篦（こがしの）―節の部分を藁火で少し焦がした篦で、『貞丈雑記』巻十に「しら篦ふしかけ取りたる様に火にて少し焦がす也」、「火を入れて黒く焦げるほどに色を着けたる也。火色の濃きものなり」（『大和流小的全鑑』巻下）とある。この篦は犬追物や笠懸の蟇目に使用された。

・渋篦（さわしの）（澤火篦・晒篦・漆篦）―矢竹に薄く火を入れた後、渋のある泥中に三〇～四〇日ほど漬けて置き、狂いを出した後乾かし矯め上げた篦で、その色は通常黒色をしている。的矢・神頭（じんどう）などの篦として用いられた。なおこの渋篦は黒漆でサッと薄く塗った篦や、煤で黒く色が付くほどに煮た篦をいうこともある。

・拭篦（ぬぐいの）―よく磨いた白篦を透漆（すきうるし）で何回も拭った篦で、黄色気味を帯びた美しい艶をもっており、湿気に強いため軍陣用の篦として使われた。

・節影（ふしかげ）―「ふしかけは唯矢篦のかさりにするに非す。篦の芽をかきて取りたるあとのくほき所より篦は乾わるゝ物也。

是によりて割れぬ先にその所に漆を溜めて塗り置ば、漆が陰になる故日をよけてひわれぬ也。後にはたゞ飾りのごとくなりたり」（『四季草』春之巻）とあるように、矢竹の枝を取った後の窪んだ部分を漆で塗り、篦割れを防止した篦をいう。この篦は主に征矢(そや)や的矢に用いられた。

・**砂摺**(すなずり)（砂磨・砂目）―篦を細かな砂で磨き摺り上げたもので、竹林派の的矢や堂射用の篦として作られた。

・**皮付篦**(かわつきの)―節の辺りの皮を少し残した篦で、『大和流小的全鑑』（巻下）には「砂磨をせずして皮の付きたるまゝを用ゐるを云。……射抜物(いぬきもの)などに用ゆ」とある。

その他、小刀で八角や十二角に削ったまま石洗いせずに仕上げた〝削離(けずりばなし)〟、金箔や漆で砂子のように村々を塗った〝村篦〟、上下同じように一寸位の短い間隔に漆を塗った篦で、御所的に用いられた〝管(くだ)節影(ふしかげ)（管篦）〟などがある。

④篦の形状

・**一文字**(いちもんじ)（一文字形(いちもんじなり)）―本から末までほぼ同じ太さの篦をいう。『小川流本式矢之書』に「射付節ヨリ羽中ニイタル同ジ太サノモノヲ云フ。然レドモ竹ハ末ハ勿論細キモノ故羽中ハ何レノ矢モ細キヲ常トス」とある。この篦を使った矢は復元力が高く、主として的前に用いられ、初心者向きである。重心は全長の中央辺からやや矢尻寄りに置く。

・**杉形**(すぎなり)―矢尻の方を太く筈の方を細くした篦で、杉の木の形状に似ているところからこの名がついた。この篦を使った矢は矢飛びが素直で的中がよく、折れにくいという長所がある。

・**麦粒**(むぎつぶ)―篦中辺りを太くし、本と末にいくにしたがい徐々に細くなった形をしている篦で、この篦を使った矢は篦張りがあり矢飛びはよいが、破損しやすいという欠点があり、熟練の射手向きとされている（図47）。

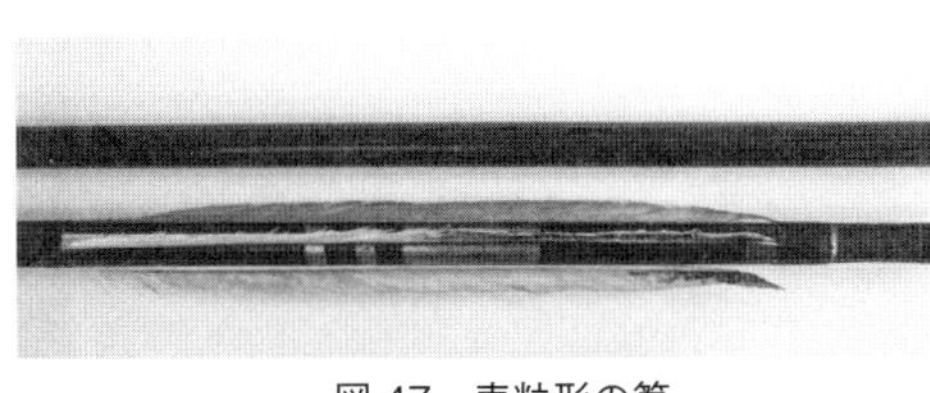

図47　麦粒形の篦
上：篦中節辺り、下：羽中節辺り

※竹林（形）―押取節（袖摺節）辺りを太くし、本と末にいくにしたがって徐々に細くした箆で、釣合い上羽中節辺を特に細くするため、補強のために和紙を巻く場合もある。この箆を使った矢は矢飛びがよいが、矢所が安定しないという欠点があり、的矢としては不向きで、技術上扱いが難しいとされている。

※遠矢（堂矢）―強弓に軽い矢を使用するので、形としては本末を細く削り、箆の中央に強い張りを持たせた麦粒である。また矢先三寸を継ぎ穂としている。これは破損した場合、矢先を取り替えるためと、一色の箆では矢先を細く出来ないという理由からであるとされている。

※遠矢（繰矢）―麦粒の形の箆で、出来るだけ軽く仕上げる。古来「遠矢八町指矢三町」と伝えられ、元禄時代の加賀藩の文献によると、道雪派の祖伴喜左衛門は四町二反五間（約四六五メートル）、山下伝兵衛という射手は四町四反（約五一六メートル）射たという。近代では昭和十三年に曽根正康氏が代々木練兵場で二百十二間（約三八五メートル）を記録している。

⑤箆の製作工程

箆はおよそ次のような製作工程を経て出来上がる。

まず一一月～一二月に切り出した矢竹（真篠という）を翌年春まで天日雨露に晒した後、割れなどの有無を点検するとともに、節の位置・竹質・太さ・竹肉の厚薄などを揃える。次に火入れをしながら荒矯めをした後に先の条件を揃え、四つ矢、または六本組に仕分け、次に細かな金剛砂を付けて箆の表面を磨き、焼き入れを行い着色（本火）した後水に入れ（戻し）、矯めと石磨きを再度行う。最後に木賊で艶出し磨きを行い、使用目的に合った釣合いを整え、箆としての作業を完了するのである。

なお今次大戦後、箆材としてジュラルミン製の箆が開発された。この箆は強度や均一性においてすぐれており、同じ条件の箆を大量に、しかも安価に作ることが出来るため、若い弓人に受け入れられた。その他カーボン製やグラスファイバー製の篦なども製造されるようになり、今日広く普及している。

２　矢羽

①古代の矢羽

オセアニアでは羽根のついていない矢があるらしいが、世界的にみて篦には羽根をつけるのが一般的である。しかしアフリカのピグミー族は篦の末端を削り、木の葉を差し込む方法を採っており、この他に木片・皮革片も用いられているケースもあった。

さてわが国で矢の方向性を維持し飛距離を出すために、篦の元の部分に鳥の羽をつけることがいつ頃から行われ始めたか、またどのような状態で篦につけられていたかについては、その材が有機物であり出土した遺物がないために確たることはわからない。

古墳時代の矢羽については、埴輪武人が装着している矢入れ具に盛られている様子から当時の矢羽について若干うかがうことが出来る。しかし矢羽の部分を見ても羽が二立羽だったのか三立羽だったのか定かでない。

図48　四立羽の矢

歴史的にみると、矢羽は二立羽から三立羽に発展するが、果たしてわが国で三立羽がいつ頃から用いられるようになったかについては不明である。なお後代になって鏑矢は四立羽（図48）、征矢は三立羽であり、『延喜式』によると一〇世紀初頭には朝廷における儀礼式に用いる矢羽は二立羽という故実があったようである。

矢羽についての文献としては『古事記』の「天波波矢を天若日子賜ひて遣はしき……」や、『日本書紀』の中にみえる「手捉ニ天梔弓天羽々矢……」などとあるのが初見であろう。この天波波矢（羽々矢）は大蛇の意（『古語拾遺』）があることから、大蛇のように威力ある矢、また羽の広い大きな矢という意味があり、さらには二枚の羽と解釈することも出

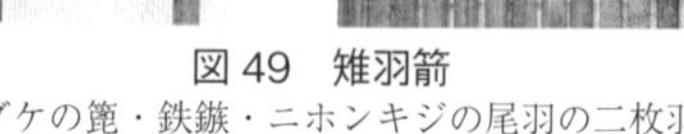

図49　雉羽箭
ヤダケの箆・鉄鏃・ニホンキジの尾羽の二枚羽

来る。

さて古代よりわが国の人々は武具や武器を単に機能性のみで追求するだけでなく、それらを芸術的鑑賞の対象として耐え得るまでに昇華させた。この理由が何に起因するかは不明であるが、わが国では鏡が化粧の際の実用の具から祭器となったように、武器・武具も単なる実用の具からそれを身に着け使う人の心性の表れであるとする考え方がみられる。

矢羽もその例にもれず、芸術的視点からその対象として大きな関心が払われてきた。すなわち矢羽は鳥の種類や羽の部位、また斑（文・府・生―羽の紋様のこと）などを、箆や鏃・糸巻の色などとの総合的な美的構成要素の一部として考慮した様子がうかがえる。

そして日本人の矢羽に対する感性が磨かれたのも、穏やかな風土に育まれたわが国の中で、種類豊富な鳥類に恵まれたことがその一因であったと考えられる。

②矢羽に使用される鳥

わが国に保存されているもっとも古い矢羽としては正倉院御物があげられよう。当初の目録によると、三、三三一本もの矢が納められていたらしいが、現在は三、七〇三本の矢を収納しており、当初より増加している。その矢に使われている矢羽の内訳をみると、雉や山鳥、雕がもっとも多く、雁や大鷹・鷹・鶴・鵠などがこれに続く。次にわが国で矢羽として用いられてきた鳥について具体的にみてみよう。

・キジ―斑や色彩の有様が美しく、正倉院御物の矢羽の中でももっとも多くみられる矢羽である（図49）。江戸時代中期の随筆『塩尻』（巻七）によると「雉羽常人は憚る。……明證を不レ知、但し天子御梓弓に（雉羽矢の）箭四具そへり。……」とあるように、雉羽は特殊な箆に剝ぐ矢羽であったらしい。また故実では「神頭に雉の尾用ゆ。……飛ぶ事矢の如し」（『愚得随筆』）とあり、神頭（鹿や丸物などに使う一寸五分位の鏑様の鏃の一種）には雉の尾羽を使用するのが故事となっているが、今日では四立羽の小羽に用いられているのみである。

・セイラン（清鸞）―スマトラ島やマレー半島方面に生息するキジ科の鳥で、その斑（後述）は大変美しく、実用としてよりも的矢や装飾用の矢羽として使われている。

・レンジャク（連雀）―孔雀の尾羽をいう。また雉や山鳥の引尾という説もある。

・ヤマドリ―鶉鶏目キジ科、古来より魔性のものを射破る時に使用するものと信じられている矢羽で、源三位頼政が鵺という怪獣を射殺した折の矢（図50）に剝ぎつけていたと伝えられている。また「しら箆に山鳥の尾を以てはいたる矢の十四束三ふせの有けるに……」（『平家物語』巻十一　遠矢）、「……三尺八寸のくろぬりの太刀はきそへ、十六さしたる山鳥の引尾の征矢、もりのごとくにときみだし……」（『太平記』巻十七）、「山鳥の尾を付る事は尖矢、鏑矢、狩俣のからの小羽に付る也。……」（『美人草』）などとあるように、盛んに征矢に用いられた。

・オオワシ（大鳥・真鳥・本鷲・於保和之・於保止利）―体長約一メートル、翼開張二・三〜二・四メートルで、尾羽が一四枚ある海ワシの一種である。極東地域に六〜七〇〇〇羽ほど生息していると推測されており、約千羽が北海道や本州北部で越冬するわが国最大の鳥で、この鳥の羽は古くから矢羽として尊重されている。故実家伊勢貞丈が著した

図50　源頼政「鵺退治」の図

『矢羽文考』（安永五〈一七七六〉年）によると「真はと云は、大わしの羽なり」といっている。その斑は白色に褐色で本白・中白・大中白・中黒・小中黒・妻黒・本黒・大本黒・切文・常の文などさまざまである。なおこの鳥は絶滅の恐れのある種であり、現在天然記念物として指定されている。

『東大寺献物帳』ではこの大鳥に「雕」という字をあてており、その羽長は現在の的矢（四～五寸）よりも短く、三寸位であり、羽数は二立羽が多く、三立羽や四立羽もある。なお平安時代以降の矢は三立羽を原則とし、鏑矢や狩俣は四立羽、朝廷の儀礼式においては二立羽の矢が用いられるようになるが、この矢羽は『吾妻鏡』（巻十　建久元年十一月十三日）に「進上砂金八百両、鷲羽二櫃、御馬百疋、右進上如件　源頼朝」とあるように、当時の武士たちに大変珍重されたらしい。

・オジロワシ（尾白鷲・小鳥・ことり・こわし・古和之）―タカ科タカ目に属する鳥で、名の通り尾は白くそれ以外は褐色の全長約八〇センチ、翼開張約一八〇～二四〇センチの大鷲をやや小型にした鷲の一種で、わが国では冬季に北方より飛来するが、北海道に留め鳥として約一、七〇〇羽生息しているとされる。天然記念物に指定され、国際自然保護連合レッドリスト絶滅危惧Ⅱ類にあげられている。

・イヌワシ（犬鷲・狗鷲）―全国的に生息する全長約七五～九五センチ、翼開張一七〇～二二〇センチある大型のタカ科イヌワシ属の鳥で、全体に暗黒褐色を呈している。この成鳥をクマワシといい、その尾羽は上の方が黒褐色で、下三分の二が白色をしており強靭である。天然記念物に指定され、レッドリストの絶滅危惧種にあげられている。

・クマタカ（熊鷹・角鷹・久麻太加）―クマ＝熊は「大きい・強い」の意味があり、鷹といえば普通このクマタカを指す。『貞丈雑記』（巻十）に「鷹の羽と云はくまたかの羽の事也」、また「くまたかの羽に八の字の形あるをハチクマ（蜂熊）と云也」とある。このクマタカはタカ科クマタカ属に分類され、日本全域に生息する体長約八〇センチ、翼開張約一七〇センチの大型の鳥で、尾羽は黒い横縞が入っており、二文二文、三文二文、三文三文、三文四文などの斑がある。レッドリストⅠＢ類にあげられている。

・オオタカ（大鷹）―体長五〇センチ、翼開張約一〇〇〜一三〇センチあり、北半球全域に生息しており、日本では一〇〇〇羽程度生息していると推定されている。この鳥は古くから鷹狩りに使われてきた。

・ハクチョウ（白鳥・くぐい）―カモ科。シベリア、オホーツク沿岸で繁殖し、冬季にはわが国の北方地域で越冬する大型の水鳥で、成鳥は純白の羽を持つ。この鳥の羽は丈夫で、矢羽とする場合は翼の風切羽（翼の端の羽―保呂羽の下に生えている長い羽）辺の羽を使用する。

・トキ（朱鷺・鴇・鴾・桃花鳥）―ペリカン目トキ科で、一九世紀まではアジアに広く生息していたが、二〇世紀前半になり激減した。日本を象徴する鳥とされ、学名をNipponia nipponという。体長は約七五センチ、翼開張約一三〇センチ、全身は白っぽいが翼の下面は朱色がかった濃いピンク色をしている。わが国ではこれを朱鷺色といっており、古来よりこの鳥の翼の羽を矢羽として使用してきたが、現在は特別天然記念物に指定され、「種の保存法」「鳥獣の保護及び管理並びに狩猟の適正化に関する法律」で厳しく保護され、さらにはワシントン条約やレッドリストの絶滅危惧種としてリストアップされている。

・トビ（鳶・トンビ）―タカ科に属する鳥で、体長約六〇センチ、全身茶褐色をしており、わが国では漁港や市街地に生息している。現在では主に数矢（安価な数物の矢）に使用されている。

・カモ―種類が多く、大部分は北方で繁殖し、わが国各地で越冬する鳥である。羽山を低くすることが出来るため遠矢や堂射用の矢羽として使用され、また〓矢にも用いられるなどその実用的価値は高い。

・ツル（鶴）―羽は柔らかで、古来より産所蟇目や屋越蟇目・笠懸などに使用する矢羽として用いられる。また「十五束の塗篦に鷲羽、鷹の羽、鶴の本白剝ぎ合わせたる箭を以て……」（『源平盛衰記』巻第四十二　屋島合戦の事）とあるように、羽は柔らかであるにもかかわらず征矢にも用いられている。

・シチメンチョウ（七面鳥）―キジ目に属する鳥で、北アメリカ・カナダ南部に分布し、現在では食用鳥として飼育されている。羽は固く弱いので矢羽としては適さないが、ワシ、タカなどの羽が入手困難となっている現在、この鳥の羽を加工した矢羽が代用されることは避けられない。

③矢羽の「斑（文）」について

次に先ほどあげた斑について若干説明しておこう。「斑」とは「あや」、すなわち模様という意味である。このことについて貞丈は『矢羽文考』の中で「羽の模様をふと云なり。ふといふ文字を、或は生の字、或は府の字、符の字などを用るは誤なり。文の字を正字とすべし。文のじはあやと訓て模様の事なり」といっている。矢羽の斑には数多くの種類があるが、ここで矢羽の主な斑を分類すると次の通りである。

まず大鳥にみる斑（切府・切符・切斑・きりふ）についてみてみよう。鷲や鷹の羽の黒い部分と白い部分が横一文字に二段三段と層になっているもので、矢羽の中でも特に賞美されており「うすきりふに鷹の羽割りにあはせて剝ぎたりけるぬための鏑矢」（『平家物語』巻十一　那須与一事）、「足利の其日の装束には、……廿四指いたる切符の矢負ひ、滋籐の弓持ちて、……」（『平家物語』巻四　宮の御最後）などとあるように、征矢の矢羽として賞美された。またこの矢羽は「切符は大将の負征矢に用ふべし。……」（『射御拾遺抄（しゃぎょしゅういしょう）』）とあるように、身分の高い武将のものともある。

・妻黒（爪黒）―一般的には大鳥の羽で、羽の上（端）の部分を妻（爪）というが、その中でも黒の部分が大きい大妻黒と黒の部分が小さい小妻黒とがある。『源平盛衰記武器談』に「わしの羽のつまの黒きなり。つまとは端の事也。但し羽のかしらの方の端なり」とあり、『源平盛衰記』（巻二十　石橋合戦）に「眞田与一義貞……妻黒の箭負ひ、長覆輪（ながふくりん）の劔を帯けり」とある。

・妻白（爪白）―妻黒と反対に端が白く大部分が黒い矢羽の斑をいう。『平家物語』長門本（巻十六　義経院参）に「梶原源太景季……薄紅の綴の鎧着て、妻白の征矢負たり」とある。

・中黒─羽の中ほどが黒いもので、黒の部分が大きいものを大中黒、小さいものを小中黒といい、箙（えびら）などに多くの矢を盛ると映える斑であるとされる。『平家物語』（巻八　山門御幸）に「十郎蔵人行家は……廿四さいたる大中黒の箭おひ、……」、また『太平記』（巻六）に「……三十六さしたる白磨の銀筈の大中黒の矢に……」などとある。
・中白─中黒の反対の矢羽をいい、大中白・小中白がある。
・本黒─羽の元（下）の部分が黒い矢羽をいう。
・本白─本黒の反対の斑の矢羽をいう。
・雪白（ゆきじろ）（白尾）─純白の尾羽で、古来白羽は神聖な矢羽として扱われ、御神宝の白羽の矢はこの矢羽で仕立てるものとされている。
・石打（いしうち）─鷲や鷹の尾の左右両端の羽をいう。尾羽は離陸する際に激しく使う部分であるため、もっとも強靭に出来ている。その斑は他の羽の斑の色合いに比較して不明瞭であるが、渋味があり、手触りが大変よいため珍重されている。『四季草』（春之下）の「石打の征矢の事」の条には「石打の征矢と云は大鳥の石打の羽にてはぎたる征矢をいふ也。是は大将軍の用いる矢也。」とみえる。なお一番使われているのは尾羽の中央部の上尾（天尾）であるという説もある。
・うすびょう（薄兵・薄部尾・護田鳥尾）─鷲の羽の斑の一種で、その斑は羽の上部が純白で、元の部分に茶褐色の斑があるが、その配色が大鷲の本黒に比較してやや薄い。『平家物語』（巻十一）に「能登殿……廿四さしたる、たかうすびゃうの矢おひ、重籐の弓持たまへり」、『源平盛衰記』（巻三十八）に「敦盛は……滋籐の弓に十八指たる護田鳥尾の矢、鴾毛（つきげ）の馬に乗給ふ」とみえ、また『貞丈雑記』（巻十）に「本はおすめお也。おすめ鳥と云鳥の羽に似るたる故、おすめおと云也。おすめおをいひあやまりてうすべうと云也」とある。このうすびょうは矢羽の中でももっとも優美な羽であると評価されている。

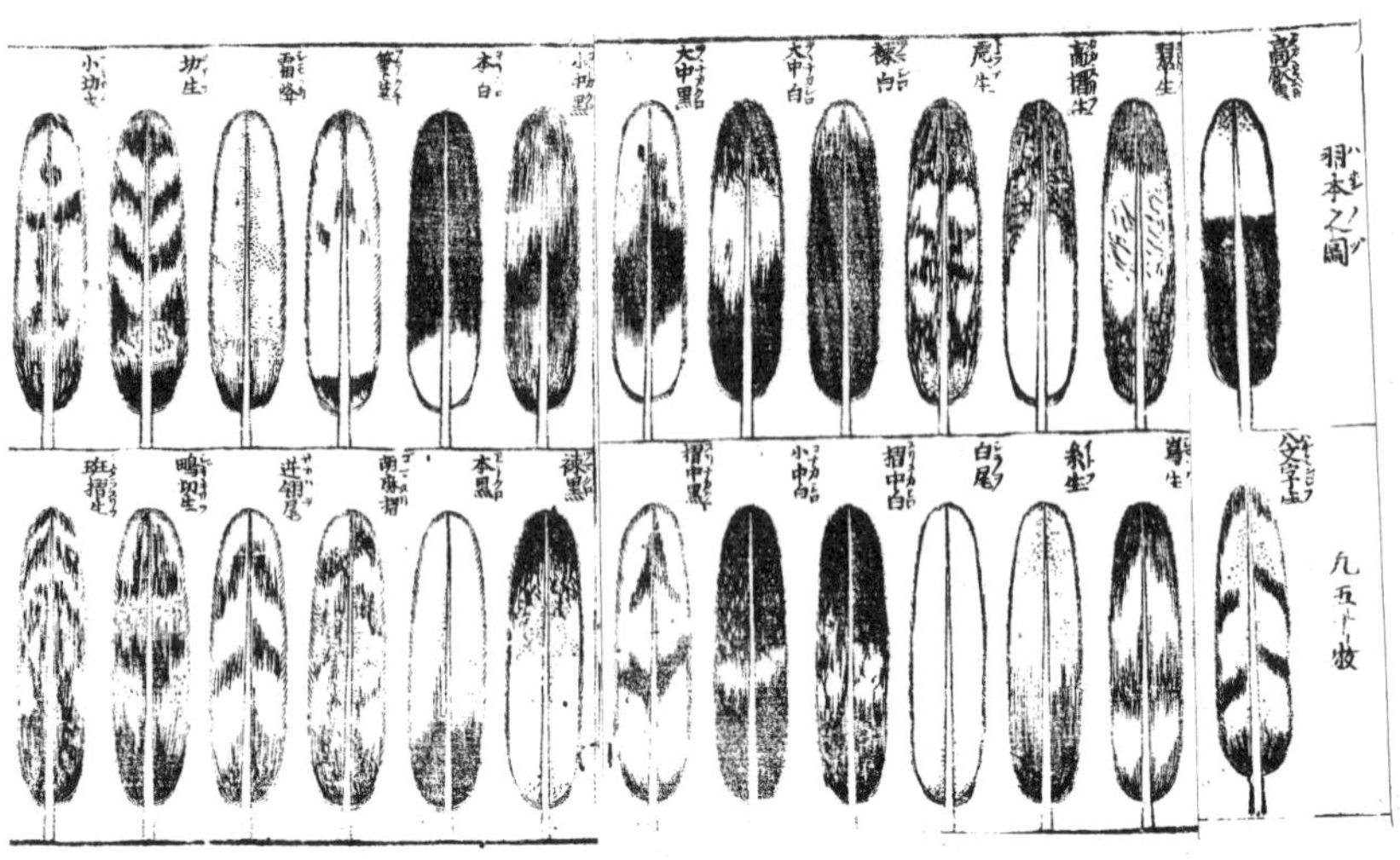

図51　箭羽のさまざま

・かすお（霞尾・粕尾・糟尾）―鷲の矢羽の一種で、矢羽全体がごま塩斑のあるもの、飛白模様のあるもの、やや霞んだような斑、やや黄色みを帯びた白色の中に黒い斑点が霞のように散乱しているものなどさまざまである。『貞丈雑記』（巻十）に「かすほはかすり也。霞尾霞文ともかくなり」とある。

なお故実書によると、上にあげた以外に鷹の羽の三文二文（黒三文・白二文）、二文二文・二文三文（黒二文・白三文）、三文四文（黒四文・白三文）、鵠の羽の霜降、黒羽（黒尾・黒っ羽）、にんぎょう文（人形文・人形に似た鷹羽）、べっこう文などの文があげられている。なお参考のため矢羽文の図をあげておく（図51）。

④ワシントン条約（CITES）・種の保存法・鳥獣保護管理法と矢羽

ワシントン条約とは、「絶滅のおそれのある野生動植物の種の国際取引に関する条約」をいう。すなわち野生動植物の乱獲を防ぎ、採取・捕獲を抑制し、絶滅のおそれのある野生動植物の種が過度に国際取引きされないよう、これらの種の保護を目的として昭和五十（一九七五）年に結ばれた条約で、わが国も昭和五十五（一九八〇）年これを批准した。この中でワシ・タカなどの国際的な取引きは厳しく規制されている。

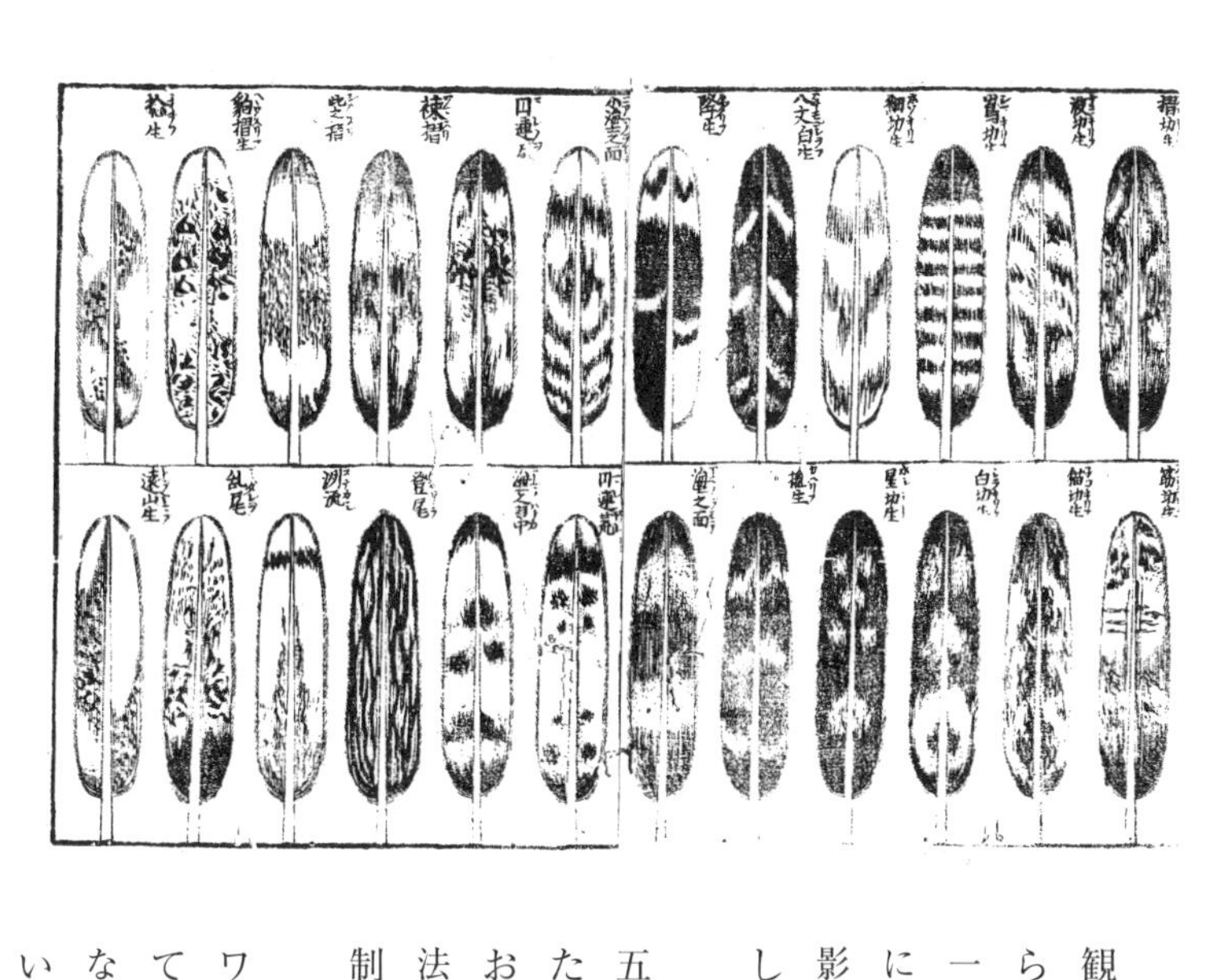

またこの条約を受けてわが国でも国内希少野生生物を生物学的観点から調査し、それに基づき種の絶滅の危険度を専門的見地から評価し、レッドリスト（絶滅のおそれのある種のレッドリスト―一九九一年）及びそれを解説したレッドデータブック（レッドリストにあげられた絶滅の危機にある野生生物に関する保全状況や分布、生態、影響を与えている要因等の情報を記載した書籍）―「ＲＤＢ」を作成している。

そして環境省はこのワシントン条約の目的を達成するため、平成五（一九九三）年、国内に生息・生育する野生生物（一三〇種）、または外国産の希少野生生物（六八八種）を保全するための「絶滅のおそれのある野生動植物の種の保存に関する法律（通称「種の保存法」）」を施行し、捕獲・販売・譲渡・輸出入などその取り扱いを規制しており、平成二十五年には罰則の大幅強化がはかられた。

因みに鳥類ではイヌワシ・オオワシ・オガサワラノスリ・オジロワシ・クマタカ・タンチョウヅル・トキ・ハヤブサなどが対象としてあげられており、その個体（個体の器官やはく製、標本、羽毛製品などの加工品）の譲渡が禁止されており、矢羽もこの対象となっている。

さらにわが国ではこの「種の保存法」に加え、平成十四（二〇〇二）

年の「鳥獣保護管理法」（「鳥獣の保護及び管理並びに狩猟の適正化に関する法律」）により希少鳥獣の保護について厳しい規制がなされている。したがってワシ・タカ類の矢羽の取り扱いについては特段の留意が必要である。

⑤正倉院御物の矢羽

ここで私たちが目にすることの出来る古い矢羽として、正倉院蔵のものについてみてみよう。『献物帳』によると現在三、七〇三本を所蔵しており、これらの矢について斎藤直芳氏が行った調査によると、使用されている矢羽の内訳は雉が全体の三〇％、山鳥二三％、鷲二二％で多くを占め、次いで雁、大鷹、鷹、鶴、鵠、白鳥、小鳥、隼の順となっている。

この調査結果から奈良時代は盛んに雉羽が用いられていたことがわかる。しかしこの雉羽は平安時代を経て鎌倉時代になると儀礼式用の矢に使われたり、御料（皇室）の矢羽や上差の四立羽に使用される位で、一般には使用されなくなった。一方平安時代初期頃には粛慎羽（鷲羽か鷹羽か不明）が用いられるようになり、中期以降になると武士の勃興とともに鷲羽や鷹羽を中心として朱鷺・鶴などさまざまな羽が使用されるようになっていった。

中でも鷲羽は「砂金八百両、鷲羽二櫃、御馬百疋、右進上件」（『吾妻鏡』巻十　建久元年）とあるように、当時武家の間で砂金や馬と同じ位に貴重なものであった。

さらに室町時代になると、武家社会における実故が細かく定められるようになるが、これを矢羽にみると、雉羽は天子の御料、石打は大将軍の矢、鷹羽は鏑矢・雁俣など、征矢や的矢は鷲羽（真鳥羽）、山鳥は四立の小羽に用いられるものとされ、一方使用を忌む矢羽としては鳶・梟・青鷺・鶏などが定められた。

3　筈（矢筈）

筈は弦を受けるために篦の先端に切り込みを入れた溝のある部分をいう。その作り方としてもっとも原初的な方法は、篦の節のところをさけた篦の端の〝餘〟のところを切り込んで筈にするもので、これを箭筈（よはず）（余筈）という。この筈

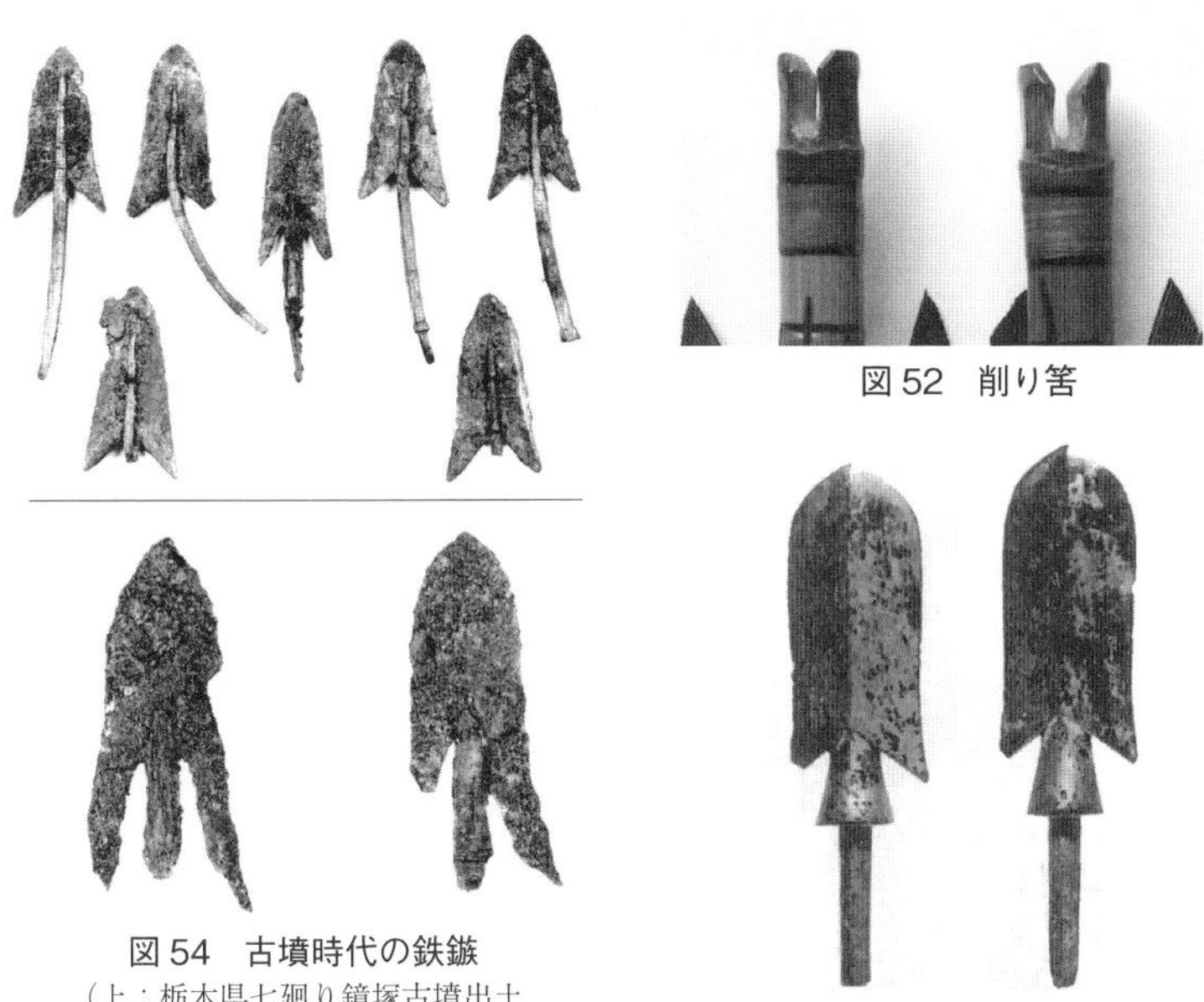

図52　削り筈

図54　古墳時代の鉄鏃
（上：栃木県七廻り鏡塚古墳出土
下：同 山王寺大桝塚古墳出土）

図53　古墳時代の銅鏃

の作り方は主として征矢や野矢に用いられた。また篦の節の部分を削って筈とする節筈（削筈）（図52）もあった。『貞丈雑記』（巻十）に「つきはずは、別の竹にて筈を作りてはめたる也」とあるように、筈を木・竹・牛角や鹿角・骨・水晶などの材料で作り、これを嵌め込む筈があった。これを継筈という。古墳時代のものとしては銅製の筈が発見されており、平安時代末期の歴史書『大鏡』（巻五）の中に水晶材の筈、『保元物語』では源為朝が角筈の矢を用いたという記事がみえる。また竹の継筈の皮を削り残した鰍筈という作り方もあった。正倉院御物の矢の中には鹿角製や骨製のものもみられるが、大半は篦筈である。

4　鏃

長い年月使われてきた石鏃や骨製鏃も、紀元前二〜三世紀頃大陸からの金属文化の伝播により銅鏃や鉄鏃が用いられるようになる。鋳造法による銅鏃（図53）に比べて鍛造法による鉄鏃はその製作に手間がかかることは否めないが、標的物にダメージを与えることにおいては鉄鏃がすぐれていたため、古墳時代以降銅鏃は主として儀礼式用となり、実利的な鏃は鉄材がその主流となっていった（図54）。

すでに述べたように、時代が下がるにつれて弓矢は魚や獣などの狩猟具としての用途に変わり、武器として多用されるようになっていくが、それに対応して射切ること、射抜くこと、砕くこと等々その目的の違いによって多種多様な形の鏃が作られるようになっていった。

本来鏃は刀槍類と違って消耗品的性格を持つものであるが、平安時代以降急速に高まった刀剣製作技術を受け、鉄鏃にも丹念な鍛えや研ぎが施されるようになる一方、実利性とは別に美的鑑賞に耐え得るようなさまざまな形の見事な鏃が製作されるようになる。

わが国の鏃はさまざまな形のものがあるが、通常その形や使用目的から分類されることが多い。参考のためわが国の鏃の具体例を図示しておこう（図55－1・2）。

①鏃の種類（形状）

・平根型—扁平な形をしているので柔らかなものを射抜き易く、また疵口を大きくする効果がある。この平根型鏃は重量軽減のため「猪の目」や「桜」・「梅」などの透かしが施されているものや、家紋や梵字などの透かしを入れた大型のものもある。これらは実用的価値は少ないが、箙に盛った征矢と区別して鹿角の鏑の先にこれを装着し上差矢とした。またこの平根型鏃には椿・蕪・葵などの形をしたものもある。

・二股型（狩俣・鯖尾）—先が二股になった鏃で、狩俣（狩又・雁俣・雁又・蛙股とも）と鯖尾とに大別出来る。また二股の角度はV字型やU字型をした二〇度から九〇度位までさまざまである。その中でも形により烏口・琴柱形・円月・鍬形・蟹爪・燕尾・蝙蝠形などと名付けられた鏃がある。この型の鏃は古代中近東にも存在しており、これがヨーロッパにも伝播したとされるが、あまり普及した形跡はない。

この二股型の鏃は標的物に中る確率が高く、しかも的中物を押し切ったり挟み切ったりすることが出来る。した

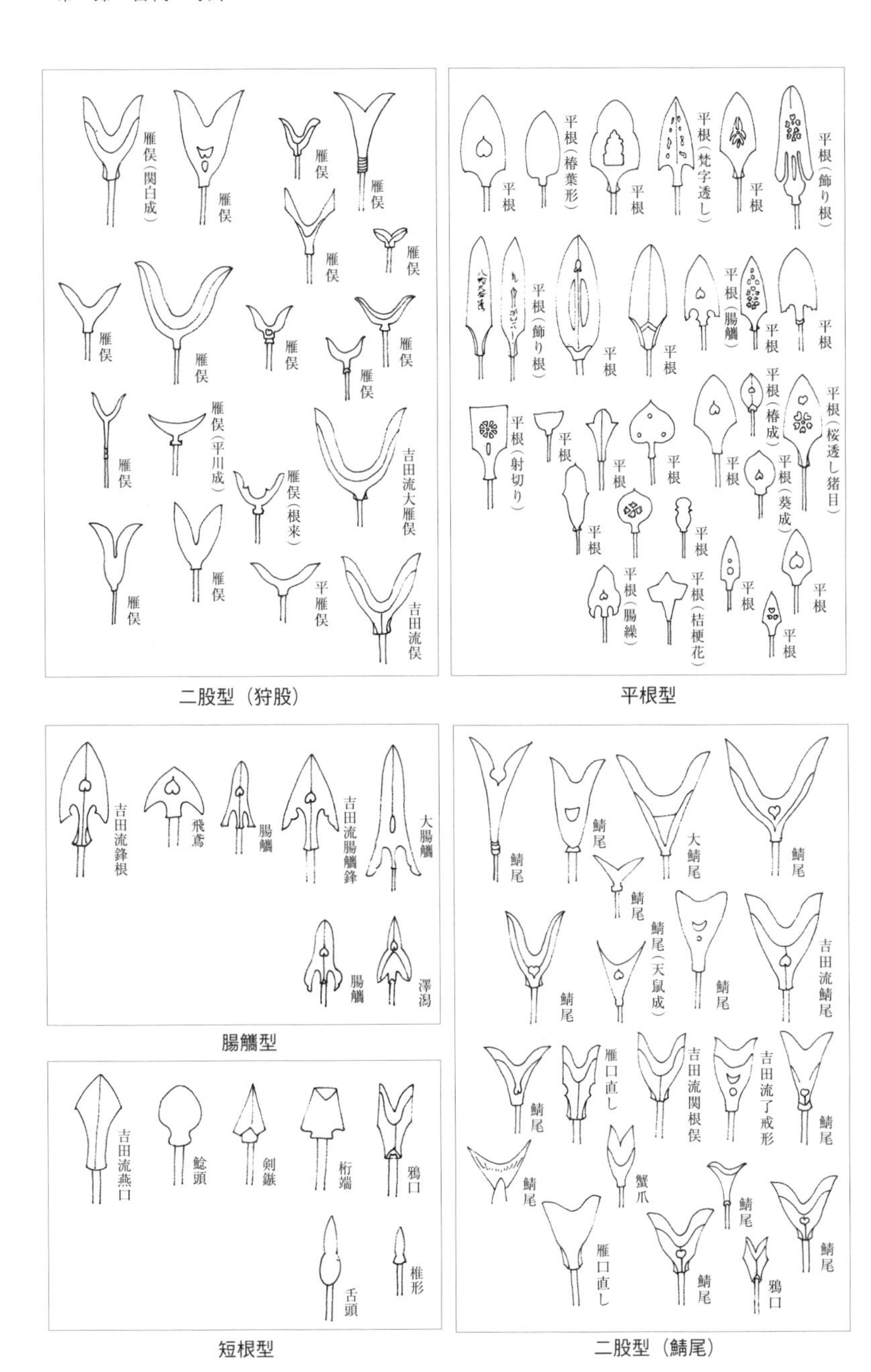

図 55-1　さまざまな形の鏃 1

がってこの鏃を使用する場合は、古来より矢が飛行する間箆を回転させないような工夫を施した。すなわち通常の三立羽の矧ぎ方と違い、四枚の羽（走羽（はしりば）・遣羽（やりば）・外掛羽（とがけば）・弓摺羽（ゆずりば））を羽表と羽裏が対面するような剝ぎ方にした四立羽としたのである。

さてわが国の二股型鏃は中国大陸から伝えられたものとされるが、戦闘に臨んではこれを鏑の先につけ箙の征矢に差し添え、これを発射すると甲高い音を発するので、開戦の合図や攻撃目標を指示したり、また戦闘意識の昂揚に役立つという故実が作られるようになった。

なお箙に盛る矢の数としてさまざまな説があるが、二一～二五隻前後が一般的である。これに加えて平根型、二股型に鏑を付けた矢を一～二隻盛ることが慣わしとなっており、この矢を上差矢（うわざしのや）（表差し）という。また所定の矢を盛った箙や空穂を一腰という。

・腸繰（わたくり）型―この鏃は刃元が逆刺となっている形をしており、一度刺さると抜くのが容易でないため残酷である。したがって故実では親の仇と主君の仇以外に使用してはならないとされている。なおこれから変型した鏃として尖根（とがりね）・鋒根（ほうね）・飛鳶（ひえん）・澤瀉（おもだか）などがあげられる。

・長根（ながね）型―通常征矢用の鏃であり、その形は多種多様である。ここにその代表的な長根をあげておこう。

（イ）定角（じょうかく）……………肉厚く先端の尖りが余り鋭くないもの
（ロ）剣尻（けんじり）……………『貞丈雑記』に「根の先を剣の如く三角にしたるなり」とある。
（ハ）剣頭（けんがしら）（剣鋒（けんぽう））…………根の先を剣のように尖らせた小根
（ニ）鳥ノ舌（とりのした）……………『貞丈雑記』に「柳葉の如く鳥の舌の形をし、丸根より平ら也」とある。
（ホ）蝿ノ尾（はえのお）……………肉厚くその断面が定角のように四角に近いもの
（ヘ）柳葉（やなぎば）……………柳の葉の形をしたもの

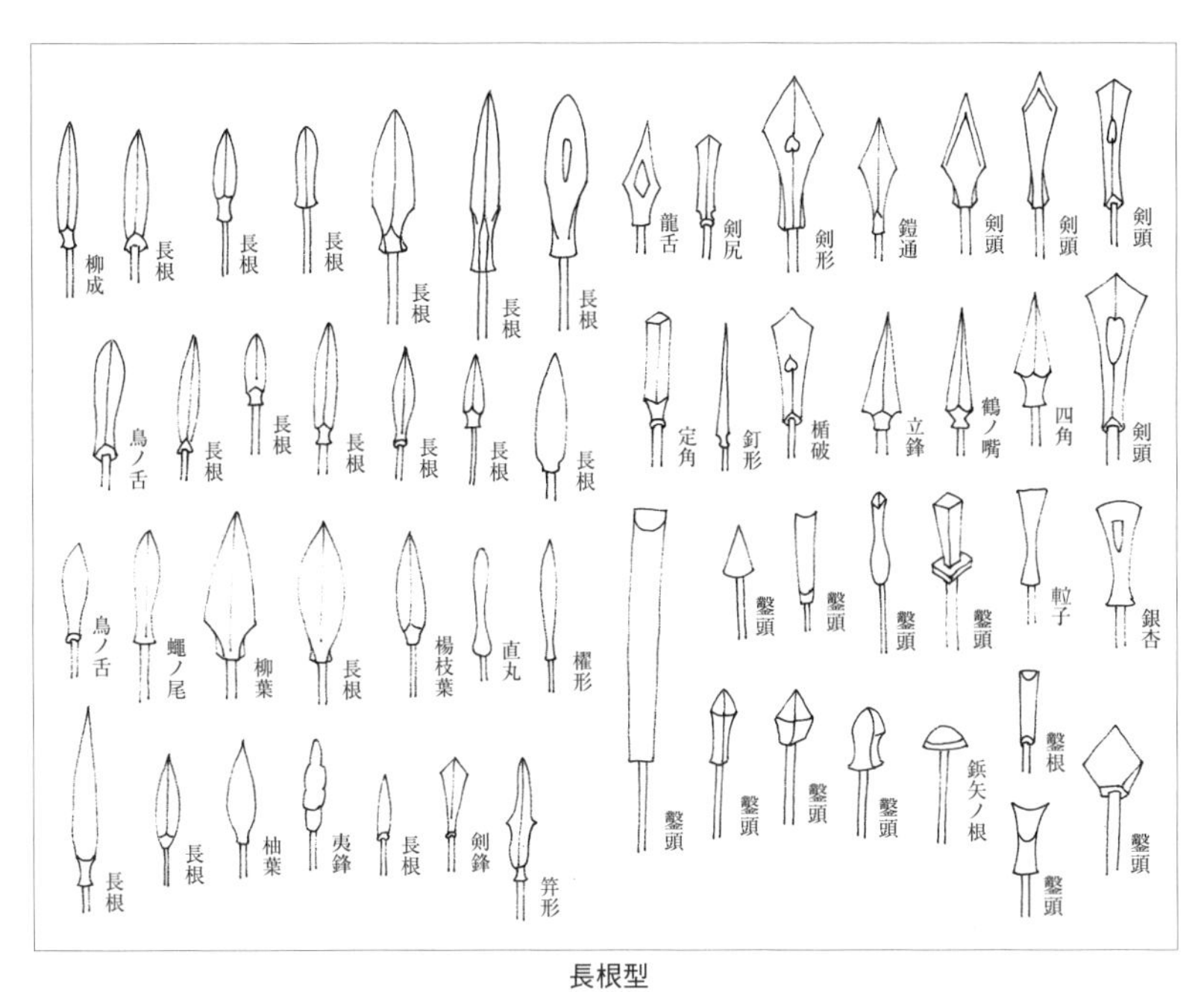

長根型

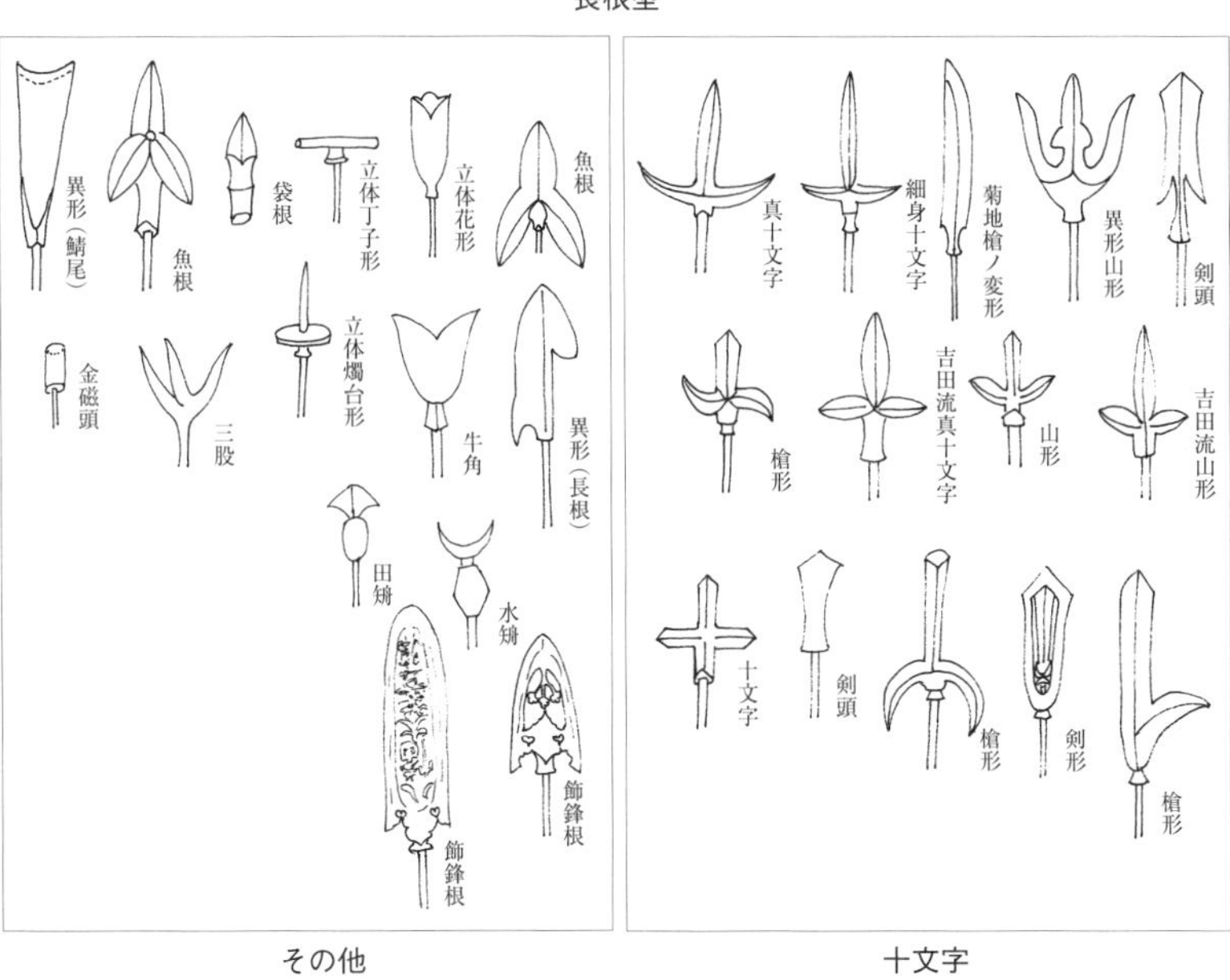

その他　　十文字

図 55-2　さまざまな形の鏃 2

（ト）笹葉・槙葉・篠葉……それぞれの木の葉の形をした鏃
（チ）鶴ノ嘴…………鶴の嘴の形をした鏃
（リ）鑿頭…………鑿の刃先のような形をした鏃
（ヌ）その他…………櫂形・龍舌・楊枝葉・釘形・鑿根・銀杏など

・短根型―基本的な形は長根型と変わらないが、一般的には長さ五～六分（一・五～一・八センチ）位以下のものをいい、桁端・舌頭・椎形・燕口・鯰頭などの名称の鏃がある。
・十文字―文字通り十文字槍の形やそれから変形した鏃で、真十文字・山形・飛燕などがある。
・その他―これまであげた鏃の他に、図に示したような特殊な目的のための鏃や、珍しい形をした鏃が見られる。この中で蒴は物体が水の抵抗に反発することを利用する形をしている。この鏃をつけた矢は水面を滑るように飛ぶので、水鳥が射易くなるという。また金磁頭（金実頭）は物を射砕くことを目的とした鏃や、さまざまな絵や文字を入念に抜いた大型の平根様の飾り根は実戦用ではなく床飾りや神社に奉納するためのものもある。
以上がわが国の鏃の形のおおよその分類であるが、実際には明確に区別出来ないものもある。鏃に鉄材が使われるようになってから、わが国の鏃は多様な形のものが作られるようになったが、それらを管見すると、実用的から発し後には美術的観点からも世界に例をみないほど素晴らしい域にまで達したものも作られている。

②根鍛冶
刀剣類と同様、作者の銘を切った鏃が室町時代末期から現れるようになる。その主な作者名をあげると次のようである。

根鍛冶名　国名　年代　根鍛冶名　国名　年代

口人	山形	文禄	家次	越前	応永
家吉	越前	永承	石	紀州	延宝
一口	山城	慶長	埋忠	山城	慶長
兼氏	山城	寛文	兼家	美濃	貞治
兼高	美濃	応永	兼重	尾張	康正
兼久	美濃	貞治	兼直	美濃	康暦
國安	山城	承元	國益	伊予	｜
國次	大和	文明	高来	越前	天正
貞廣	相模	貞治	貞次	但馬	文明
重利	丹波	長禄	重包	播磨	基応
重次	山城	明応	助重	讃岐	天文
助房	武蔵	元禄	助信	大和	延宝
助宗	信濃	寛文	助道	山城	寛文
清次郎	丹波	天文	高守	近江	永正
天狗	紀伊	永正	俊信	大和	明応
俊貞	武蔵	嘉永	利次	常陸	嘉永
友重	加賀	康応	友次	加賀	文正
友正	加賀	文安	友氏	加賀	文安
信吉	山城	寛永	延正	備後	天正

則利	常陸	享保	弘守	丹波	天文
久吉	讃岐	―	正氏	備後	天文
正久	備後	天文	政常	尾張	天正
政盛	伊勢	天文	宗長	播磨	寛永
持満	大和	長禄	元直	薩摩	元文
元平	薩摩	寛政	吉重	京都	寛正
吉房	阿波	永正	吉久	京都	―
吉忠	讃岐	大永	吉元	讃岐	―
了戒	山城	正安			

③鏑（かぶら）とその種類

鏑も鏃の一種と考えられるが、その形や使用目的は通常の鏃と違う。すなわちこの鏑は骨製や角製（図56）、または木製の卵形の球体（図57）を中空にし、その前面に三個から九個の孔（目という）を穿ったもので、これを矢の先端につけ発射すると、笛の原理により特異な音響を発するものである。この鳴鏑（なりかぶら）は北アジアから東北アジアを中心に用いられたもので、その目的は「射ること一発五千騎一時に奔走す」（江上波夫『騎馬民族国家』）とあるように、大草原に展開した騎兵戦で、戦闘開始の合図や進軍・攻撃目標に対する信号などに使用されたものであったらしい。

わが国ではこれが実戦の場で使われた例として、刀伊入寇（といのにゅうこう）（寛仁三〈一〇一九〉年）の時わが国側が放った鏑矢が敵方に恐怖を与え、退却させたという記事があげられよう。

すなわち平安時代の日記『小右記（しょうゆうき）』寛仁三（一〇一九）年四月二十五日条に「只恐加不良声引退、乗船遁去（ただ

図 57　さまざまな鳴鏑
（栃木県七廻り鏡塚古墳出土：複製）

図 56　さまざまな鳴鏑

鏑の声に恐れ引き退き、船に乗り遁げ去る）」とある。これは寛仁三年三月に中国東北部に住む部族である女真族が壱岐・対馬、さらには北九州を襲った際に太宰府軍が騎射で対抗し戦果をあげた際の記事である。

その他の文献として、元寇の折「日本ノ大将ニハ少弐入道覚恵カ孫十二三ノ者、箭合（やあわせ）ノ為トテ小鏑ヲ射タリシニ、蒙古一度ニトット咲フ……」（『八幡愚童訓』）をあげることが出来る。この小鏑は飛翔して発する音が獲物をすくませることから、もともと狩猟の際使われたものともいう。

さてわが国におけるもっとも古い鏑としては、古墳時代後期のものとされる千葉県飯野村の内裏塚古墳から発掘された鳴鏑を挙げることが出来る。その形は長さ約六センチ、最大直径約三センチの大きさで、前面に二～三孔を穿っている。また文献上では『記・紀』や『万葉集』の次のような記述が初見である。

・手捉二天梔弓天羽々矢一及副持八目鳴鏑（『古事記』上　神代）
・亦鳴鏑射二入大野之中一令レ採二其矢一命（同右）
・一書に曰く、時に大伴連の遠祖天忍日命（中略）八目鳴鏑を副持ち（『日本書紀』二　神代）
・梓弓八多婆佐彌、比米加夫良多婆佐彌……（『万葉集』巻十六）

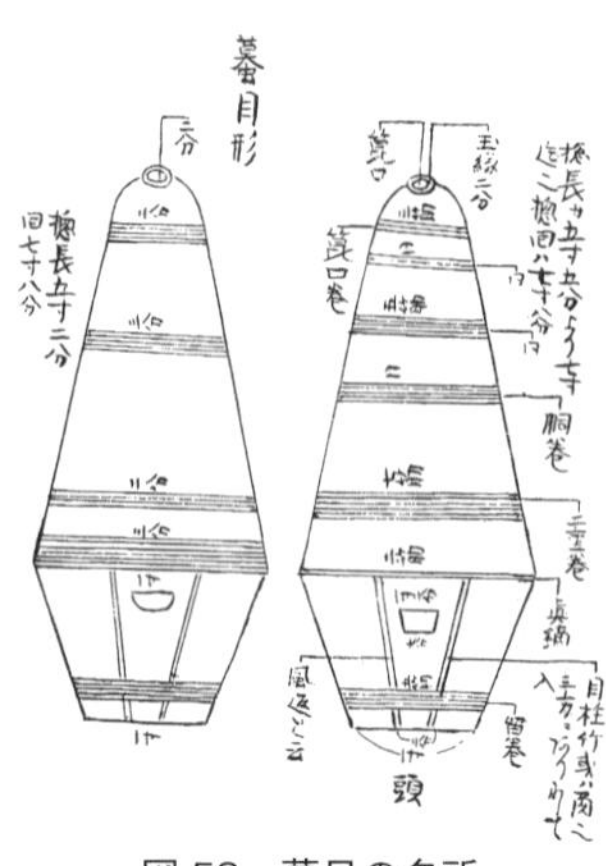

図 58　蟇目の名所

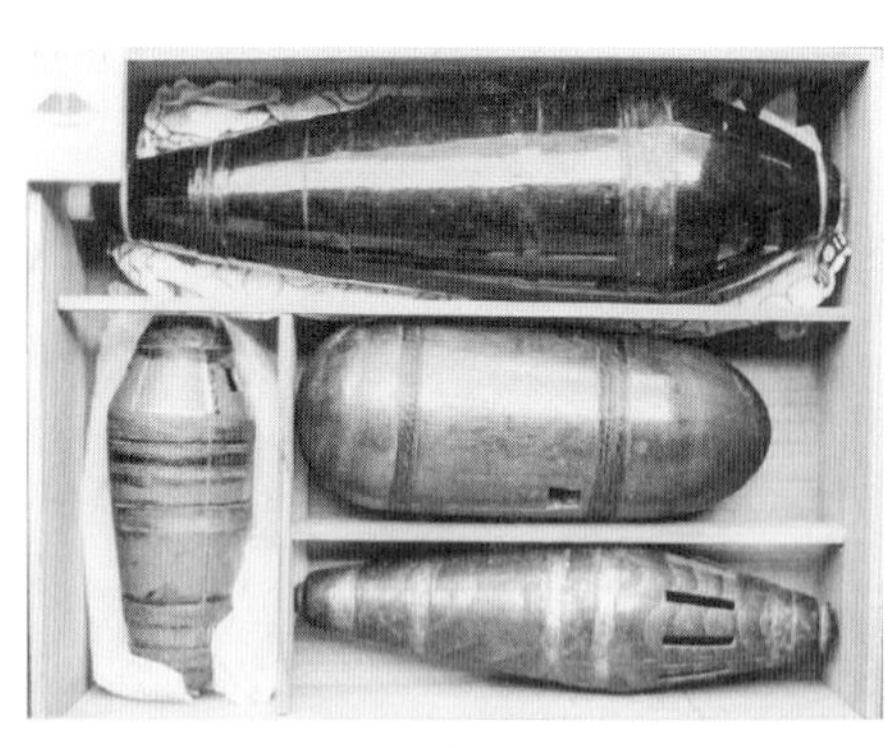

図 59　蟇目各種

わが国の武器・武具類は多分に騎馬民族文化の影響を受けているとされるが、この鳴鏑は広大な地を活動の場とする東北アジア地方の騎馬民族においては実用の具であった。しかしわが国では地形上その必要がなかったため実利として用いられることはなく、主として武威を示すものとして、さらには儀礼式の具として形を変え使用されるようになっていったと考えられる。

平安時代中期頃以降になると、俵藤太秀郷のムカデ退治や源三位頼政の鵺退治、さらには那須与一の扇の的のエピソードや、「神主いかゞ思ひけむ、白羽の鏑矢一取り出して「聊夢想の告げ候」とて奉りければ、義経畏りて給はりけり。……」（『平家物語』延慶本　巻六）にみられるように、鏑矢に神秘的な威力があるような信仰が生まれ、それに関するさまざまな故実が作られた。なお鏑矢には必ず雁俣や平根などの鏃をつけることが故実とされている。

④蟇目（引目・曳目）

蟇目は通常長さ四～五寸（一二～一五センチ）の朴または桐の木を中空にし、その前面に数個の孔を穿ったもので、これを矢先につける（図58）。一尺（三〇センチ）を越えるような大型のものもみられる（図59）。その使用目的は笠懸、犬追物などの際、射るものを疵つけないようにすることにある。したがって蟇目には鏑矢のように先端に鏃はつけない。

蟇目の名の由来については、その前面に抉られた孔が蟇蛙の目に似ていることや、またその矢が飛翔する際に発する異様な音響が、蟇蛙の鳴く声に似ていることからついた名であるともいう。また飛翔の際大きく響く音が出ることから響矢と書く場合もある。

確かに蟇目が飛翔する際異様な音響を発するので、古来より取り憑いた魔縁化生のものを退散させる効果があると信じられており、宿直（とのい）蟇目・産所蟇目・屋越（やごし）蟇目・誕生蟇目などの式法が鎌倉時代から室町時代にかけて整備され、今日でも道場開きの折などに弓の最高の儀として行われている。

なお近藤寿俊著の『安多武久路（あだぶくろ）』（弓馬・武器・武具の故実について著した江戸時代の武家故実書）には「按ずるに、大小によりて名目はかはるべきなり。すでに大きらかなるをヒキメと云ひ、小さきをカブラといふ」とあるように、鏑と蟇目は同類のものであるが、その大小により大きいものを蟇目、小さいものを鏑といったという説もみられる。

⑤実頭（神頭（じんどう）・磁頭（じとう））

楯割（たてわり）の変型したもので、大きさは一寸五分位、木材や角材、時には鉄（金実頭（かなじとう）という）で作られた鏑様の外形をしたもので、蟇目のように中は抉らず、先端を平らかにし黒漆塗りにしたものである。

目標物をあまり疵つけることなく効果的に目的を達することが出来るので、小鳥や小動物を射るのに使用された。鉄製実頭は戦場で敵の甲などを砕く際に用いられ、木製の実頭は戦場で敵の甲などに衝撃を与えることを目的として使用されたという。

⑥その他―鳴弦

通常弓に弦を張った後、弓と弦を馴染ませるために弦を少し引いて末弭にこれを当て弦打すると音を発する。因みに音楽史からみると、弦楽器の始まりはこの弦音にあるとされる。

さてこの鳴弦の目的は、発した弦音により〝武威〟や〝武徳〟の存在を示し、そのことにより魔縁化生のものを退散

図60　産所蟇目の図

させることが出来るとする信仰から行われたものである。要するに、鳴弦することにより武徳の人の存在を表わし、魔物の胆を奪い、退散させることが出来ると信じられていたのである。

　このように鳴弦は、本来的には弦を張った弓の調子を整えるために弦打することにあったが、それから派生して①弦楽器として弦打し音を発すること、②宮廷儀式・武家の儀式において武徳の存在を象徴するために弦打すること、③破魔の修法（図60）として弦打するなどの性格を持つようになっていったのである。

　ところでこの鳴弦がいつ頃から行われるようになったかについてははっきりしないが、もっとも古い文献としては『日本書紀』（巻四　雄略天皇）「空しく弓弾弦す」（弦を鳴らして邪気を払う＝鳴弦）、さらに同書（舒明天皇）の「女人数十に令して弦を鳴らさしむ」をあげることが出来る。

　また、『源平盛衰記』の中に「二条天皇が御悩み事があり、深夜になると怯えられるご様子であった。そこでこの御悩み事を治すため、時の関白は源頼政に対し鳴弦（明見）するように命じた。これを受けた頼政は大中黒の羽を矧いだ箭の表に水破兵破と名付けた鏑を二本差し、雷上動という弓を持ち、漢竹呉竹の北南で鳴弦した。……」（要旨）という源頼政の鵺退治（図50）のエピソードがみえる。その他鳴弦に関しては次のような文献にも見ることができる。

・随身もつるうちしてたゑずこはづくれとおはせよ……（『源氏物語』四　夕顔）

・……鳴弦役師岳兵衛尉重常経、大庭平太景義、多々良権守貞義也。（『吾妻鏡』二　養和二年）

・八幡太郎義家めいげんする事三ヶ度也と申は、弓のにぎりを取て、一度打て、少あひを置て、又一度打、また少あはひを置て一度、以上三度打給也。はじめ一度は弦に手をそへずして、三度目のときに、手をそへ給ふ。是をめいげんする事、三度也と申來也。魔縁のもの邪気退治などの時也。（『軍陣聞書』）

・……主上しかの如くおびゐ魂極（たまぎら）せ給ひけり。其時の将軍よし家朝臣、南殿の御床に候はしけるが、御なうのこくげんに及んで、鳴弦する事三度の後高声に、前陸奥の国守源義家と名のりたりければ、きく人身のけよだって、御なうかならずおこたらせ給けり。（『平家物語』四　ぬゑの事）

また時代は下がるが、道雪派関六蔵の伝書によると、天文十六（一五四七）年に山城国内野の合戦で日置弾正正次は奮戦したが、矢種が尽きたので、土居の陰に隠れて、敵が接近すると弦を鳴らして「ゑい！」と掛け声を出すと、敵は驚いて逃げ去ったというエピソードがある。さらに江戸時代になると「キツネ憑き（憑霊）」などの民間治療法として修験者などがこの鳴弦の手法で介在したという史料が散見できる。

四　矢入れ具

1　靫（ゆぎ）

靫はわが国でもっとも古い矢入れ具とされている。文献上では『古事記』に天照大神が素戔嗚尊（すさのおのみこと）に相まみえる時、千箭（ちのり）の靫と五百箭（いほのり）の靫とを負っていたことや、『日本書紀』には、天孫降臨に際し天忍日命（あめのおしひのみこと）が背に天磐靫（あまのいはゆき）を負っていたことが記されている。その他にも『記・紀』には千入（ちのり）之靫、五百入（いほのり）之靫、石靫（いはゆき）、歩靫（かちゆき）、金靫（こがねのゆき）、姫靫（ひめゆぎ）、革靫（かわゆぎ）、蒲靫（かばゆぎ）などの名がみられる。

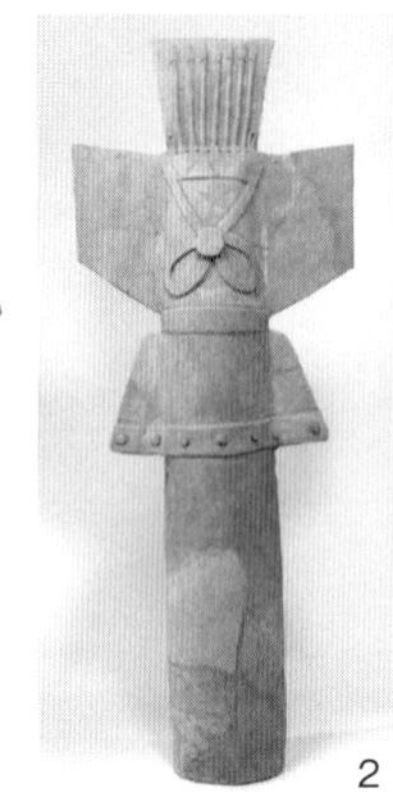

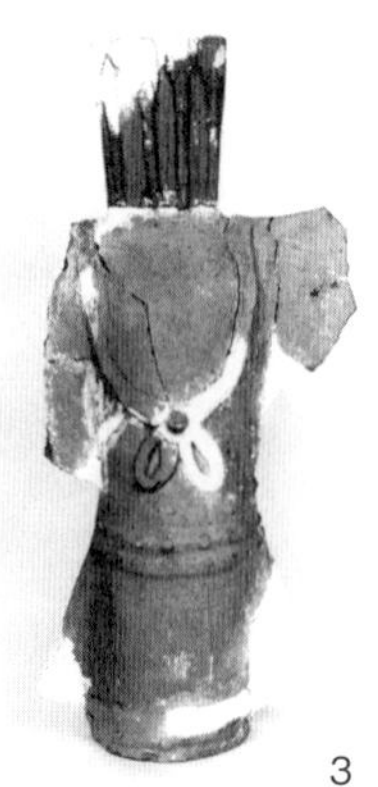

図61　靫形埴輪と武人埴輪

1：みずらを結って冠を被り、靫を負った正装武人の埴輪（奈良県大和高田市池田遺跡出土）、2：靫の埴輪（横浜市瀬戸ヶ谷出土）、3：古墳時代後期の「靫形の埴輪」（栃木県足利市水道山山頂古墳出土）、4：靫を負い挂甲で武装した埴輪武人像（群馬県太田市出土）

この靫についてはこれを装着している埴輪武人像が発掘されており、五世紀中期頃の土保山古墳（大阪府）からは丸木弓や矢とともに当時の靫が出土している。さらにこれまでに池田遺跡（奈良県）から発掘された靫を背負った武人像（図61－1）や瀬戸ヶ谷（神奈川県）・水道山山頂古墳（栃木県）から発掘された図61－2・図61－3のような靫をみることが出来る。

これらから当時の靫の形を推測すると、筒状の矢入れ具の上方左右に鰭のようなものと負い紐がついており、矢は鏃を下にした状態で納められている。さらにこれを図61－4のように背中に垂直になるように負っている。このような装着の仕方からして稲垣源四郎氏は「弓道古伝書射法と現代射法の差並びにその起因について」（『武道学研究』九―二）の中で、おそらく矢は右手で肩越しに上方に抜いたのではないかと推測しているが、当時の矢の長さからしても十分に可能であると推測出来る。

正倉院の『献物帳』に記載されている矢入れ具の中で、胡簶九六具に対して靫はわずか四具のみである。しかしそれらは「恵美押勝の乱」の際持ち出され、その後返納されたのは胡簶二九具のみで、靫は返納されていないので、残念ながら当時の靫の実態についてみることが出来ない。靫がいつ頃まで用いられていたかについてはよ

図62　赤漆を塗った胡籙

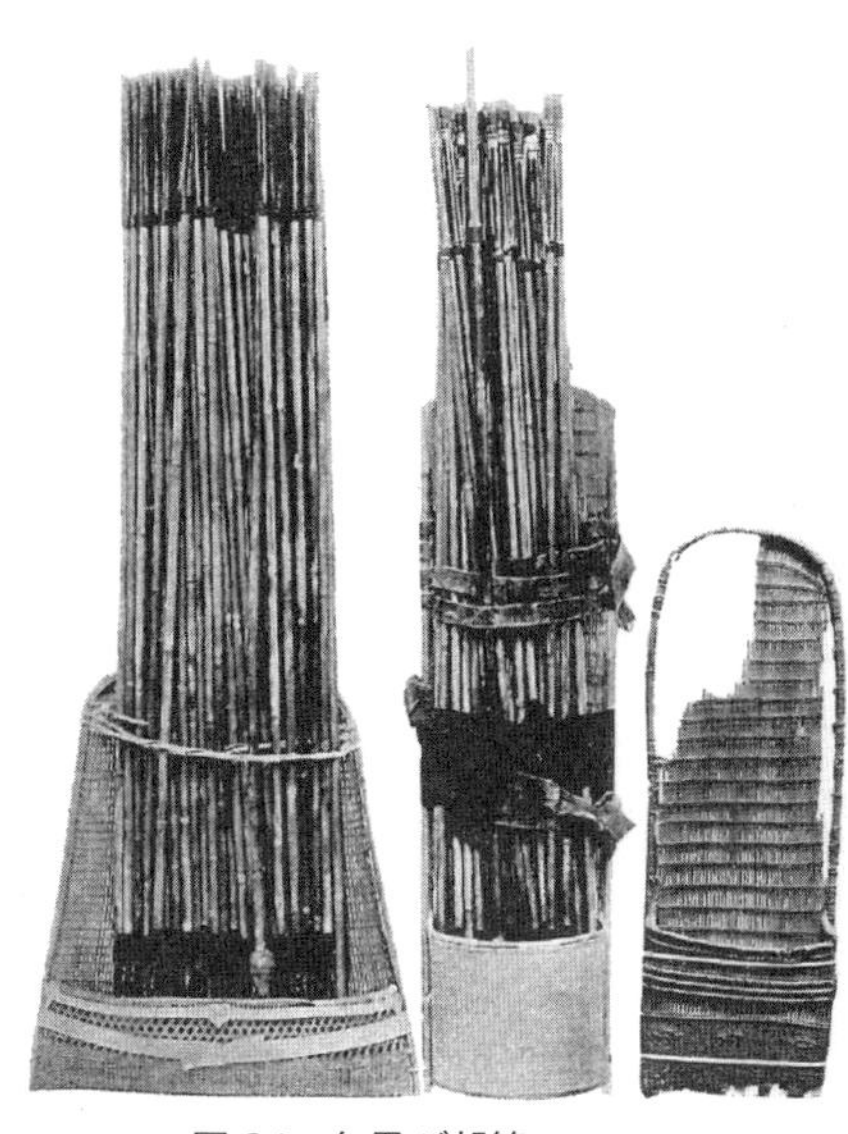
図64　矢及び胡籙

図63　沃懸地杏葉螺鈿「平胡籙」
（鎌倉時代）

くわからないが、靫の衰退と胡籙の盛行が一致すると考えられるので、次に胡籙についてみてみよう。

2　胡籙（ころく・やなぐい）

今日残っている初期の胡籙としては、正倉院御物（図62）や大和般若寺蔵にみられるような奈良時代の形式のもので、葛編み（つづらあみ）のものである。当時の胡籙の形は幅四寸（一二センチ）位、高さ一尺五寸（四五センチ）位の細長い形をしており、下方は矢を受ける差し状の袋様となっている。また靫と違っている点は背板に方立（ほうだて）という箱を取り付け、これに鏃を挿し込む形式となっていることである。

なおこのような形とは別に、高さ・幅ともに一尺位で葛製の平胡籙（ひらやなぐい）と呼ばれるものが春日大社や鶴岡八幡宮（図63）に所蔵されている。これらの平胡籙には矢を数十隻ほど盛り（図64）、これを緒で右腰に装着していたとみられる。

平安時代に入ると初期の細長い胡籙は基本の形を踏襲しながらも、前代の筒形の靫の前面を大きく抉った形の木製となった。これを壺胡籙（つぼやなぐい）という（図65）。また平胡籙はその材が木製となったが、形は大きくは変化していない。そして両者とも漆塗りで蒔絵（まきえ）・螺鈿（らでん）などさまざまな装飾を施すよう箙

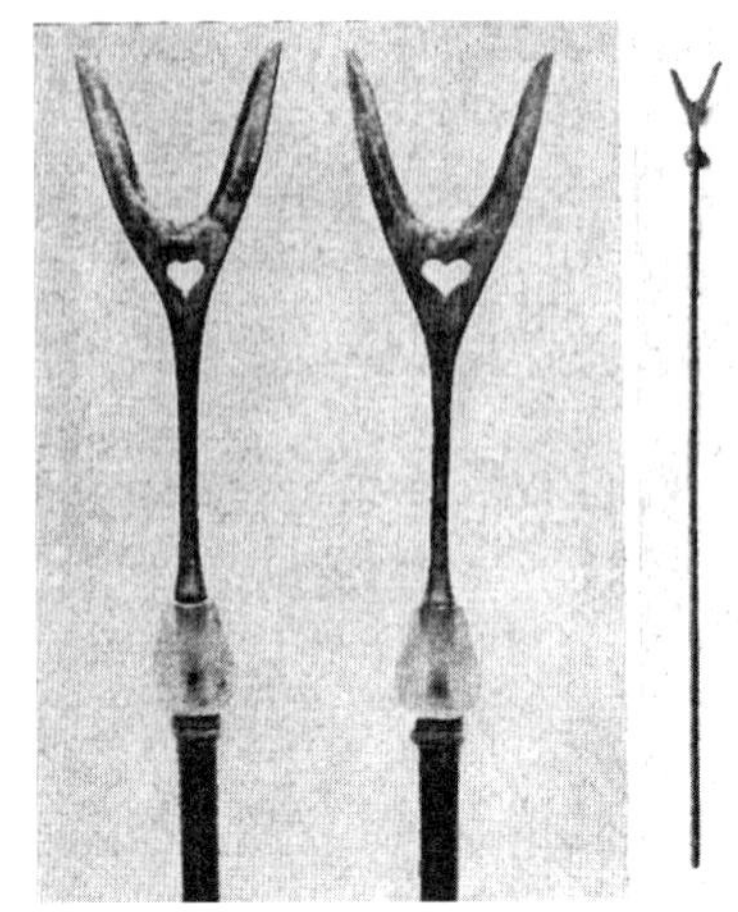

図66　鏑矢

図65　壺胡簶

図67　胡簶を帯びた公家たち（『平家物語絵巻』）

になる。特に平胡簶は上流階級の人々のものとなり、時代が下がるにつれて華やかで形式化し、塗箆や水晶の鏑（図66）や筈、銅鏃を挿げ二立羽の矢を盛るようになる。

しかし平安時代末期になり武人たちの間で箙（えびら）が盛行することによって、この胡簶は次第に実用を離れ儀礼式の具となっていった（図67）。なお参考のため平胡簶の部位の名称を図68にあげておこう。

3　箙

箙も矢入れ具の一種で、もとは胡簶と書き、「やなぐい」といっていたが、故実家伊勢貞丈著『武器考証』や国学者屋代弘賢著『古今要覧稿』などによると、蚕が繭を作る時の「蚕簿（ゑびら）」という道具に似ているところから「えびら」というようになったとある。またこの箙の形は平胡簶から出たとされるが、文献上の初見は一二世紀初頭成立の『今昔物語集』であることから、平安時代後期にはすでに存在していたものと考えられる。

なお鎌倉時代になってからは武士が武用に負う場合を箙と呼び、儀仗用の場合胡簶といい、さらに矢を盛った状態のものを胡簶、器だけを指す場合を箙とするという説もあり諸説紛々である。

その一例として「（梶原は）咲き乱れたる梅枝をやなぐひにそへてさしたりける。……平家の公達は花えびらとてゆうにやさし、と口々にぞ感じ給ける」（『源平盛衰記』景高景時入城並景時秀句事）とあるように、その区別が判然としなかった。このことについて貞丈は『貞丈雑記』（巻之十一）の中で「箙の字をいにしへハ、やなぐひとよみたり、源順が和歌抄に見へたり。えびらとよむハ後の世の事也。やなぐひとえびら、形は違ひたる様なれども、大体似たる物也。……」といっていることがあげられる。

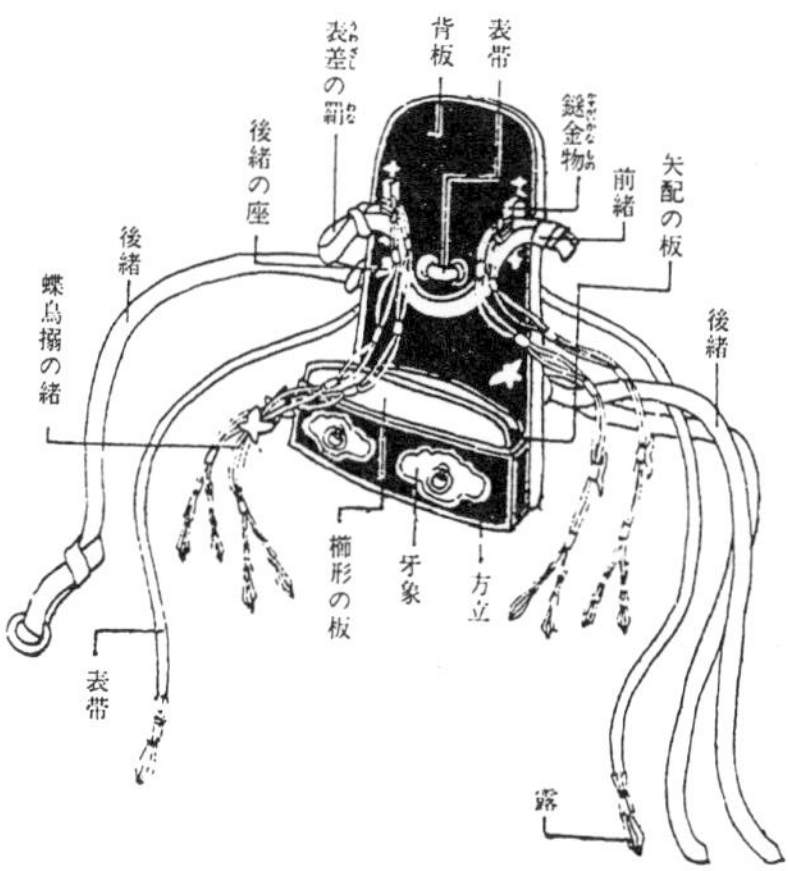

図68　平胡簶の名所

さて箙は前代の葛胡簶の背を低くし、背板の部分を棒状のものでアーチ型を作り、軽便化した形をしているが、この部位を端手（はたて）という。また矢は方立（ほうだて）と呼ぶ矢を受ける箱様の部分の中に作られた櫛形状の筬（おさ）と呼ぶ簀子（すのこ）状の間に鏃を挿し込み、端手に付けた革緒で安定させる。参考のために箙の部位名をあげておこう（図69）。

そしてこの箙に順次刈りやすいように矢を配り、矢把（やたばね）の緒でまとめ、腰革で腰の後ろ右寄りに装着するのである。また矢を刈る際は馬手（右手）を体の後ろに廻し、筬に挿し込んだもっとも外側の矢の根辺りをしっかりと握り、少し上げた後素早く馬手を右斜め下に伸ばしながら刈り取り（図70）、体前に持って行き弦に番えるのである。

なお時代が下がり、実戦用の征矢が徐々に太くなるにつれて、方立も大きくなる傾向がみられるようになる。そしてこの箙は平安時代後期から鎌倉時代にかけて弓矢が武器の最右翼とされていた時代、携帯する矢入れ具として重要な役割を果たしたのである。

さて箙はさまざまな種類があるが、その代表的なものとしては木製の方立に猪や熊の毛皮を貼ったもので、これを逆頬箙（図71）といい、室町時代以降を代表するものとして扱われた。

また『今昔物語集』の中にも「箙は塗箙なるべし。猪の片ももをはぎたり」を初見とし、木製の方立を黒漆で塗った箙で、鎌倉時代のものとされる塗箙が大三島神社に所蔵されている。その他にも革箙（図72）、籐で編んだ籐箙（図73）、葛箙（図74）などがある。なお箙に盛る矢数は九隻から四十隻以上の場合もあるが、通常は二十四～三十五隻で、これを一腰といった。

4　空穂（靫・羽壺）

箙の次に現れた矢入れ具としては空穂があげられる。空穂は箙を装着して山野を跋渉する際に雨露にあたったり草木などに矢が触れて傷めたりすることから、これを防ぐために矢全体を覆うよう工夫された矢入れ具である。空穂に関する文献上の初見としては説話集『古今著聞集』にこれが出典されている。このことから空穂は平安時代末期にはすでに存在していたと考えられ、室町時代に盛んに用いられた。

その形を見ると、矢の根を盛る部分は箙とほぼ同じようになっており（図75）、その口を竈という。また矢全体をおおう部分は竹籠で編んだり、紙の貼り抜きしたものを漆塗りした塗空穂、猪・猿・熊など獣の毛皮を貼った猪毛空穂・猿革空穂・熊毛空穂（図76）、さらには竹や籐葛で作り、人に持たせるような大型の土俵空穂（図77）など、その大きさや作り方により種類もさまざまである。なお穂に毛皮をかけた空穂の総称を細空穂（騎馬空穂・逆頬空穂）（図

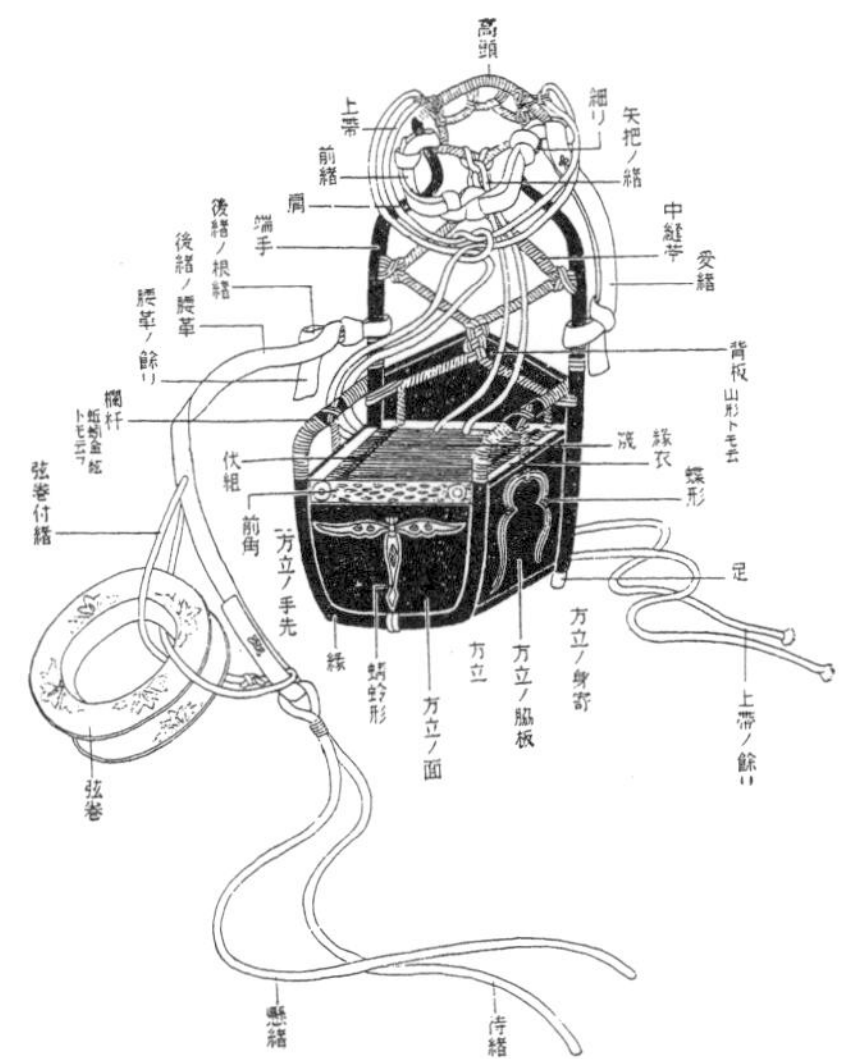

図 69　箙の名所

図 70　箙に盛った矢を刈る的前稽古中の筆者

図 71　逆頰箙（模造）
方立に毛皮を貼ったもので、室町時代に流行したという。

図 73　籐箙

図 72　革箙

図 74　葛箙
大永七年（1527）作、ツツラフジで編んだ箙で、公家の随身が帯びたという。

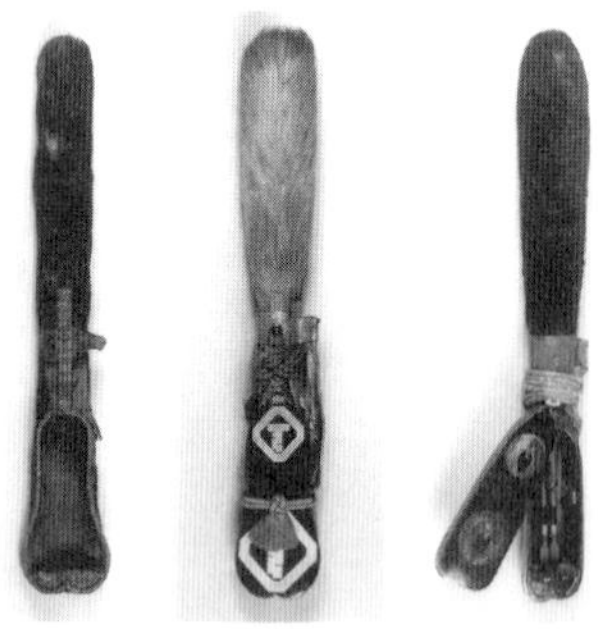

図 76 「空穂」各種
左より「猪毛空穂」「白猪空穂」「熊毛空穂」「黒塗空穂」

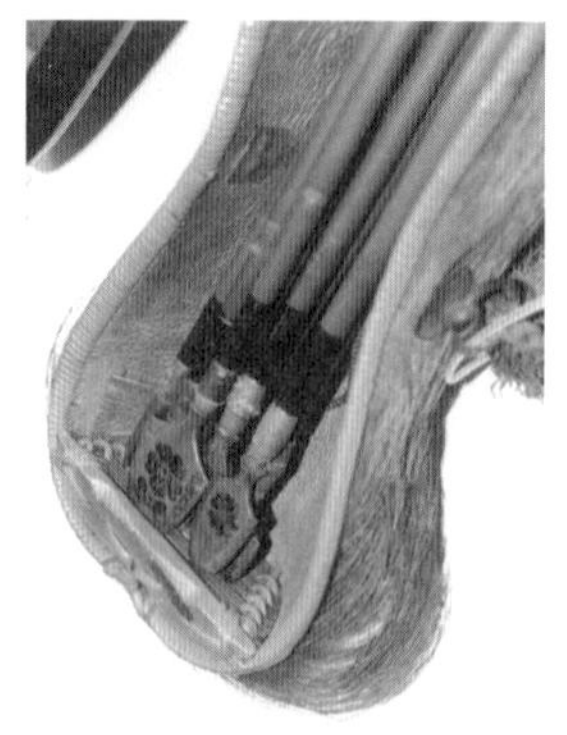

図 75　空穂の箙に矢配りされた様子

図 78　細空穂

図 77　土俵空穂
安土・桃山時代に用いられたという。

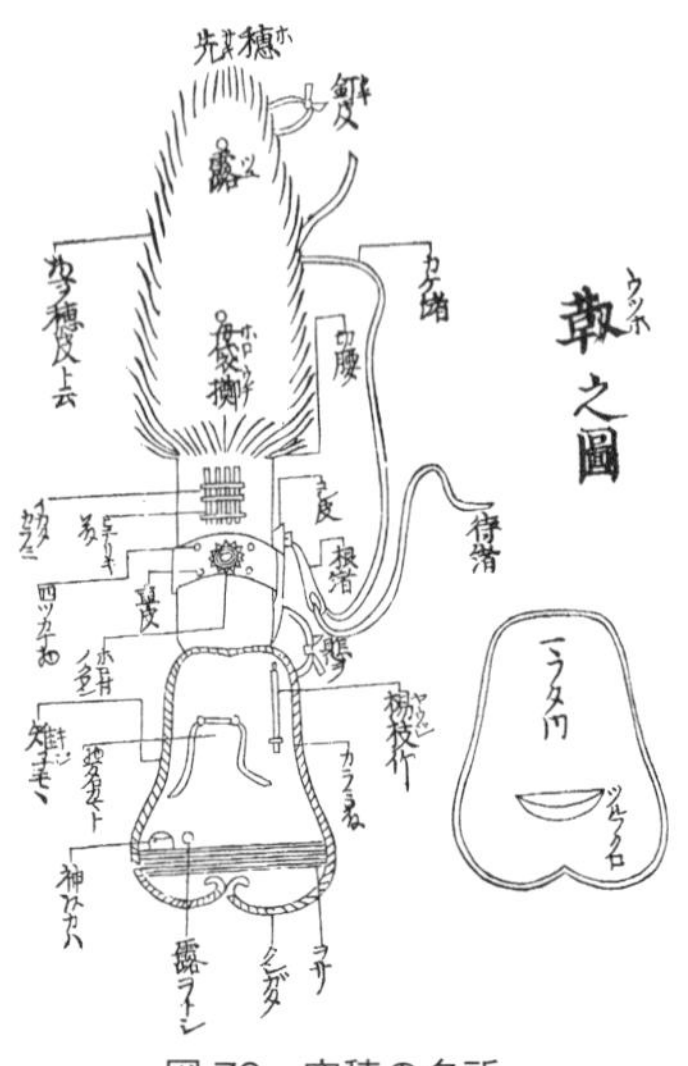

図 79　空穂の名所

78）という。そして この空穂に七本或いは九〜一三本盛るのである。参考のため空穂の名所の図をあげておこう（図79）。

五　鞢（ゆがけ）

古代中国では弓を引く際、左右の手指や腕につける弓具として「決拾（けっしゅう）」という用具があった。このうち右手指を保護する具を「決（けつ）（決・抉）（ゆがけ）」といった。この決とは弦を引くために右手大指根に指した象牙などで作った指輪状の〝ゆがけ〟をいう。また「拾（しゅう）（ゆごて・いごて）」は発射に際し弦が左腕内側を打つことを防ぐために装着する弓具で、いわばわが国の〝鞆（とも）〟にあたるものである。

一方わが国では弓弦を引くために右指を保護する専用の弓具が平安時代以前に存在していたという文献は見当らず、平安時代になって僧昌住（しょうじゅう）が九世紀末に編纂した『新撰字鏡（しんせんじきょう）』の中に「韘〈由加介〉」、「㩶〈弓加介〉」、「射韘〈弓射之具也弓加介〉」などの語が出典しており、また一〇世紀中期の源順の著した『和名抄』では「鞢〈由美加介〉決也。……抉矢時、所以持弦之飾也」とあり、この頃になってようやく〝由加介〟〝由美加介〟などという語がみえるようになる。

それでは古代の由加介（由美加介）なるものはどのようなものであったのだろうか。これについての文献として、平安時代後期に大江匡房（おおえのまさふさ）が朝廷の公事や儀礼式について述べた故実書『江家次第（ごうけしだい）』の中に「決拾、音決鉤弦也、包右拇指、……」とあり、決を弦を引くために右大指を包む具であるとしている。

この〝包〟という字の意味から、明らかに中国式の指輪状のものではなく、革などで出来た袋状のものをイメージするが、残念ながらこれを証明する確たる文献は見あたらない。

これに関して『吾妻鏡』（建久二〈一一九一〉年十一月）に「てぶくろ」という語がみえる。この「てぶくろ」は弓

図82　挂甲で武装した武人埴輪像
（群馬県太田市出土）
背に靫を負い、左手首には鞆を着用している。

図80　鞆の埴輪

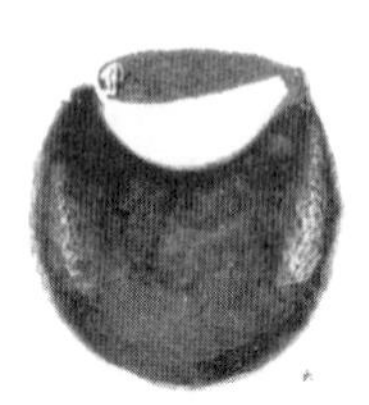

図81　革製黒漆塗り鞆

射専用の具ではなく、当時の武具の一つである左右に装着する革手袋であろうと考えられる。

そして強弓を引く際に右手親指を保護し引きやすくするために、この革手袋の右手親指の腹に別の革を重ねる工夫がなされたことが容易に推測される。このような革手袋から平時における弓射稽古のための専用具として工夫改良がなされ、今日の堅い帽子の三ツ𢇁へと発展していったと考えられる。

六　鞆（とも）

左手首に装着する鞆は、わが国の弓具の中でも古くから使われていたもので（図80・81）、埴輪武人像にもこれを見ることが出来る（図82）が、その起源についてははっきりしない。古代この鞆は実利的な用具として用いられていたが、弓具の発達や射法・射術の進歩につれて次第に形式的なものとなり、中世以降はいつしか忘れ去られてしまい、武官の儀礼式用となってしまった弓具の一つであるとされる。

ここで鞆はどのようなものであったかをみてみよう。もっとも古い鞆の例として正倉院御物の一五口の鞆をあげることが出来るが、それらを見るとすべて獣毛や藁を獣皮で包み、これを漆塗り

図83　白革の鞆

したもので、拳大の大きさをしている（図83）。

また鞆に関する最古の文献としては『古事記』（仲哀天皇の条）や『日本書紀』（応神天皇の条）がある。さらに『日本書紀』（持統帝七〈六九三〉年の条）に「勤冠より進冠（古代臣下に定められた冠位の名）に至るまでには人ごとに大刀一口・弓一張・矢一具・鞆一枚、如此預め備よ」とある。これらからして古代において鞆は弓具の一つとして実際に使われていたことがわかる。

しかし南北朝時代の貞治二（一三六三）年の『年中行事歌合』（廿九番　弓場始）に出典する「名のみ聞け今日のまとひの射席も　今は昔としきしのぶ哉　二位中将」の註に「弓懸さし鞆などつけて弓射る様此頃はしれる人も少なきにや」とあり、また同六（一三六七）年に「賭弓の事あり……公卿弓矢もち鞆などつけてある様近頃目なれぬことなり」とあるように、この頃になると儀礼式の場でもこの弓具の装着について知る人も少なかったらしいという記述がある。

さて左手首に装着した鞆はどのような目的で用いられたのであろうか。まず第一にあげられる理由としては「ますらをの鞆の音すなり物部の　おほまへつ君楯たつらしも」（『万葉集』和銅元〈七〇八〉年）とあるように、弦が鞆を打つ音が武威を表し、その音を賞美するということがあげられる。鳴弦の趣旨に似たものともいえよう。また伊勢貞丈が「是弦にて腕をはじくを防がん為の役なり」といっているように、弦が復元する際に釧（手首や腕にはめる貝や金属・玉製の輪状装身具）や左手首内側を打つことから守るためであるとする説もある。

これに関連して江戸時代後期の故実家土肥経平も安永の頃、考証随筆として著した『春湊浪話』（中巻）で「鞆というものは上に云う手の飾にせし手纏を覆ふ料にせしものなり。手纏あるままに射ぬれば弓の弦此手纏にふれて射られざれば、其上にこの鞆をかけて射るなり。故に鞆の制其中を虚にして高く覆ふなり。よりて神代巻にはこれをたかがらと訓じたり。其後手足の飾すたれて男の手纏も女の手玉もかくる事なき世となりて覆ふべき其物なければ、鞆も無用のものとなりしより是も亦すたれゆきて世々をふれば、何物とも何の用ありとも知る人なくて云々」と述べており、鞆は左腕の手首につけていた玉や鈴に紐を通したものや、腕飾りである手纏や釧などの腕輪を保護するためのものであるとしている。なおこの鞆の着け様について高木正朝は『日本古義』の中で図84のように図示している。

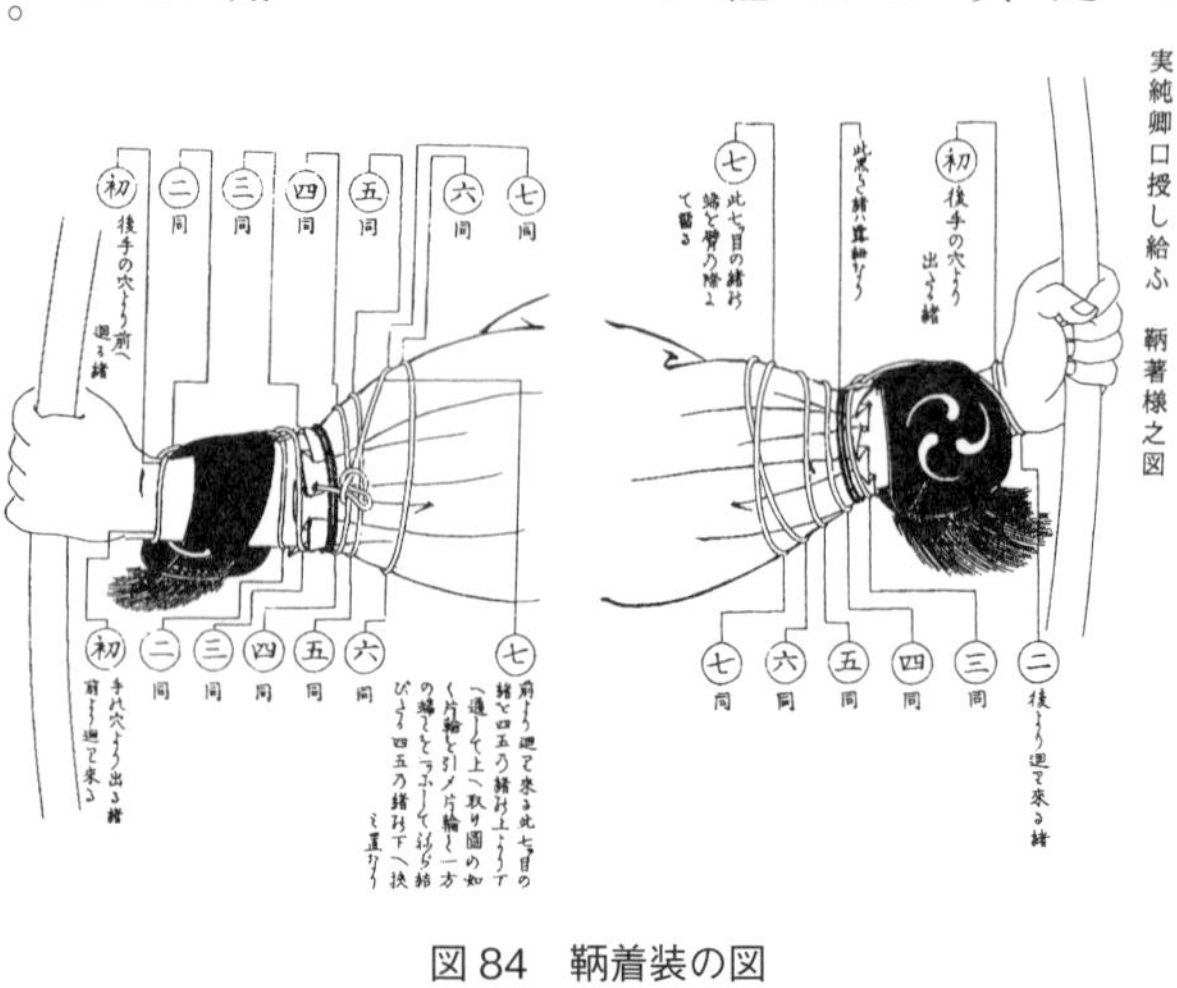

七　的

弓射のもっとも素朴な目的は、弾性体である弓の反発力を使って飛翔物体である矢を発射し、遠距離にある物体に中て、ダメージを与えることにある。その技術を得るための訓練は、他の多くの武術が対人形式であるのに対し、古来より対物〝まと〟への働きかけ形式で行われてきた。

中国古代の弓射における標的は「侯（こう）（古字は矦）まと」の字があてられており、人が射た矢が布や皮を張った標的に中ったことを表わしているという。この侯は木枠に十尺四方の布（布侯）や虎・豹・熊の皮（皮侯）など獣皮を張った標的で、身分によってその材が異なっていた。人口に膾炙している「射は皮を主とせず、力の科を同じくせざるが為なり。……」（『論語』）はこの皮侯（ひこう）のことである。また標的の中心部を「正」とか「鵠（こく）」という。

図84　鞆着装の図

わが国の諸文化が古代中国からの影響を受けて発展してきたことは周知の通りであるが、朝廷儀礼式の中の弓射の諸儀礼式も例外でなく、それに用いる標的を描く布も中国の在り方を模したもので、当初は方形のものであった（図85）。

ところでわが国ではこの標的を「的」と呼ぶが、普段の稽古には木の葉や木の板・時の花・貝・履・扇など自然の中にある物や身の廻りにある物を地に立てた木棒に挟みこれを射た。このような標的を後代になって武家では「挟物」、公家では「小串の会」などというようになった（図94）。

さて時代の進展とともにわが国の弓射文化の在り方も複雑多岐にわたるようになり、次第に独自の在り方がとられるようになるが、的の在り様もその使用目的に応じて大きさや形状・構造・素材などに多種多様の的が見られるようになり、通常の稽古には円形で白地に黒色の輪を描いた的が一般的な的として定着するようになる。このような的の初見としては『続日本紀』巻三（延暦十六〈七九七〉年）にみえる、黒色三輪を描き、これを外院・中院・内院（『内裏式』弘仁十二〈八二一〉年では外規・次規・内規）とし、その中り所によって多少の布を賜物としたことがあげられる。

わが国の歩射の的としては大的、半的、籤的、百手、奉射、三的、草鹿、円物、振々、挟物など、また騎射の的としては牛追物、犬追物、流鏑馬、笠懸、小笠懸、八的、三々九、手挟などに用いられる的としてそれぞれ専用の的がある。次にそれらの的のおおよそについてみてみよう。

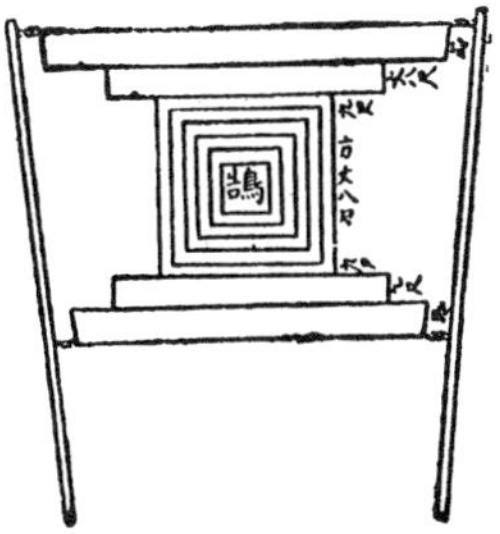

図85　中国古代の的「侯」

1　歩射の的

・大的―かつて歩射の的といえばこの的を指していたが、小的が出来てから区別して大的というようになった。この大的は竹または檜の薄板で網代を組み、これを和紙を貼った直径五尺二寸の的（古代は三尺または二尺五寸）で、表面に胡粉を塗り的絵を描いたものである（図86）。

図87　大的式（小笠原流、於：明治神宮）

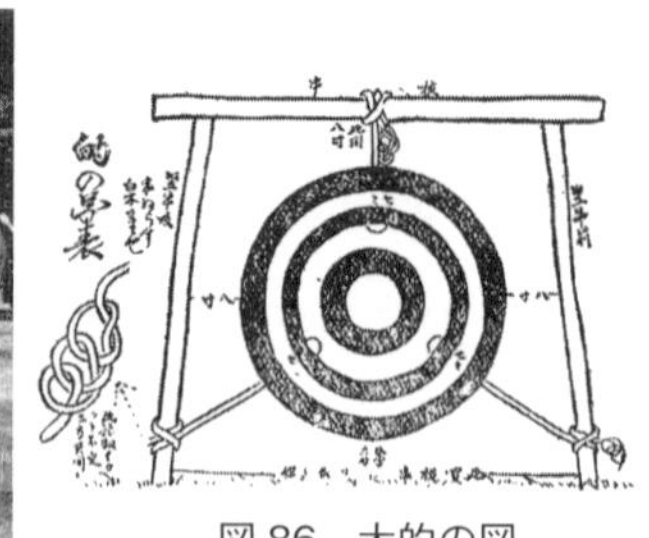

図86　大的の図

故実によるとこの大きさは易の陰数である地六水と陽数である天九金を乗じた五尺四寸の総廻りから外回り一寸を取った五尺二寸（約一五六センチ）としたものであるという。的絵は三重の輪を描いた霞的（かすみまと）とし、中心より小眼（こまなこ）の白、一の黒（小眼の黒・内院・内規）、霞の白、二の黒（霞の黒・中院・中規）、山形の白、三の黒（山形の黒・外院・外規）の名称がついている。

そしてこの的を弓杖二十二杖（約五〇メートル）の射距離に立てた的釣桁に掛けるのである（図87）。奉射や射場初め、弓初めの際もこの的を使う。

・半的―大的の半分である直径二尺六寸の的をいい、その制は大的に準じる。この的は稽古や競射の折用いられる略式の的であるとされている。

・小的―『四季草』に「小的のことは鎌倉時代には無かりしにや、吾妻鏡にはみへず。室町殿の代に記しける書どもには小的のこと多くみへたり」とあるように、室町時代に出来た的で、それまでは大的が一般的であった。小的の制について「小的は定まれることなし、径一尺二寸よりいかほどもあるべし」（新井白石『軍器考』）とあるが、通常は檜板で直径一尺二寸の円形の枠を作り、表に数枚の和紙を貼り表面を白くする。

この一尺二寸的も大的と同様、易の陽数天三木と陰数地四金を乗じた数から割り出したものとされている。そしてこれに大的に準じた的絵を描くのである。その白黒の配分は小眼二寸四分、一の黒一寸二分、一の白一寸、二の黒五分、二の白一寸、山形黒一寸一分とする。このような的を霞的といい、陽の的とも呼んでいる。この

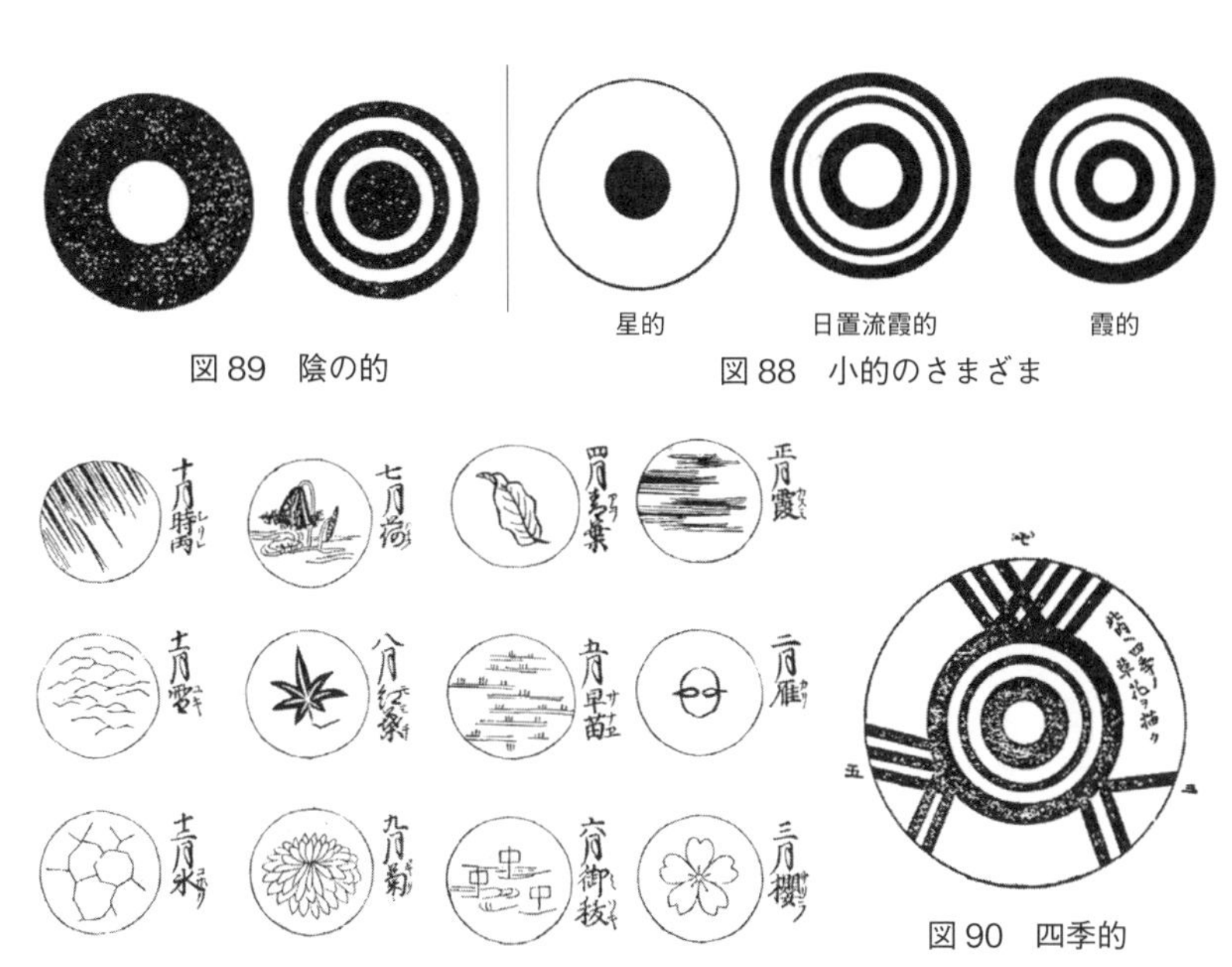

図89　陰の的

図88　小的のさまざま

図90　四季的

図91　月並の的

白黒の割合の的を射位から見ると、霞がたなびいているように見えながらも、的としての存在感を示している絶妙の配色である。なお日置流では独自の白黒を配分した的を使っている（図88）。

小的にはこの他一尺的、九寸的、七寸的、五寸的、三寸的などがある。また小眼のみを黒くした星的や中を白くし周りを黒くした「陰の的」という的もある（図89）。

その他、的絵として春は青柳、夏は水草、秋は紅葉、冬は松笹などを描いた「四季的」（図90）、中央より青・黄・赤・白・黒を配した「五色的」、十二ヶ月の日本の自然を描いた「月並の的」（図91）などが余興の射に用いられることもあった。

2　小的が径一尺二寸である理由

通常小的前の稽古ではこの一尺二寸の的が定着していることは周知の通りであるが、このことについては前述したように礼家の法では易から計算されたものであるということを記した。しかし実利性を重んじる武射系の文献では別の理由をあげている。このことについて江戸時代の武家故実書によると次のような記述がみえる。

尺二寸ノ的ニテ人身胸ノ亘（わたり）ヲ射覚エ、四寸ノ的ニテ脇ヲ様（タメシ）テ弓格ヲ知ナレバ、本源此品（ひん）ヲ定レル的トス。然共礼家ニテ各別ノ口伝有ト見タリ。（木下義俊著『武用弁略』第四　射事之部）

なおこの的の裏に〝鬼〟という字を書く言い伝えがあるが、『四季草』や『貞丈雑記』によると「本式には無之事也」と否定している。

また『日置流六十箇條』（第二條　弓構）では「単之身（ひとえのみ）、的割二寸之構」をあげ、「人身の横身の厚さは凡そ四寸、其内に一寸の弓あれば敵より射出す矢は拒ぎ得る」としている。これからすると一尺二寸は人体の胸幅、また四寸は単（横身）の幅をさし、実戦の訓練から割り出された寸法であったといえよう。

・籤（くじ）（鬮（くじ））的（まと）―室町時代頃より武家行事の一つとして行われたもので、そのやり方は矢代（やだい）を振って射手を上矢（うわや）・下矢（したや）の二組に分け賭物を出して競射するもので、かつての賭弓に模したものである。的は「一尺にも限らず一尺にも八九寸にもするなり」（『四季草』夏）とあるように一尺二寸〜八寸の小的を使用する。

・百手（ももて）―奉納射の一種で、的は五尺二寸の大的を使用する。

・奉射（ぶしゃ）―社頭において神慮を慰める奉納の射であり、基本的には大的式をもって行う。したがって的も大的を用いる。

・三的（みつまと）―歩射の場合、五寸・九寸・一尺二寸の三つの的を一所に寄せて、これを射るもので、射中る順序に決まりがある（図92）。

・草鹿（くさじし）―狩猟の訓練として鹿を象った的を射るもので、鎌倉時代より始まったとされている。的は長さ一尺八寸（約五五センチ）、広さ八寸（約二四センチ）、頸の長さ七寸五分（約二二センチ）、顔の長さ三寸五分（約一〇センチ）の鹿形を杉（檜）の板で作り、これに白なめしの鹿皮を貼り黒星を描き、綿毛を詰め丸みを持たせたものとした。その設置の様子は図93の通りである。

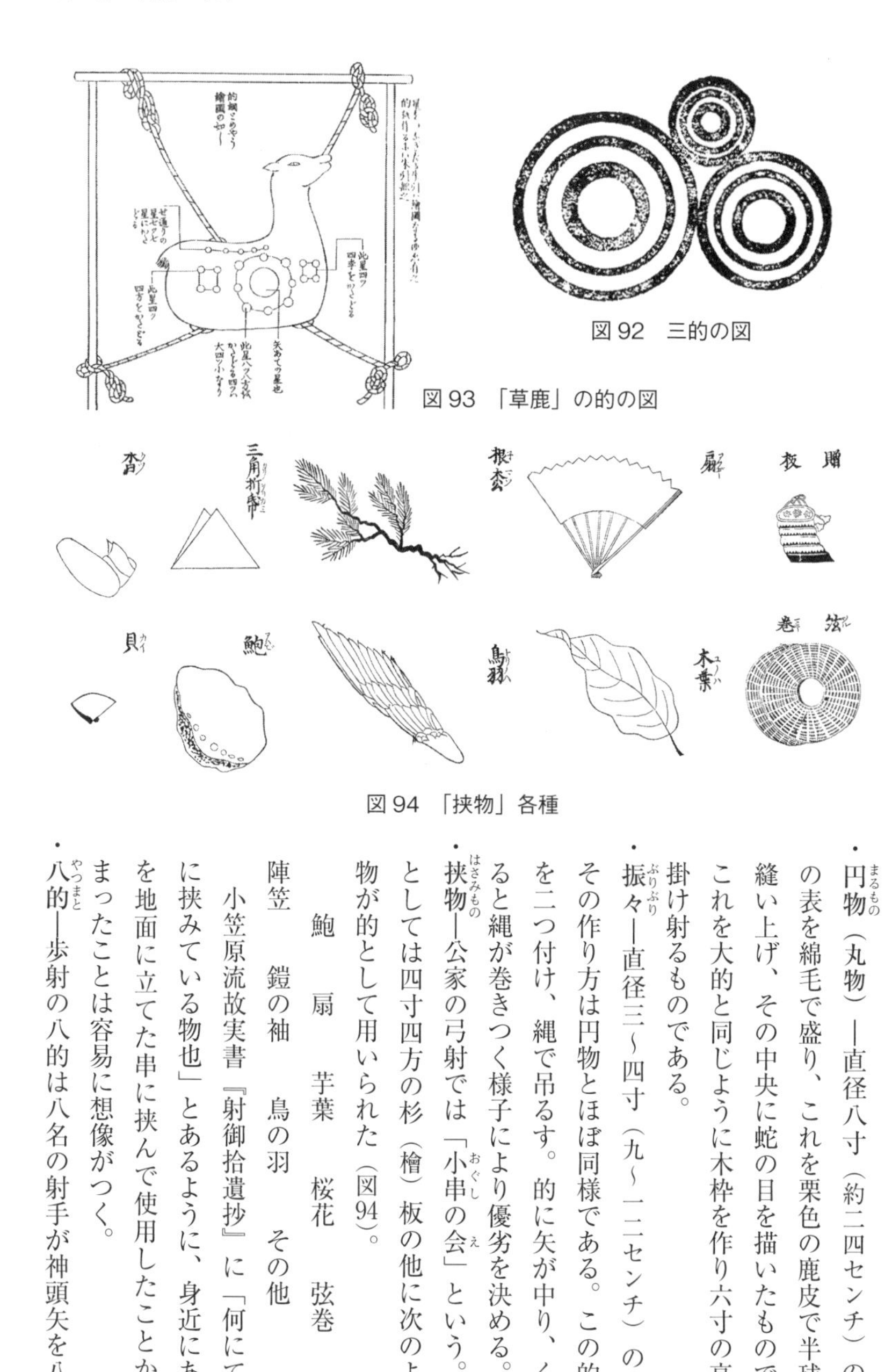

図92　三的の図

図93　「草鹿」の的の図

図94　「挟物」各種

・円物（まるもの）（丸物）―直径八寸（約二四センチ）の薄板の表を綿毛で盛り、これを栗色の鹿皮で半球形に縫い上げ、その中央に蛇の目を描いたものである。これを大的と同じように木枠を作り六寸の高さに掛け射るものである。

・振々（ぶりぶり）―直径三～四寸（九～一二センチ）の的で、その作り方は円物とほぼ同様である。この的に乳（ち）を二つ付け、縄で吊るす。的に矢が中り、くるくると縄が巻きつく様子により優劣を決める。

・挟物（はさみもの）―公家の弓射では「小串の会（おぐしのえ）」という。標的としては四寸四方の杉（檜）板の他に次のような物が的として用いられた（図94）。

　鮑　扇　芋葉　桜花　弦巻　草摺
陣笠　鎧の袖　鳥の羽　その他

　小笠原流故実書『射御拾遺抄』に「何にても串に挟みている物也」とあるように、身近にある物を地面に立てた串に挟んで使用したことから始まったことは容易に想像がつく。

・八的（やつまと）―歩射の八的は八名の射手が神頭矢を八本持

ち、笄、扇、四半、楊枝、畳紙、小刀、枝花、下げ針の八種の的を順次射上げる射をいう。別に騎射の八的もある。

3　騎射の的（図95）

・**追物射**—『貞丈雑記』に「御の字むまのると読む字也。馬上にて射る故御物と書着たる也。牛追物、犬追物の如く射る也」とあり、馬上から地を走る動物を射るもので、実戦訓練として古代末期から中世にかけて盛んに行われた騎射の一つである。

〈その一〉**牛追物**—文字通り牛を標的とするもので、射中て所は平頸、平ももだけで、胴は射ないものとする。

〈その二〉**犬追物**—牛追物に起因している射で、使う犬は「白本也（図96）。犬数は百五十疋とする事」（『犬追物図説』）とある。

・**流鏑馬**—二町（約二二〇メートル弱）の馬場を走らせる間に三ヶ所に立てた的を次々と射中る騎射の一種である（図97）。的は一尺八寸（約五四センチ）、厚さ四～五分位の檜板の表に奉書を貼ったもので、これを地上三尺五寸の串に挟んで立てる。

・**笠懸**—笠懸は武士が狩猟や旅行などの際着用した綾藺笠を的としたことからこの名がついたとされる。馬場の長さを一町（一〇九メートル）にとり（図98）、馬場本より三三杖（約七四メートル）で男埒より九杖（約二〇メートル）先に垜を築きその一杖前に的（図99）をかける。的は直径一尺八寸、厚さ五～六分の檜板に獣毛や綿を置き牛皮で覆った半球形をしたものの表に八～九寸の黒丸を描いたもので、この的の三ヶ所に乳を付け木枠に吊るす。なお後代小笠懸が出来たため、これと区別するために「遠笠懸」という場合もある。

小笠懸は遠笠懸の馬場を逆に使用する。的は四寸四方で厚さ約一分の檜板を疏より八寸隔てた地上一尺二寸にこれを立て射るものをいう（図100）。

・**八的**—騎射の八的は直径二尺六寸の板または網代で編んだもので、これを馬場三町（約三二七メートル）の馬場に

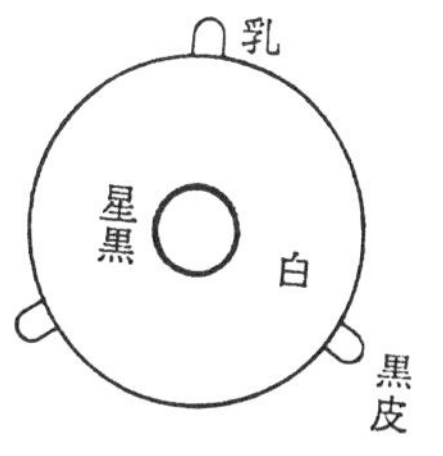

図 99 「遠笠懸の的」の図
（馬場割）

図 95 騎射の図

図 96 犬追物の図

図 97 流鏑馬の図

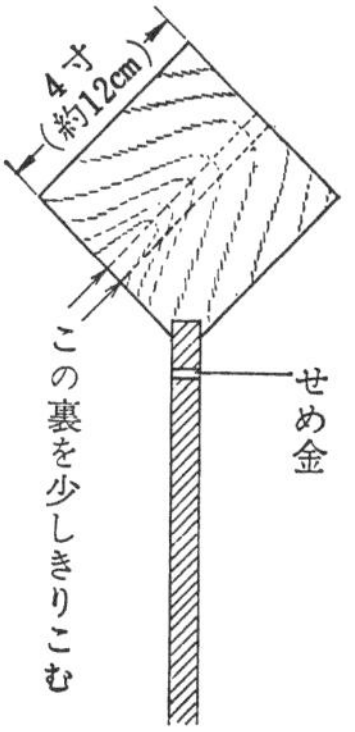

4寸
（約12cm）
この裏を少しきりこむ
せめ金

図 100 「小笠懸の的」の図（馬場割）

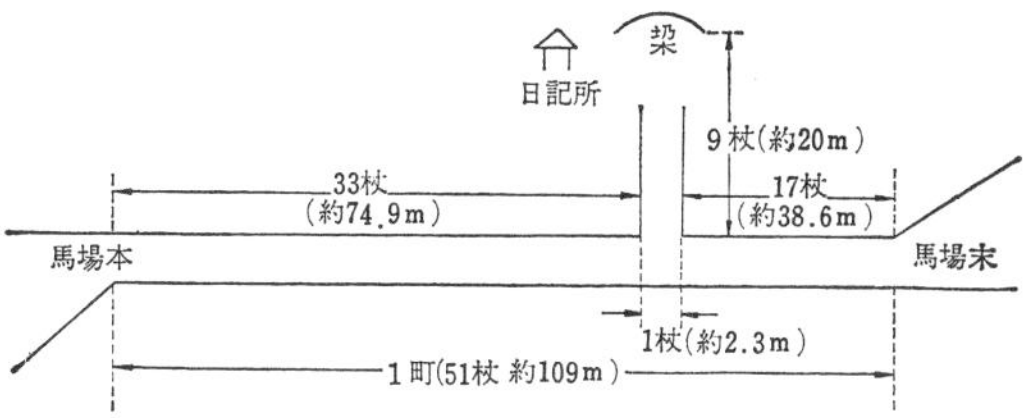

梁
日記所
9杖（約20m）
33杖
（約74.9m）
17杖
（約38.6m）
馬場本
馬場末
1杖（約2.3m）
1町（51杖 約109m）

図 98 騎射の図「笠懸」馬場の図（馬場割）

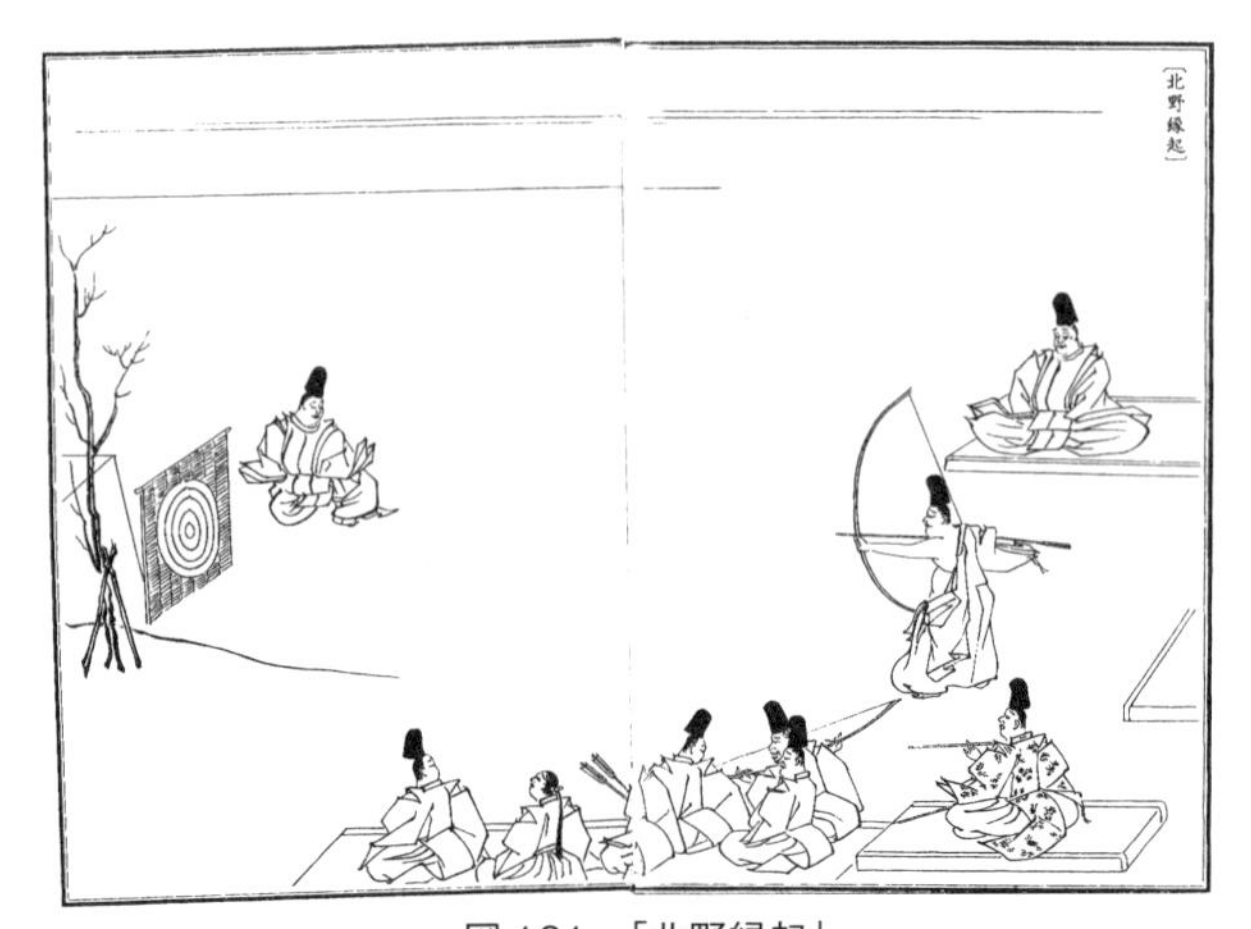

図 101　「北野縁起」
貞観 12 年（870）、菅原道真が都良香の邸で弓の妙技を披露する。

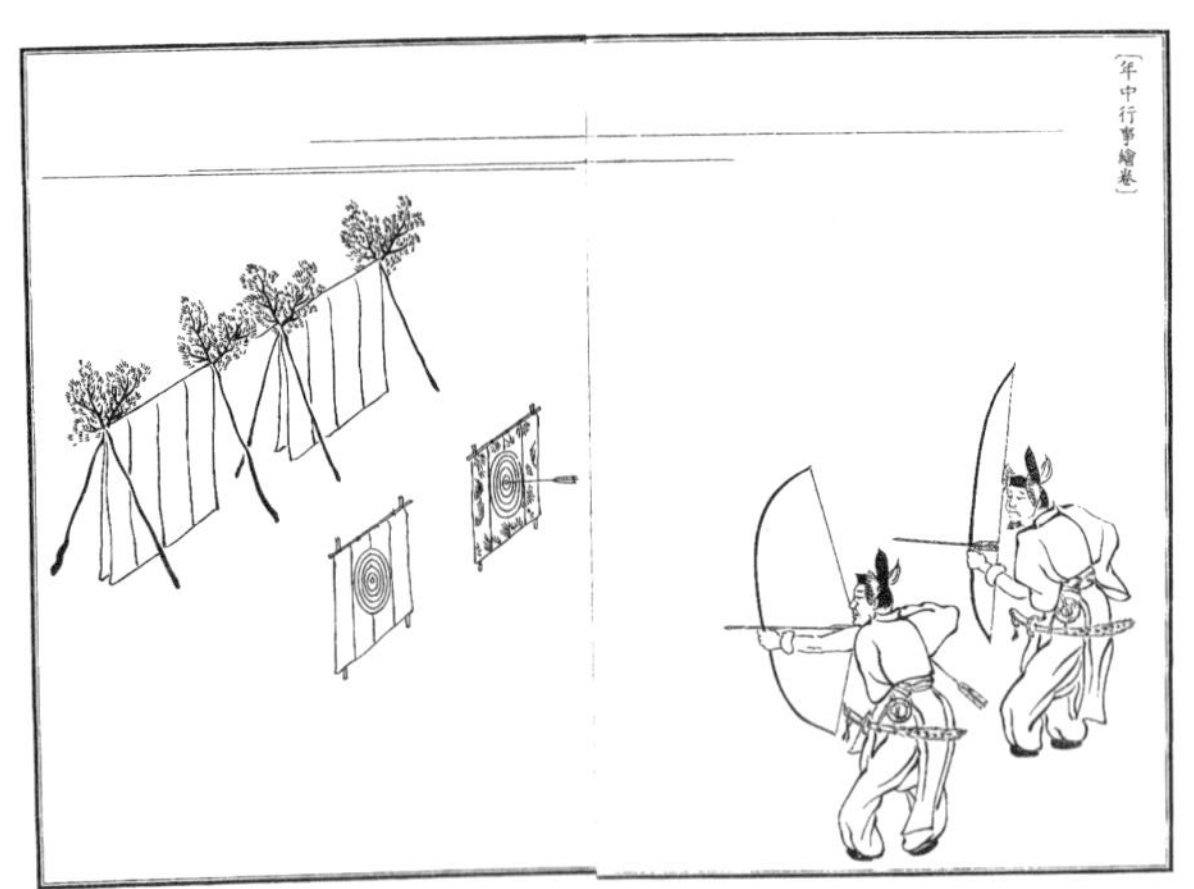

図 102　「射遺・賭弓」図

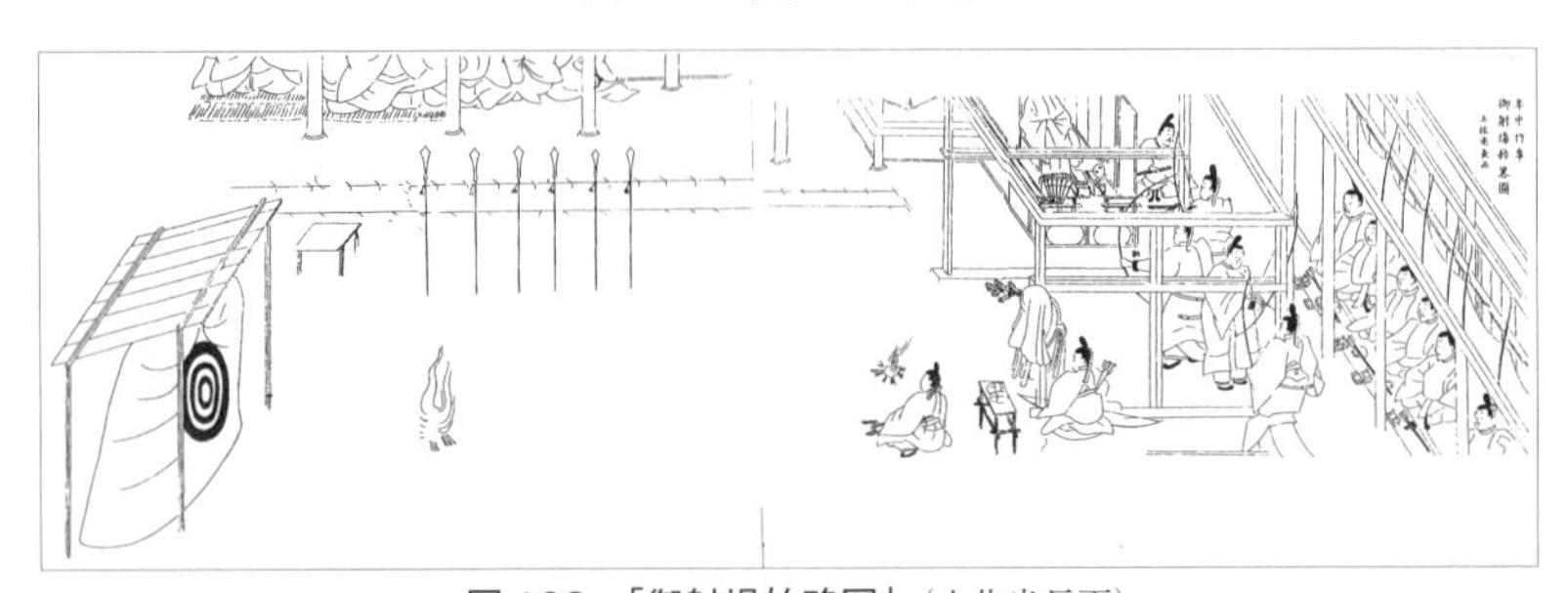

図 103　「御射場始略図」（土佐光長画）

図104　庭先で少年たちが小的の稽古に励んでいる様子
（14世紀鎌倉時代作『おいのさか図』〈部分〉）

図105　熊野神社（愛知県碧南市）の矢場の図
徳川家康が永禄年中参拝の折、農工商にも弓の稽古を許したと伝えられる。

往路四ヶ所、復路四ヶ所、計八ヶ所に的を立てこれを射る騎射の一種。

八　稽古場・競技場施設について

武術の稽古の場は当初野外で行われるのが一般的であった。これまでの文献や絵図などからして、弓射の稽古も多くの場合自邸の庭先に的場を築き稽古の場としていたことがうかがえる。屋根のかかった射場や的場が現れるのは江戸時代になってからであろう。当時の的場の形式や垜(あづち)の築き様、的の数などは近代の様式とは大きく相違するところがある。弓射の稽古施設に関する史的変遷については、今後解明すべき研究課題としてあげられよう。

ここでは筆者の管見した関連史料（図101〜105）を掲載するに止める。

第三節　神話の中の弓矢

一　『記・紀』と弓矢

わが国最古の文献として知られている『記・紀』は、天皇の権威を高めるために朝廷でまとめた書であり、その記述は神代のイザナギ・イザナミ・アマテラスオオミカミを中心とする高天原(たかまがはら)神話、スサノオ・オオクニヌシなどが登場する神話や古代の歴史を描写している出雲神話、天孫降臨・海幸山幸神話が記述されている日向神話の三神話群で構成されている。この『記・紀』の中に弓矢に関する記述を散見することが出来る。それらを具体的にあげてみると次のようである。

1『古事記』関係

・千入(ちのり)の靫……多くの矢の入る靫（上巻）

・五百入の靫……同上（上巻）

・伊都の竹鞆を取り佩ばして……威勢のある高い音を発する鞆を右手首につけて（上巻）

・弓腹振り立てて……弓の末（上部）を振り起こして（上巻）

・矢刺し乞ふ……弓に矢を番えて所望する時（上巻）

・鳴鏑……矢の先端に鏑をつけたもので、この矢が飛翔すると鏑の前面に空けた孔から空気が入り音響を発する。（上巻）

・生弓矢……「生」は生き生きとして生命力のあることの意で、剣とともに弓矢は武威、すなわち政治支配力を象徴していると考えられる。（上巻）

・天之麻迦古弓……鹿を射る時の弓、「天」は弓の美称、「麻」は接頭語（上巻）

・天之波波矢……羽の大きな矢という意味があるとされている。（上巻）

・天之波士弓……「波士」は梔、すなわち「櫨」の意。櫨の木で作った弓（上巻）

・天之加久矢……「天之麻迦古弓」に同意（上巻）

・天之石靫……石のように堅牢な靫の意（上巻）

・天之眞鹿児弓……「天之麻迦古弓」に同意（上巻）

・痛矢串……痛手を負わせる猛烈な矢、「串」は貫の象形文字（中巻）

・矢刺して……弓に矢を番えて（中巻）

・丹塗矢……赤く塗った矢、この矢は雷神を象徴し、占有権を表すものとされている。（中巻）

・忌矢……戦いの開始にあたって最初に射合う神聖な矢（中巻）

・男の弓端の調……弓端は弓弭のことで、弓の末を角や骨で作る。男が弓矢で獲った獣や鳥を御調物として貢ぐこ

と（中巻）

・鞆……弓を射る際左手首に結び付けた獣皮で作った拳大の具で、弦が手首を打つのを防ぐ目的であるとする説や、これに弦が当たり弦音を高くするためであるとする説などがある。（中巻）

・弓を弭し……戦闘を止めること（中巻）

・梓弓……あずさの木で作った丸木弓（中巻）

・檀弓……まゆみの木で作った弓（中巻）

・槻弓……つきの木で作った弓（中巻）

・その他……射出づる矢、葦の如く来り散りき／弓矢取佩かして／矢刺したまひ／矢弾たむ（下巻）

2『日本書紀』関係

・背上に靫を負ひ／稜威の高鞆／手に弓箭を捉りたまひて（巻第一）

・天之眞鹿児弓／天之鹿児弓／天羽羽矢／反矢（こちらが射た矢を敵方から射返されると、その矢には霊力が備わっているとされる）／天磐靫／八目鳴鏑（巻第二）

・流矢……『古事記』の痛矢串に同意／歩靫……勝ち靫、歩射に使う靫／皇弓……天皇の持つ弓（巻第三）

・眞麛の鏃……「眞」はすぐれたものの意、鹿などを射るための鏃（巻第四）

・儲弦……弦が切れた時の予備の弦（巻第九）

・弾弓弦……弓弦を弾き鳴らし、邪霊を払うこと（巻第十四）

・射殿（巻第十五）

・弓五十張／箭五十具／火箭（巻第十九）

・的に中る（巻第二十九）

このように『記・紀』には神の世界と人間世界との関わり合いの中で、弓矢に関する記述が数多く出典していることがわかる。そこに記述されている意義を考えると、当時の弓矢は実利性に止まらず、その威力から派生する呪術性にあったことが理解できる。ここで『記・紀』の中からその一例をあげてみよう。

　兄弟から迫害を受けた大穴牟遅命（おおあなむぢのみこと）は須佐之男命の住んでいる根国（ねのくに）へ行き、そこで須佐之男命の娘の須勢理毘売（すせりひめ）と結婚しようとするが、須佐之男命から厳しい条件を課せられる。大穴牟遅命と須勢理毘売は協力してこれを無事に切り抜け、須佐之男命が王者の象徴として大切にしている生弓矢（いくゆみや）と生太刀・天沼琴（あめのぬこと）を持って逃げた。これを見た須佐之男命は大声で「其の汝（な）が持てる生弓矢・生太刀を以ちて、汝が庶兄弟（腹違いの兄弟）をば坂の御尾（裾）に追ひ伏せ、赤河の瀬に追ひ撥ひて、大国主命と為り、わが娘須勢理毘売を本妻としてうかの山の麓に立派な家を建て住むがよい。……」といった。（『古事記』上巻）

ここに出る「生弓矢」の〝生〟は前に述べたように生き生きとして生命力のあることの意で、弓矢は剣とともに武力、すなわち政治支配力を象徴することを意味している。

原始・古代社会の人々は、日常生活の中で大樹・岩石・神秘的な輝きを放つ鏡や玉、他者から身を守るための弓矢や剣などには悪霊や病魔・邪気を払い、外敵から身を守ってくれる神霊を宿す力があることを信じ、これを尊崇する観念があった。

また古代の人々は弓矢が破邪とは別に、生命の豊穣を意味するような性格も持っていると信じていたことがうかがえる。「佩服（身に帯びること）もって妖凶を攘（はら）うべし」とする弓矢や剣などの武器の機能は、原始時代より今日に至るまで一貫してみられるところであるが、特に金属文化を入手することにより製作された青銅や鉄製武器は、その機

図106　豊作を願い今も行われている弓矢の行事「百手式」
（徳島県三好市山城町）

図107　五穀豊穣を願って矢を放つ子どもたち
（徳島県阿波市賀茂神社）

能の持つ威力や神秘的に輝く雰囲気に神霊を感じ、神器・聖器として畏敬の念を抱くようになり、信仰の対象とするようになっていった。わが国のこのような武器に対する信仰は、時代が下がるにつれ諸外国にみられない〝武〟の思想を形成するに至るのである。

弓矢がわが国で武器の中でも最右翼とする思想はここを嚆矢とし、以後公家・武家社会は勿論のこと、現代社会においても全国各地に弓矢に関係するさまざまな行事が行われている背景には、このような心性が今もなお根強く流れているのである（図106・107）。

二　武威の象徴としての弓矢

弓矢が戦いという非日常的な場において敵を殺傷する有効な実利の具であるという性質から派生して生まれた呪術性や霊威性は、古代にすでに見られるものであり、その例として次のような説話をあげることが出来る。

　これも今は昔、白河院、御とのごもりてのち、物におそはれさせ給ける。「しかるべき武具を御枕のうへに置くべし」と沙汰ありて、義家朝臣に召されければ、まゆみの黒塗なるを一張参らせたりけるを、御枕にたてられてのち、おそはれさせおはしまさざりければ、御感ありて「此ゆみは十二年の合戦（註―前九年の役）の時や持ちたりし」と御尋ありければ、おぼ

へざるよし申されけり。上皇しきりに御感ありけるとか。（『宇治拾遺物語』巻四　十四　白河院御寝時物ニオソハレサセ給事）

また当時弓矢の武威を象徴する行為として次のような儀礼式が行われていた。

1　鳴弦

弓と弦を馴染ませるために弦打ちをするがその時弦音が出る。すなわち弦を少し引いて弾き、弭（または鞆）にこれを当てると音を発するが、弦楽器の嚆矢はつれづれに張り弓の適当なところに駒を立て、これを鳴らしたことにあるという（図108）。

わが国においてはいつの頃からか弦音を発すること、すなわち鳴弦することにより武徳の人の存在を表わし、摩縁化生の胆を奪いとることが出来ると信じられていた。この鳴弦が朝廷や武家の世界でいつ頃から儀礼式として整備されるようになったかについては定かでないが、その意義は弓矢が武威や武徳を象徴した存在であり、鳴弦が魔縁化生のものを追い払う力を持っているという信仰から誕生したものである。

このように鳴弦は、①本来の目的である弦を張った弓の弭の調子を整えるために弦打ちする所作の他に、②弦楽器としての弦打ち、③武威・武徳を象徴するための弦打ち、④破魔の修法としての弦打ちなどの性格を持っているのである。

この鳴弦に関する文献をあげると、もっとも古いものとしては『日本書紀』（巻十四　雄略天皇）に「空しく弓弾弦（ゆみづるうち）す」、さ

図108　弓弦を細い棒で振動させ、演奏するアフリカ南部スワジ族の女性

らに『同書』（巻二十三　舒明天皇）に「女人数十に令して弦を鳴らさしむ」とある。

また『万葉集』や『源氏物語』、『紫式部日記』、『平家物語』などにも鳴弦に関する記事が散見出来る。さらに時代は下がるが、『源平盛衰記』の中に源頼政の鵺退治のエピソードがみえ、ここに鳴弦について次のような記事が出典している。

> 二条天皇が御悩にて夜深けて怯えられていたので、時の関白より源頼政に鳴弦（明見）させるように命じた。これを受けた頼政は大中黒の矢の表に水破兵破と名付けた鏑矢を二本差し、雷上動という弓を持ち、漢竹呉竹北南で鳴弦した。……（要旨）

そして一六世紀以降弓術流派の誕生とその分派活動の中で、この鳴弦の儀について各流派で自流派独自の様式を整えるようになっていった。

その例として、①神道思想を背景として室町時代以降に成立した「橘家の鳴弦の儀」、②白川神道（一〇世紀末に成立した神道の一派）の思想をもとに行われる「白川家の鳴弦の儀」、③源氏の本流である武田家に伝わる「武田家の鳴弦の儀」、④武田家の同族小笠原家の夜啼き・嫁入り・死霊・風病・婿取り・産所などの折の「小笠原家の鳴弦の儀」などがあげられる。その他、日置流・雪荷派・竹林派・大和流などでも「鳴弦の儀」を持っており、それぞれ独自の修法があったことが知られている。

さらに江戸時代になると、鳴弦に関した伝書類が数多く見られるようになるが、その内容を管見すると、前述したように山岳信仰と仏教とが習合した修験道と結びつき、民間に信じられていたキツネ憑きの治療に関する儀礼式の記述が散見される。

なお現代この鳴弦の式が行われた例としては、昭和三十五年二月皇太子浩宮殿下御誕生の折に行われた御産所（宮内庁病院）における「浴湯（よくとう）の儀」があげられる。当時の報道記事を読むと、御産所の隣室に控えた一人が『日本書紀』の「仁徳天皇の条」の一節を朗読し、別の二人が「オウ！」と発声し弓弦を高らかに打ち鳴らすこと三度、この式により魔縁化生のものを祓い、殿下のご健康とご文運を祈念したという。これがすなわち「読書」・「鳴弦」の儀である。

2　蟇目

蟇目は長さ四～五寸位で楕円形の桐材か朴材を中空にし、その前面に数個の孔を穿ち、これを矢先に装着し発射すると、笛の原理で飛翔の折異様な音響を発する。古来よりこの音響が魔縁化生のものを退散させる効があると信じられた。このようなことから宿直蟇目・産所蟇目・屋越蟇目・誕生蟇目などさまざまな蟇目の儀が鎌倉時代から室町時代にかけて整備されるようになった。今日においても道場開きなどにはこの蟇目の儀が行われることがあるが、これを執り仕切ることの出来る射手は、弓道のすべてに達した最高位の射手にのみ許されるものとされている。

要するに鳴弦や蟇目は、不夜城のような現代と違い、殆ど照明のなかった当時の夜は闇の中に物怪や鬼など魔縁化生のものが跋扈していた世界であり、人々の暗闇に対する畏怖心は想像に余るものがあり、それらを排除する力を備えていると信じられていた弓矢に対する尊崇観が生まれ、それを扱う武人は当時の人々の畏敬の存在であったと考えられる。

すなわち鳴弦や蟇目は、武器としての弓矢が持つ可視的威力が不可視的な霊威にシンボライズされた信仰となって人々の日常生活の中に組み込まれていったものであるといえよう。

第四節　古代の射法―取懸け法について―

一　取懸け法のさまざま

弓射文化はアボリジニやタスマニアの先住民など一部を除き世界のほとんどの民族や地域にみられるものである。そしてそれぞれ使用する弓具に相違はあるものの、その射法をみると、立射の場合通常両足は前後左右に開き、左手指で弓を握り（右利きの場合）、弭の上辺とほぼ対角する辺りに弦を番え、右手指で弦と矢を保持する。そして引き易くするために弓を体前左方に打上げた後、左上肢は的方向に差し伸ばし、右上肢は前腕・上腕を折り曲げながら所定のところまで弓を引き収めた後、絡めていた右手指を弦から開放する。

この一連の動きは基本的には民族や地域の違いを超えて同じであるが、細かく見ると両足の踏み開き方や引き収めた時の矢の長さ（右拳の収まり所）や高さなどに違いがみられる。

しかし世界の民族や地域の射法を観察すると、決定的に相違がみられるのは弦に番えた矢と弦を右手指でどのように保持して弦を引くかという方法、すなわち取懸け法であろう。この取懸け法については第一章で若干ふれたが、ここでもう少し詳細にみてみよう。

世界の弓射の取懸け法についてはドイツの民俗学者M・エーンスやアメリカの考古学者で大森貝塚の発掘で有名なE・S・モースなどが言及している。それを要約すれば、およそ①原始射法（ピンチ―Pinch Method）、②モンゴル式射法（Mongolian Form）、③地中海式射法（Mediterranean Form）の三方法に大別できる。これを時間軸でみれば、当初は人類共通の方法として原始射法であったが、時代が下がるにしたがって地中海式射法とモンゴル式射法の二大潮流へと発展し、世界の民族・地域に定着するようになったと考えられる。

さらにこれらの取懸け法についてもう少し詳しくみると、世界にはおよそ次のような方法がある（あった）ことが判明している（「第一章図32参照」）。

1　原始射法（ピンチ―Pinch Method）とその変形

①ピンチ（図32－1）

原始射法ともいわれる最も素朴な取懸け法で、今日でも予備知識のない場合この方法を採るのが一般的である。この方法は図のように伸ばした親指の腹と折り曲げた人差し指の二指で番えられている矢筈部分を左右からつまむ方法である。技術上比較的簡単で発射も容易であり、弱い弓や矢尺を取らない射法では特に問題はないが、強い弓や矢尺を取る射法では引き込む際や、引き込んだ状態を維持するには適さない。今日この方法を採る民族や地域はほとんどないが、北海道を旅したモースは『日本その日その日』の中で「アイヌは拇指と、曲げた人差し指とで矢を引く。……」と述べており、明治時代初期頃のアイヌの人々の取懸け法はピンチであったことを記録しており、興味深いものがある。なお原始射法では矢は弓体の左右いずれにも置いて引くことが可能である。このピンチ射法の発展形として次のような方法があった。

②ピンチ射法の変形（図32－2）

①の親指と人差し指の二指だけで左右からつまむピンチで強い弓を引くには耐えられないことから、これを補うためつまんだ人差し指を弦に懸ける方法で弓を引く。

③ピンチ射法の変形（図32－3）

②のピンチの変形の取懸け法に加え、さらに中指も弦に懸ける方法が行われることは当然考えられる。この方法によりさらに強い弓を引き込むことが出来るようになる。

④ピンチ射法の変形（図32－4）

図のように折り曲げた親指の腹と人差し指で矢をつまむとともに、中指・薬指・小指の三指で弦を引く方法で、この取懸け法はアメリカインディアンの一部で行われていたという。

2　モンゴル式射法（Mongolian Form）

モンゴル・中国・朝鮮・東北アジアで行われている取懸け法で、特に動揺する馬上で矢を確実に保持・操作するにはこの取懸け法が適している。なおこの取懸け法の場合、矢は弓体の右側（外側）に置く。

①モンゴル式射法1—単塔(たんとう)—（図32－5）

この取懸け法はピンチの変形②から発展したもので、親指をやや折り曲げ、その関節部の腹を番えられた矢筈の下に当て、親指の爪根辺りを人差し指で押さえる方法で、中国の弓書ではこれを〝単塔〟と称している。

②モンゴル式射法2—雙塔(そうとう)—（図32－6）

〝単塔〟の形にさらに中指を参加させ、親指の爪根辺りを人差し指と中指の二指で押さえる取懸け法で、中国の弓書ではこれを〝雙塔〟といっている。

ただ〝単塔〟にしろ〝雙塔〟にしろこの方法は技術的には熟練を要する。弦の掛かる親指の内側を保護し、離れを容易にするために象牙・骨・皮などで作った〝指機(しき)〟とか〝決〟という分環をはめ、これに弦を懸けることが行われた。わが国の取懸け法はこの方法の影響を受けて中世以来今日まで行われてきているが、ただわが国では〝指機〟とか〝決〟を使った形跡がなく、環の代わりに革製の手袋状のものを独自に開発した。

因みにこの〝単塔〟と〝雙塔〟について物茂卿(ぶつもけい)（荻生徂徠）は中国明代の弓書『武経射学正宗(ぶきょうしゃがくせいそう)』（高穎叔(こうえいしゅく)著）を引用し、『射書国字解(しゃしょこくじかい)』の中で、「単塔ト云ハ大指食指ニテ弦ヲ引ヲ云ナリ。雙塔ト云ハ大指食指中指ニテ弦ヲ引ナリ。雙塔ハハナレニブク、単塔ハハナレサユル」と述べている。

③モンゴル式射法３（図32－９）

②の取懸け法にさらに薬指をも加え、親指を（人差し指）・中指・薬指の三指で押さえる方法で、江戸時代初期（寛永年間）に宮﨑射（猪）大夫という射手が四つ弽を考案したことから始まったとされている。この取懸け法は堂射が流行した江戸時代、長時間の行射に対し、勝手（右手）の肩・腕全体を使うようにし、出来るだけ右手の各指に負担がかからないようにするために工夫された堂射用の特殊な取懸け法であるとされている。したがって的前でのこの取懸け法はわが国の伝統的な在り方ではないといえよう。

④モンゴル式射法４（図32－７）

親指に図32－８のような用具を着けて弦を懸け、これ深く折り曲げた人差し指・中指で押さえ、さらにその上を親指頭で押さえる方法で、ピンチの変形とモンゴル式との中間的な取懸け法である。

３　地中海式射法（Mediterranean Form）

地中海周辺を中心としてギリシャ・エジプト・アッシリアなど広くヨーロッパ諸国で行われている取懸け法で、矢は弓体の左側（内側）に置く。

①地中海式射法

番えられた矢筈の上下を、折り曲げた人差し指と中指の二指で外側から挟むようにして弦を引く取懸け法である。この方法はあまり矢尺を取ることは出来ないが、番えられた矢を引き込んだり、その形を保持する動作が比較的容易である。

②地中海式射法（図32－10）

この方法は①に薬指を加え三指で引く方法で、さらに強い弓を引くことが出来る。今日世界的に親しまれているアーチェリー競技の取懸け法はこの方法によっている。

4　その他の射法

図32－11のように弦を親指に懸けるとともに、人差し指を深く折り曲げてこれを押さえ、さらにその上にある親指頭を中指で押さえロック状態にする取懸け法や、図32－12・13のように、親指と人差し指で番えた矢を保持し、人差し指以下の四指で弦を引く方法がある。

なおこの取懸け法については「第一章　第四節　一　射法のさまざま」も併せて参照されたい。

二　取懸け法の相違と弓矢の位置関係

このように番えられた矢と弦を安定した状態で保持して引き込み、円滑に発射するための取懸け法はさまざまあるが、その場合矢を弓の左右どちらに置けば引きやすいかについて整理しておこう。

今日行われている取懸け法は、基本的には蒙古式と地中海式に大別できるが、モンゴル式の場合、取懸けた状態で、前腕をわずかに内転させながら引き込むことにより、折り曲げた人差し指の横腹で矢をわずかながら内側（射手側）に押す力が加わる。また地中海式の場合は、取懸けて弦を引くにつれて取懸けの部分が時計回りに回転する力（射手上方より見て）が加わることになる。

つまりモンゴル式の場合は射手後方より見て反時計回りの回転力が加わり、地中海式の場合は射手上方より見て時計回りの回転力が加わることになるのである。したがって発射するまでの一連の動作を行う際、矢が安定した状態で弓体側面にあるためには、モンゴル式は矢を弓体の外側（右側）、地中海式ではその反対に弓体の内側（左側）に置くことになる（図109）。

ただ今日行われている世界の射法をみると、およそ民族や地域により取懸け法と番えられた矢を弓体の左右どちらに置くかとの関係を、前述した原理に従わない方法で行っている例を見かけるが、その場合果たして現在その民族や地域の人々が行っている射法が伝統的に行っていた射法であるか否かは検証する必要があろう。

特にモンゴル式の取懸け法でありながら矢を弓体の左側に置くような射法がみられるが、この理由として①原始射法やその変形の名残りが踏襲されている、②国際的に普及しているアーチェリー競技の影響を受けているなどのことが考えられる。さらにはあまり前腕を捻らない蒙古式射法であれば、弓体に対する矢の位置は左右どちらでも行射に不都合でないこともあり、射手の裁量に任されているのかも知れない。

しかしこれはあくまで歩射の場合であって、騎射の場合は動揺する馬上で弦に番えた矢をしっかりと保持し、さらに弓体の側面に矢を安定させるためには、モンゴル式取懸け法で矢を弓体の右に置く方法が合理的であり、地中海式の取懸け法では矢を安定して引き込むことは難しい。さらにいえば腰にある矢入れ具から矢を素早く刈って番えるには、矢を弓体の右外側から運ぶようにする動きが合理的であり、このようなことから、騎馬射が発達した中央アジアから東北アジア全域においてはモンゴル式取懸け法が採用されたと考えられるのである。

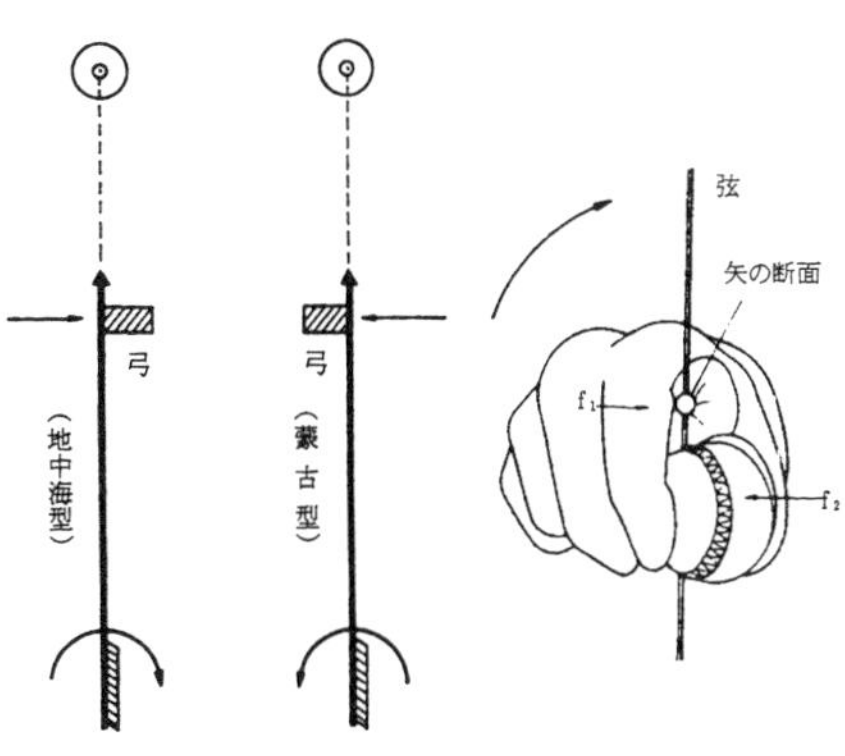

図109　矢の弓に対する位置と取懸け法の関係

三　わが国の取懸け法

朝廷や公家・武家の世界における行事・儀礼式・官職・制度・装束などの先例に精通していることを有職といい、その根拠や規範となる歴史的な仕方や習わしなどの事例を故実という。今日ではこれらを合わせて一般に有職故実といっているが、弓矢に関する文献を管見すると、平安時代以降定められた各種弓射関連の儀礼式や平時・戦時における起居振舞い、またその際の弓具類とその取り扱い方や服飾などの在り方については先例に基づき細かなきまりがあった。しかし筆者の管見によれば、射法について記述した良質の先行文献は見当たらない。

そこでわが国の取懸け法について筆者の推測も交えながら考えてみると、当初は原始射法であったが、この方法による場合は矢が弓体に対して左右いずれに位置していても差し支えない。その後紀元前後以降から中国大陸からさまざまな文物が盛んにもたらされる中で、わが国の弓射も文射・武射に関する中国の先進的な弓射文化の影響を受けたことは想像に難くない。

射法についても原始射法やその変形の取懸け法から、いつ頃か不明であるが中国の取懸け法、すなわち親指を弦に懸けこれを人差し指や中指で押さえて引く、いわゆるモンゴル式の取懸け法を採り入れるようになったと考えられる。この方法による限り矢は弓体の右（外側）に置いた方が安定することは自明の理である。

さてわが国の射法について記述した今日知られているもっとも古い文献としては、一四世紀後期に有職故実に通じ文武にすぐれていた武将今川了俊（貞世）が著わした『了俊大草紙』があげられるが、その中で取懸け法を想像させるような記述がある。このことについては「第三章　五節　射法・射術の様相」で言及しているので参照されたい。

四　わが国古代の射法・射術

奈良時代のものである正倉院御物の弓具などから推測すると、この頃すでにわが国の弓は長大化が定着していることがうかがわれる。また矢は篠竹か芦幹の箆で、七五～八二センチ前後の細箆で、矢羽も羽山に対し羽長が短く（図110）、鏃も総じて小振りで軽いものが挿げられている。このようなことから、当時の射法は親指の腹を番えられた矢に添え、この指とかがめた人差し指の間に矢を挟むという、いわゆる原始射法（ピンチ）か、或いは人差し指と中指の関節を弦に懸ける原始射法の変形で小引きしていたのではなかろうか。

このような方法を採れば、引き込んだ時の右拳は胸中央または頰下辺りに収まることになる。またこの時代は左手

図110　奈良時代の箭（模造）
羽として大鷲・山鳥・鷹・鶴・雉・隼などの羽が使われている。

首に鞆を装着していることから打ち切りであったことは容易に想像がつく。
これが平安時代中期以降になると箆も太くなり、矢尺も二尺八～九寸（八六センチ前後）位と長くなり、さらに鏃も大きくなっている。このことから推測すると、まず矢尺が長くなったということは、右拳の収まり所が以前よりさらに右方に移行したことを示している。すなわちいずれの射法でも左手は的方向に伸ばしているので、右拳の収まり所が胸中央あたりにあったものが右乳付近、さらには右肩前あたりに収まるような射形になる。

さてここまで矢尺を採るようになると、原始的な取懸け法やその変形では引き難い。そこで考えられるのは親指の腹を弦に懸け、その上（親指の爪根）を人差し指で押さえる取懸け法である。或いは人差し指だけでなく中指も加えたことも考えられる。しかしこれらについて記述した確かな文献がないのが残念である。

ただ時代は下がるが、先述したように中国明代崇禎十（一六三七）年、高頴叔の著した弓書『武経射学正宗』（中巻　第四「早射勁弓之惑」―早期に強弓を用いることの害）の項に、〃単塔法（たんとうほう）〃（親指の腹に弦を懸け、その上を人差し指で押さえる方法）と〃雙塔法（そうとうほう）〃（親指に弦を懸け、その上を人差し指と中指で押さえる方法）という二通りの取懸け法がみえる。中国では古くからこのような方法で取懸けを行っていたことから、わが国の取懸け法も当然ながらこの影響を受けたことは間違いない。

第五節　古代における弓射流派の特性

武術流派に関する先行文献をみると、弓射は馬術とともに他の武術ジャンルに比べて早期に流派が成立したという説が見られる。確かにわが国の弓矢は鉄砲の伝来・普及とそれに伴う戦法・戦術が変化するまでは、重要な攻撃武器としてその役割を果たしてきたことは周知の通りである。

そのために射法・射術向上とそれに伴う用具の開発に真剣な努力が払われてきたであろうことは想像に難くない。だからといって革新的な弓射技術の開発とその体系化、すなわち流派の発生・成立が剣術や槍術など他武術などの流派発生・成立とかけ離れた早い時代であったとは考え難い。

弓射における流派を考える場合に注意しなければならないことは、弓射流派の発生・成立を特定する場合、果たしてそれがいわゆる他武術流派と同様の性格を持ったものなのかどうか、すなわちそれが儀礼式の分野においてなのか、それとも中・貫・久（飛・貫・中）を目的とする射法・射術的分野においてなのかによって相違するということである。このことについて次に検討してみよう。

弓射の原始的な目的は有史以前より狩猟の具や戦闘武器として、的中や貫徹力などの実利性を中心課題とするもので、その目的達成のため用具や技術の開発にさまざまな努力がなされてきた。一方わが国は古代より中国大陸から諸文化を導入してきたことは周知の通りであり、弓射文化の在り方においてもその例にもれず、大きな影響を受けて発展してきており、射術や用具については勿論のこと、朝廷においては「射は観徳の器」、「射は進退周旋必ず礼に中り、……」などとする、いわゆる中国古代の文射思想のもとに弓射儀礼式を導入し、折ある毎にこれを実施してきた。

朝廷における諸弓射行事の当初の在り方は、中国式の諸式や制度を踏襲していたと考えられるが、時代が下がるにつれてわが国固有の在り方が確立されるようになっていった。そして中世、特に室町時代になると、上流社会における弓射は実利的意義とともに和歌や放鷹などと同様、上流社会での一種の体得すべき教養として嗜まれるような性格を帯びるようになっていった。

このようにわが国の弓射の在り方は、時代の進展とともに大別して実利性・実戦性を目的とする武射的在り方と、上流社会にふさわしい儀礼式の具としての文射的在り方の二つの性格を持つようになっていった。したがって弓射流派を考える場合、実利性に固有の価値や意義を見いだそうとする武射的側面でみるか、はたまた朝廷や上流武家社会における文射的在り方に基づく儀礼式の世界に特徴ある意義を打ち出す文射的側面でみるかによって、流派の発生・成立期に相当の隔たりがあると考えられるのである。

その時代を具体的に示せば、弓射儀礼式のやり方や制度・作法・習慣などの先例、すなわち〝家々〟独自の〝故実〟の確立をもって流派の成立と考える場合は、遠く奈良時代にその萌芽をみることが出来る。また射術的側面からみれば他の武術ジャンルと時期的に大差なく、室町時代中～後期であるといえよう。今日一般に弓術流派として具体的に想起するのは故実的側面を色濃く持つ小笠原流と実利的性格を強く帯びる日置流系統の二つの流れであるが、これまでの関係書誌の中には弓射流派の発生・成立期についてこれらを混同して論じているケースがあるので、留意することが肝要であろう。

一　古代における弓射故実の家柄

原始時代の弓射技術は、特に改まった特殊な訓練もなく、当時の人々のごく日常的な生活技術の一部として行われていたに過ぎなかったと考えられる。したがってその技術の伝達も親から子へと素朴な形ではあったかも知れないが、これは生きていくために必要な生活技術の一般的な域を超えるものではなかったといえよう。

しかし時代が下がるにしたがい、戦闘規模の拡大や戦法・戦術の進歩と相俟って武器・武具の改良、さらにはその操作法に工夫が凝らされるようになる。弓射の分野においても常人に抜きん出た素質を持った人物が現れ、その血を受け継ぐ血族集団が奈良時代末期から平安時代初頭に現れていることが幾つかの文献からうかがえる。

例えば『続日本紀』（延暦五〈七八六〉年正月七日）によれば、坂上田村麻呂（七五八～八一一）の父苅田麻呂は弓馬にすぐれていたとあり、『文徳実録』（嘉祥三〈八五〇〉年四月二日の条）の記事には坂上田村麻呂の外孫である葛井親王は「頗る射芸を善くし、外家（大納言）坂上田村麻呂の遺風を受け継いでいる」ことがみえ、同じく「親王が十二歳の時嵯峨天皇の詔に応じて弓矢を射、再発再中の妙技を披露した」ともある。

また田村麻呂の子浄野も射芸にすぐれ、十八歳の時天皇の命により選抜された当時の名ある射手と競射して優秀な成績をあげ、天皇からその技故に可愛がられたという記事や、田村麻呂の弟鷹養の孫である滝守も「幼少より武芸を好み、弓馬の技にすぐれていた」（『三代実録』元慶五〈八八一〉年十一月九日）との記述がみえ、一族の中に傑出した人物が数多く輩出していることがわかる。

一方奈良時代末期から平安時代初頭にかけて武の家として朝廷に深く接近した紀氏や大伴氏に関する文献をみると、紀勝長が歩射の容儀の師模（手本）として弓射の分野で一家言を有しており（『公卿補任』延暦十五〈七九六〉年）、『続日本紀』（承和元〈八三四〉年六月三十一日の条）に「（紀）興道門風相承、能く射礼之容儀を伝ふ。大同年中伴宿祢和武多麻呂この法を伝ふ。また後の武家の法もこれに倣ふ」とある。このように平安時代の朝廷の歩射容儀には紀氏や大伴氏が大きく関与していたことが理解出来る。

このように奈良・平安時代、確かに射術にすぐれた家柄も存在していたことがうかがわれるが、弓射の世界に影響力を持っていた紀氏や大伴氏のそれは、朝廷弓射儀礼式の整備の中での〝故実としての独自のやり方〟ほどのものであったと考えられる。したがって後世の日置諸流派のように、射術上の独自性を持っていたのではなかったといえる。

これについてはすでに江戸時代に多田義俊が著した『秋斎間語』を評した『秋斎間語評』の中で伊勢貞丈が弓術流派について、「射礼の容儀と射術との混同がある」ことを指摘している。林屋辰三郎もまた『中世の文化基調』の中で「古代において早くから公家社会に職掌の世襲がみられ、その技芸を練りその奥義を伝流する専門の家を生じた」と述べており、さらに石岡久夫氏も「（射礼の様式が）紀・大伴両氏の二大様式として固まり、奈良・平安期に成功した朝廷の儀礼に影響したであろう」と述べている。要するに古代における紀氏や大伴氏の立場は弓射容儀の家としてのものであったと考えられるのである。

二　歩射儀礼式の展開

わが国が古くから物心両面で当時先進国であった中国からさまざまな文化を採り入れて発展してきたことは周知の通りである。すなわち三世紀末頃になって政治的に強力な組織が形成されたわが国は、その後中国から政治の仕組みや制度をはじめ、文字の使用や漢字の工夫、金属文化から生まれるさまざまな生活用品や武器・武具、さらには騎馬など、当時のさまざまな先進文化を採り入れることにより大きな進歩をみた。

そして七世紀前半頃になると政治体制を固めた中央官僚組織は、さまざまな人的軋轢を繰り返しながら次第に各地の大小豪族を抑え、官僚として天皇に仕える立場として官職や位階の制度を定める一方、公地公民制を確立していった。

このようにして朝廷における政治組織や制度を確固たるものにする一方、支配者階層を中心として服飾・住居・調度・芸能・年中行事など生活様式の中に大陸文化からの影響が色濃くみられるようになるが、弓射の分野もその例にもれない。

そこで次にわが国の弓射の在り方に影響を与えた古代中国における弓射文化がどのようなものであったかについて

みてみよう。

三　士の素養としての弓射

古代中国における弓射は、そのもっとも素朴な目的である実戦・実利の具としての在り方、すなわち武射的在り方がみられる一方、指導者階層が遵守すべき上流社会における起居振舞いや、教養を高め人間性向上に資するに適したものであるとする文射的意義や価値を持っていたことに大きな特徴をみることが出来る。

周知の通り中国周代（紀元前一〇四六～二五六）、士以上の者が知得体得すべきであるとする教養科目として①礼（礼節・礼儀―道徳教育）、②楽（音楽）、③射（弓射）、④御（馬術・馬車操作術）、⑤書（文学）、⑥数（数学）の六科目、いわゆる「六芸（りくげい）」があげられている。しかしここにあげた「射」は実利・実戦的な在り方、すなわち「武射」でなく、指導的立場にある士としての修養や政治を司る人物が身につけるべき教養を「射」を通して体得することを狙いとして採り上げられたものである。

また為政者が諸問題解決に際し、神や超能力的存在からの啓示を受けたり、行動の判断を下す折など、さらには権威や親愛などを背景とした政治体制維持のための人間関係保持の文化として「射」の容儀の実践は非常に有効なものであると考えられたのである。要するに対人形式により技を競い合う多くの武的運動に比較し、自己完結性を持つ弓射運動は、「君子不争」、「発不中、則不怨勝己者、反求諸己而已矣」（発して中らざるときは則ち己に勝つ者を怨みず、反りてこれを己に求むるのみ）、「射観徳器」などを体認するに適した特性を持っている運動文化であるといえよう。

このような文射的在り方は為政者が具備すべき不可欠の条件であり、有為な指導者を育成するにあたり意義あるものとされたことから、古代中国では政治を司る者の教養として文的な在り方の射が重要視されたと考えられるのである。

さてこの文射的在り方の基本的理念は、人としての内面と外面は一元であるとするもので、外面が乱れれば内面もそれに応じるものである、したがって人間として身につけるべき道義の形成には、まず威儀を正し、その形から入ることが大切であるとするものである。このようなことから定められた行動規範のもとに威儀を正し、身体を正しく保ち、心を修め、しかるべき手続きに法って行射する「礼射思想」が発達したのである。

四　破邪としての弓射

わが国の古代の人々は、この世には邪気や悪霊・魔物・もののけなどが跋扈し、人々に災いをもたらす世界が存在していることを信じ、これを恐れる心性があった。『十節記』（『年中行事抄』）によると、正月十七日に行われる射礼の意義の一つとして、蚩尤（しゆう）（中国古代、黄帝と戦って敗れたが、その怨念強く、疫神や怨霊となって人々を悩ませたという怨神）の霊を鎮め、国家安穏を願うということがあったとされている。

このような弓射による破邪思想の背景には弓射の武的威力と射礼の文的意義が感ぜられる。因みにわが国ではこのような弓射思想を受け鳴弦や各種蟇目の儀、さらには各神社における弓射神事、破魔弓や破魔矢などの民間信仰として私たちの生活の中に今日もなお連綿として生き続けているのである。

第六節　朝廷儀礼式としての歩・騎射

古代、さまざまな中国文化がわが国へもたらされたことは先述した通りであるが、朝廷行事の一環として執行された儀礼射の式も、当初は古代中国風で行われていたが、時を経るに従いわが国独自の様式を確立していった。

一　歩射の儀礼式

1　中国における歩射の儀礼式

①大射礼（たいしゃれい）

天子が郊に出て五帝（古代中国伝説上の五聖君）を祀った後、群臣とともに大いに射を行う行事

②賓射礼（ひんしゃれい）

天子が来朝の諸侯・卿大夫とともに行う弓射行事

③燕射礼（えんしゃれい）

天子が臣下を労って群臣とともに飲食をともにした後、射を行う行事

④郷射礼（きょうしゃれい）

郷大夫が賢能の士を王に進めるために行う弓射行事

2　わが国における歩射の儀礼式

わが国古代の歩射の在り方についてみると、先にあげた中国古代にみられる「君子不争」、「射観徳器」などのような文射思想を背景にした弓射儀礼式からの影響を受け、朝廷における重要な行事の一環として組み込まれ盛んに行われるようになった。

次にそれらの弓射行事がどのようなものであったかについてみてみよう。

①射礼（じゃらい）（大射）

奈良時代、朝廷において行われた大射が平安時代になり整備されたのが射礼で、正月十七日を式日とした。もともとは中国周代に天子が宗廟の祭祀を行ったり参列する者を選ぶために行う行事であった弓射行事であったが、これを

わが国独自の式法として確立したものである。この射礼については多くの文献があるが、その中から何点かあげてみよう。

・……天皇射殿に御し、百寮及び海表の使者に詔して射せしめ……（『日本書紀』五　清寧天皇）
・大化三（六四七）年春正月、朝廷にて射る（『日本書紀』廿五　孝徳天皇）
・天智九（六七〇）年春正月、士大夫に詔し、大に宮門内にて射せしむ（『日本書紀』廿七　天智天皇）
・霊亀五（七一九）年春正月、天皇中宮に御す。（中略）五位以上及び高斎等を宴し、大射及び雅楽寮の楽を賜ふ（『続日本紀』十　聖武天皇）
・延暦十一（七九二）年正月壬申十七日、幸二南院一観射（『類聚国史』七十二）
・天長二（八二五）年正月十七日條、射礼は国家の大事たるにより、右大臣を建礼門南庭に遣わし、六衛を簡閲し、的中にしたがい禄を賜う（『類聚国史』）
・応安四（一三七一）年（建徳二年）正月十七日、射礼延引了解（『師守記』）

しかしこの射礼の儀は応安四年をもって途絶えてしまったとされている。射礼は天皇臨席を通例として豊楽院、また建礼門で行われた。次にその実施要領の概略についてみてみよう。

まず原則として実施日を正月十七日とし、その二日前に兵部省で親王以下五位以上の中から三十名を選び、その中からすぐれた射手二十名を選抜し、本省南門で調練を行う。これを兵部の手結という。また六衛府（左右近衛府・左右兵衛府・左右衛門府）の射手もそれぞれの本府で射手を選抜して手結を行う。射礼当日の十七日には親王を始はじ大臣射場に参集し、天皇臨御の後最初に五位以上の射手が、その後衛府の射手がそれぞれ行射し、的中した者はその成績によって禄物を賜うのである。

なお射場の施設の概略について勅撰儀礼書である『内裏式』（上　正月十七日観射儀）によると「鋪二射席於殿庭一、当二御前一少東、去二射席一西行三十六歩、張二第一甲侯一、侯後四許丈張二山形一、侯辺設レ乏（殿庭に射席を敷き、御前の少し東に当る。射席から西に三十六歩のところに侯を張る。侯の後ろの辺に乏を設く）」とみえる。因みに乏とは矢止めのための縦横七尺の革製漆塗りの衝立のようなものをいう。また一歩の長さは時代により相違し、中国周代では一・三五メートル（秦・漢代では一・三三メートル）であったという。これにしたがえば三十六歩は四八・六メートル（四九・七メートル）となる。

さてこの射礼を行うには多額の費用が必要であり、そのためあらかじめその費用捻出のための準備があったことが次の記事からうかがえる。

・承和元（八三四）年十一月癸亥、依二兵部省所レ請、以二国造田廿町地税一、永充下親王已下五位已上廿人、試二習内射一之資上（承和元年十一月癸亥、兵部省の請うところにより国造田廿町の地税をもって永く親王以下五位以上廿人を試習する資に充てる―『続日本後紀』三　仁明）

・凡射田廿町、近江国八町、丹波国六町、備前国六町、充二大射射手、親王已下五位已上調習之資一（凡そ射田二十町を……大射の射手親王以下五位以上の調習の資に充てる―『延喜式』二十八　兵部）

このように射礼は朝廷の重要な行事として位置付けられていたので、これに対する不参加者に対しては「その名を式部に移送し、五位以上の者は新嘗会（新嘗祭）に参加出来ず、六位以下の者に対しては季禄を奪う」（『延喜式』二十八　兵部）という厳しい対応がとられた。なお十七日に射終らなかった射手は引き続き翌十八日に行射した。これを「射遺（いのこし）」という。

②賭弓（のりゆみ）（賭射）

賭弓は射礼の翌十八日、「射遺」のある場合はその後に行われる行事であり、射礼との一連の弓射行事であったため、その盛衰は射礼とともにあった。賭弓の手順は、まず左右近衛府の射手十人及び左右兵衛府の射手七人がそれぞれ賭弓演習のため十一日に荒手結（あらてつがい）を行う。当日は天皇臨御のもとに近衛府・兵衛府が分かれて射るが、まず左右の近衛の射手がそれぞれ一人ずつ相並んで射、以下同じように行射する。全員が射終わり、その結果一回毎に勝方には賭物、負方には罰酒が与えられる。同様に左右兵衛府の射手もこれを行う。

以上のような手順でこれを十回（後には五回または三回）繰り返す。賭弓の賭物としては衵（あこめ）（男子が装束を着ける際下襲（したがさね）と単衣の間に着る衣服）・単（ひとえ）・女装束・銭・金・絹・白布などが準備された。

なお賭弓が終わった後近衛の大将が射手たちを饗応する催しが持たれた。これを「還饗（かえりあるじ）」という。

③射場始（いばはじめ）

弓場始（ゆばはじめ）ともいう。毎年十月五日天皇弓場殿出御のもと、公卿以下殿上人が賭射をする儀式で、勝者には賭物が与えられた。射場始の意義についてははっきりしないが、一般には『礼記（らいき）』の「天子乃命二将帥一、講レ武習二射御角力一」とある故事によるものとされている。

またわが国の射場始の嚆矢としては『日本紀略』（一　醍醐）の「昌泰元（八九八）年閏十月十日弓場始」があげられ、その後四〇〇年間にわたり実施された。しかし元亨四（一三二四）年頃にはすっかり衰退してしまったらしいことが、貞和五（一三四九）年の撰となる『年中行事歌合』に「二十九番　左勝射場始十月十日二位中将○四辻善成　名のみ聞けけふのまとゐの射席も　今はむかしとしき忍ぶ哉」とあることからうかがうことが出来る。

なお射場始の式を執行するにあたり、内裏に間口一間、側面二間の弓場屋（射場）を設置し、三六歩（約二七メートル―日本人の平均歩幅＝約〇・七五メートル）離れた安福殿に垜を築き、三重の円規を描いた径二尺五寸（三尺）の的を設けた。射る方角は、故実に「天子北辰に坐し南面す」ることから「北矢落ちを忌む」ため、東より西に向かって射るように設定された。

射場と的場（垜）の位置関係は、射手の快適な行射環境を整えるために射場を北に置くとともに、直射日光から垜の乾燥を防ぎ的場を適度な暗さに保ち、的を鮮明に見せるために的場を南に置くことが理想である。このことは今日道場を建設する場合にも考慮すべき条件であろう。因みに京都の旧武徳殿弓道場もこれにしたがっている。

④殿上の賭弓

通常の賭弓とは別に、臨時に内裏弓場で天皇出御のもと、王卿・公卿など殿上の侍臣により行われる賭弓をいう。

二　騎射の儀礼式

1　人類と馬の歴史

氷河期が終わると紀元前八〇〇〇年頃チグリス・ユーフラテス川流域で農耕が始まるとともに、紀元前六〇〇〇年頃から羊や牛などの家畜化が行われるようになるが、馬はそれより遅れ、紀元前四〇〇〇年頃～三〇〇〇年家畜化が行われるようになったとされている。

馬は輸送や伝達手段として、さらには農業の発達などに大きな役割を果たしてきたことはいうまでもないが、その他にも忘れてならないのが軍事上の意義である。人が馬に乗るようになったのは紀元前三五〇〇年～二〇〇〇年頃中央アジア地方の遊牧民族であったスキタイ（ウクライナ地方で活動したイラン系遊牧騎馬民族）が最初であったとされ、それ以降騎行が盛んになったとされている。

このスキタイが乗馬文化を獲得することにより、周辺の農耕民族との間に収穫物を相互に提供し合うことで共存するようになるが、天候の異変や伝染病などにより家畜が減少することから騎馬軍化するようになった。

特にスキタイの騎馬民族は、当時としてはもっとも有効な武器であった弓矢の矢先を石鏃から銅鏃に、また二立羽の矢を三立羽として矢に貫徹力と直進性を加え、これを騎上から縦横に駆使することにより戦闘力を飛躍的に増大させ、周辺の国々を席巻するようになった。なお図111は紀元前六四五年頃、アッシリアの王アッシュバニパルの騎馬狩猟の図である。

この騎射文化はその後モンゴル高原で活動した中央ユーラシアの遊牧騎馬民族であった匈奴に伝わり、漢民族に脅威を与えるようになる。そして一三世紀チンギス・ハンの統率のもと、弓矢にすぐれ機動力のある騎馬軍団を擁したモンゴル帝国は、ユーラシア大陸の広大な地域を領土とし、一三世紀後期に至り五代目フビライ・ハンはわが国へ侵攻を企てるのである。

図111　紀元前645年頃のアッシリア人の狩猟図

2　わが国の馬の文化と騎射術の歴史

さてわが国の馬について目を転じると、考古学的な考察はさておき、今日私たちが日本在来の馬と呼んでいる馬は、すでに大陸の民族が古くから生活の一部として家畜化し、農耕や牧畜・交通・輸送、さらには軍事的目的のために定着していた馬が古墳時代になって伝えられたものであるとされている。

『魏志倭人伝』の中の「……牛・馬・虎・豹・羊・鵲なし。……」という記述は、当時わが国には人々の暮らしに関わる存在として馬はいなかったことを物語っているものといえよう。

図112　古墳時代の馬の埴輪
（群馬県伊勢崎市雷電神社跡古墳出土）

なおかつては縄文・弥生時代の遺跡から発掘された馬骨を例にあげ、原始時代にわが国にもすでに馬が生息していたという説があったが、今日ではこの馬骨は後になって埋められたとの見方が一般的となっている。

乗馬文化がわが国に定着し始めたのは五世紀になってからであり、馬が時の権力を招致し、さらには神が恵みをもたらすために下された生き物であるとみなされていたことは、後期古墳群からの発掘品にみられるさまざまな馬具からもうかがうことが出来る。その一例として、前方後円墳と推定される雷電神社跡古墳（群馬県）から最近出土した弓を持ち、胡籐を腰につけている騎馬埴輪をあげることが出来る（図112）。

わが国の馬に関する文献としては、「……市辺押磐皇子（いちのへのおしはのみこ）乃ち随って馳猟す。是に於いて大泊瀬（おおはつせ）天皇《雄略》弓彎き馬を驟せて陽り呼んで猪有りと曰ひ、即ち市辺押磐皇子を射殺す。……」（『日本書紀』十四　雄略天皇）、「……《百済使》等に射猟を観せしむ」（『同』二十四　皇極天皇）、「……朝嬬（あさづま）に幸したまひ大山位以下の右馬を長柄の杜に於て看し、乃ち馬的射せしめたまふ。」（『同』二十九　天武天皇）などがもっとも古い。

さらに『続日本紀』（九　聖武天皇）には「神亀元（七二四）年四月癸卯《十四日》坂東九国の軍三万人をして騎射を教習せしむ。……中略……五月癸亥天皇重閣中門に御して猟騎を観たまふ」とある。

その他にも当時の騎射に関して次のような記事がみられる。

・……山背国賀茂祭の日、衆に命し、騎射せしむるを禁ず（『続日本紀』一　文武天皇）
・……賀茂神を祭るの日、徒衆会集して杖を執り騎射することを禁ず（同）
・……神亀五年四月辛卯、勅して曰く、聞くが如くんば諸国郡司等は部下の、騎射・相撲および膂力ある者は輙ち王公卿相の宅に給し、詔ありて捜し索むるも進むべき人なし。（『同』十　聖武天皇）

以上の文献からして、雄略天皇在位の頃（五世紀後半）から騎射が行われており、その目的としては騎射による狩猟・戦闘から騎射儀礼式へと展開していくのである。

3　さまざまな騎射の様態

伊勢貞丈は『貞丈雑記』（巻十二　武芸之部）の中で「騎射と云は歩射に対して云也。すべて馬上にて射る流鏑馬・笠懸・犬追物などの惣名也。何にても馬上にて射るを云也」といっている。つまり「騎射」は「歩射」の対語であるとしているのである。しかし厳密にいえば騎射も停止した状態の馬上から行う騎射と、馬を走らせながら射る馳射の場合の二様が考えられ、古くは「於无毛乃以流」、すなわち獣を馬上から追いかけて矢を射る技術を意味していた。

このように通常騎射は多くの場合馳射を意味するが、有名な壇ノ浦の戦いで扇の的を射落としたエピソードからわかるように、停止した馬上から射る場合もあり、平安時代中期の『新猿楽記』（藤原明衡著）や、源順の著した漢和辞書『和名類聚抄』などによれば、「騎射」と「馳射」を区別して使っている場合もみられる。

さて九世紀中期の『令義解』（五　軍防）に「……弓馬に便なる者《謂ふこころは弓は歩射なり馬は騎射なり》は騎兵隊と為し、余は歩兵隊となす」とあるように、奈良時代になると馬は馬上からの射、すなわち騎射として軍事的に盛んに用いられるようになる。そして平安時代中期から後期になり各地に武士団が形成をみる中で、ますます重要視されるようになっていくのである。

特に東北・関東地方には騎射術に堪能な戦闘集団が現れるようになり、武器や武具、さらにわが国独自の戦いの思想が形成されていく中で、大鎧着用を前提とした乗馬術と射術とを併せた騎射術の発達をみるようになり、鎌倉に武家政権が成立するに至り、騎射術はさらに盛行するようになっていくのである。

4　わが国の馬格について

ここで古代末期から中世初頭頃の馬格がどのようであったかについてみてみよう。当時のものと考えられる骨や関連文献・絵画などから総合的にみると、今日私たちが目にする御崎馬（みさきうま）（宮崎県都井岬に生息する在来馬の一種）や北海道和種（松前藩が江戸時代中期に北海道に移る時に連れていった南部馬）・木曽馬（紀元二～三世紀頃モンゴルより朝鮮半島を経て渡来した馬）などに近い馬格であると考えられ、その馬格は現代の競争馬とは格段の相違がある。

すなわち鎌倉市由比ヶ浜で発掘された一四世紀頃のものと考えられる馬の体高（き甲の一番高いところから垂線を下ろした長さ）は一三八センチあったと報告されているが、当時立派な馬体を指す時に使う「八寸計（やきばかり）なる馬に……」（『平治物語』）という表現にみられるように、四尺八寸（一四五センチ）もある馬高は大きい方であり、当時の一般的な体高は平均一三〇センチ位（一一〇～一四〇センチ位）であったと考えられる。

『平家物語』や『源平盛衰記』に出典する著名な武将が乗った馬高について調べた河合康の著『源平合戦の虚像を剝ぐ』によると、一三九（四尺六寸）～一四五（四尺七寸五分）センチの「太く逞しき」馬であったらしい。しかし今日のサラブレッドの体高一六〇～一六五センチに比べると、その馬格に格段の違いがあることが理解出来る。また当時の弓矢の合戦に対応するために開発された大鎧はその総重量が二五～三〇キログラムもあるため、刀槍の戦いや地上での軽快な動きには不向きに出来ていた。そこで当時の文献に「差つめ引つめ、散々に射る」とか「矢継早（やつぎばや）の精兵」などの表現がみられるように、武者は馬上から腰に帯びた箙から盛った矢を素早く刈り、矢番えして発射する技術が有効であったと考えられるのである。

そのため奈良・平安時代すでに定着していたわが国の長弓は、馬上での操作を少しでも容易にするため若干短くして使っていたことが「勇士之赴二戦場一、以二兵具一為レ先甲冑者軽薄、弓箭者短小也。……」（『吾妻鏡』建仁三年十月二十六日）、「勇士之可二用意一者武具也、就レ中、可二縮用一者弓箭寸尺也」（『同』建久二年八月一日）などの文献からうかがい知ることが出来る。

5　古代の騎射

一〇世紀中期以降になると中央政治の乱れが地方にも及び、各地に定住していた武士たちが中央から来た貴族の子孫たちを押し立て武装集団化し、その力が中央にも認められるようになる。こうして大規模な戦いが繰り返されるようになる中で、その戦闘の様態が騎射戦を中心としたものであったことが、さまざまな絵巻物からうかがえる。

彼らは軍事訓練として盛んに武技を練ったが、中でも騎射術にすぐれた力を発揮するようになる。とりわけ関東地方や東北地方で起こった戦乱を通して武士集団の力は中央政治にも影響を及ぼすようになり、ついに一二世紀末には武家政権の樹立を迎えるのである。

この武家政権樹立の背景としては馬の産地として盛んであった関東・東北地方の武士たちが騎射術に堪能であったことがあげられ、実戦の洗礼を受ける中で確立された騎射術は、鎌倉時代に入りその式法が整備されていくのである。

三　古代における騎射戦の様相

先に述べたように、わが国に馬と馬具が大陸からもたらされたのは四世紀末で、実用に供されるようになったのは五世紀末である。さらに戦いの場で馬上から弓を射るようになったのは六世紀になってからであり、大陸の諸国に比べるとはるかに遅いといえよう。

さて文献上わが国における馬上からの射、すなわち騎射についての初見をみると次のようである。

・将に郊野に逍遥(あそ)びて聊(いささか)に情(こころ)を娯(たのし)びしめて騁せ射む（『日本書紀』十四　雄略天皇）
・馳せ猟(かり)す（同右）
・弓を彎(ひきまかな)ひ馬を驟せ（同右）
・與(とも)に遊田(かり)を盤(たのし)びて、一(ひとつ)の鹿(しし)を駈遂(お)ひて、箭発(はな)つことを相辞(こもごもゆづ)りて、轡を並べて馳（同右）
・乃ち馬的射させたまふ（『同』二十九　天武天皇）

これらの騎射は狩りや騎上からの的射の記述であるが、騎射戦の訓練としては騎射による狩猟が最適であることから、当然ながら実戦を想定した騎射が狩猟の場で行われたことは想像に難くない。

このように古代においては弓射が重視され、武官の手にする武器としては大刀に加え、弓矢或いは槍を帯するものとされた。槍は長柄と刀剣の一種で、穂袋式の「ほこ」から発展した刺突武器であるが、当初の槍は木棒の先を鋭く尖らせたものであり、集団戦においては効果的な武器であったと考えられる。いずれにしても当時は有事・平時ともに歩・騎射、中でも騎射は武官の嗜むべき武の象徴として重要視されたのである。

さて一〇世紀頃以降になると、中央と地方の力関係が崩れるようになる。すなわち地方の有力農民や豪族が開墾した土地を荘園として寺社や貴族に寄進し、その管理者（荘官）となって勢力を拡大する一方、中央より国司として地方に下った中央の貴族や貴族たちの子孫はその土地の豪族らと結びつき、弓や馬を巧みに操る武装集団を形成した。

そしてそれに従事する者を武士と呼び、統括能力にすぐれた人物を棟梁に迎え主従関係を結び、強力な組織を結成し、都においては朝廷や貴族たちの警備の任や地方の治安維持にあたった。中でも強力な勢力を持つようになった家柄としては源氏と平氏があげられるが、特に源氏は土地を媒介とした御恩と奉公という強い関係の下に日夜弓馬の術を中心とする武力養成に励み、やがては天下に号令するようになるのである。

1　騎射戦の実際

ここで参考のため当時の騎射戦の様子について記した文献をあげておこう。この文献は平安時代末期頃の騎射対騎射の戦いにおける心得について述べたもので、当時の戦法の一端を知る上で興味深いものがある。

軍ニ相事十九度、誠ニ軍ノ先達真光ニ有ベシトテ軍ニアフハ、敵モ弓手我モ弓手逢ムトスルナリ。打解弓ヲ引クベカラズ。アキマ（空き間）ヲ心ニカケテ、振合々々シテ内甲ヲヲシミ、アタヤ（徒矢）ヲ射シト矢ヲハケ（矧）ナガラ、矢ヲタハイ（惜い）給ヘシ。矢一放テハ、次矢ヲイソキ（忽）打クハセテ、敵ノ内甲ヲ御意ニカケ（懸け）給へ。昔様ニハ馬ヲ射事ハセサリケレトモ、中比ヨリハ先シャ馬ノ太腹ヲ射ツレハ、ハネ（跳ね）オトサレテカチ（徒歩）立ニナリ候。近代ハヤウモナク押並テ中ニオチ（落ち）ヌレハ、太刀腰刀ニテ勝負ハ候ナリトソ申ケリ。（『延慶本平家物語』）

これを整理すると次のようになろう。

①常に敵を自分の左方側（弓手側）に置くように心懸けることが大切である。
②弦の緩んだ弓を使ってはならないこと。
③鎧の札と札の間隔を敵に狙われないように、鎧を何回も振り合わせて隙間を作らないようにすること。
④兜の内側を射られないよう、敵の兜の内側を射るように心懸けよ。
⑤箙に盛った矢は数に限りがある（通常二十四筋位）ので、無駄な矢を射てはならない。
⑥矢継ぎ早に射ることが出来るよう心懸けよ。
⑦昔は馬を射るようなことはしなかったが、近頃は馬の腹を射、落馬させるようになった。

⑧落馬した敵を組み敷き腰刀で止めを刺すという戦法が行われた。

素手による格闘技は古代より盛んであったが、特に平安時代後半において敵を落馬させ、下馬して敵を組み敷き、止めを刺すという戦法を採るためには、「組討ちの技」は「弓馬の芸」とともに武士必須の技であったのである。

2　騎射戦と短弓

『吾妻鏡』（建久二年八月一日）に、宿老であった大庭景能という武士は保元の乱を振り返って、騎射戦における心得について次のように述べている。

勇士の用意すべきは武具也。就中に縮め用うべきは弓箭の寸尺なり。鎮西八郎（ちんぜいはちろう）は吾が朝無双の弓矢の達者なり。然れども弓箭の寸法を案ずるに、その涯分（身の程）に過ぎるか。その故は大炊御門（おおいのみかど）の河原におゐて景能八男が弓手に逢ふ。八男弓を引かんと欲す。景能ひそかにおもへらく、貴客（為朝（ためとも））は鎮西より出でたまふの間、騎馬の時いささか心に任せざるか。景能は東国におゐてよく馬に馴る丶なりてへれば、すなはち八男が妻手に馳せ廻るの時、縡（こと）相違ひ弓の下を越ゆるに及びて、身に中るべき矢の膝に中りをはんぬ。この故実を存んぜずばたちまち命を失ふべきか。勇士はたゞ騎馬に達すべき事なり。

すなわち戦いに臨む者の心得として大切なのは、武具や武器の選び方であり、とりわけ騎射に用いる弓は短か目のものを使うべきである。その理由として景能は保元の乱において、かの有名な鎮西八郎為朝と対峙した時の様子について「為朝はわが国で隠れもなき弓の名人であるが、彼の弓は長過ぎたのではなかろうか。その理由として、保元の乱の折奮戦していた彼と遭遇したが、その時私は彼の弓手側に位置していた。これではかなわないと思い、直ぐに馬手側に移動したので、幸いにも彼の射た矢は私の膝に中り命拾いをした。考えるに、すぐれた武士の条件としては騎射に堪能であるべきである。そして騎射戦では敵を弓手に置くことが重要であり、また弓が長過ぎると馬上での操作が困難である。したがって騎射では特に弓を短か目にすることが肝要であろう」といったという。

第三章　中世

日本史の時代区分としては、封建時代を前期と後期に分け、前期に相当する鎌倉時代及び室町時代を中世とするのが一般的である。具体的には一二世紀末の鎌倉時代成立から室町幕府滅亡（天正元〈一五七三〉年）までの約四百年間を指し、それ以降から大政奉還までの時代を後期とし、これを近世と呼ぶ場合が多い。

さてわが国の封建制度は、土地を媒介として結ばれた主従の「御恩と奉公」という双務的関係にある。すなわち当初は主君が家臣の所有している本領の安堵を保証し、これに対し家臣は戦時には従軍、平時には警護の役にあたるなどの主従関係を結んだ社会であったが、江戸時代に入ると、次第にその関係が薄れ、主君からの一方的な片務的関係となっていった。

中世封建時代は幕府と朝廷の間で勃発した承久の乱、二度にわたる元寇（モンゴルの来襲）、さらには南朝と北朝に分かれ武士団を巻き込んだ南北朝の内乱、そして応仁の乱を契機として約一世紀の間全国的に下剋上の様相を呈する戦国動乱の時代が続く。

これにようやく終止符を打ったのが、織田・豊臣政権であり、その後さらに徳川幕府へと展開していくのである。このように当時代は絶え間ない動乱の時代であったといえよう。

第一節　武器と武具

一　武器

「必要（戦争）は発明の母」というが、戦いに勝利するための工夫として、戦闘集団の運用の仕方は勿論のこと、個人の戦い方、いわゆる武術とそれに伴う武器・武具にもさまざまな工夫が凝らされた。

中世における戦闘の基本は歩兵戦と騎兵戦に大別することが出来、また使用する武器も弓や鉄砲などの射撃具と刀や鑓などの刺突・斬撃具などに大別出来る。そして実際の戦闘の場ではこの四通りのパターンをどのように組み合せ運用するかが勝利するための重要な鍵となる。

わが国に馬が輸入されたのは四世紀末頃であるとされるが、それが軍用に供されるようになるのは、五世紀末から六世紀初頭以降である。それまでは当然ながら戦闘は歩兵によるものであり、兵仗（ひょうじょう）としては弓や鑓が重んじられ、中でも弓矢は古代においては文官や武官の象徴とされた。騎馬による弓射、いわゆる「騎射」の初見は『日本書紀』にみられるが、時代が下がるにしたがい次第に戦闘の場で重要視されるようになっていく。

ところで古代末期から中世初頭にかけての騎馬による戦闘法をみると、太刀などの打物や弓が用いられた。中でも騎射戦がその中心であり、落馬した場合は組み討ち戦となる一方、歩兵戦では長刀や大太刀が使用された。

当時の弓についてみると、平安時代中期頃よりそれまでの削り丸木弓の外側（弓背）に竹片を貼り付ける「伏竹弓」が工夫されるようになり、さらには当時代末期から鎌倉時代初頭にかけて弓の内側（弓腹）にも同じように竹片を貼り付けた「三枚打弓」が作られるようになる。

木弓の内側と外側に竹片を貼り付けた三枚打弓は、柔軟性があり、引き易く、的中率にもすぐれていたとされるが、何分にも貼りあわせた竹片と木の部分が雨露に遭うと剝がれ易い欠点があったため、実戦では依然として従来の削り丸木弓が使用されていた。

しかし室町時代になると、芯を木とし内・外・側面に竹片を付けた「四方竹弓（しほうたけゆみ）」、さらには何枚かの竹籤を弓芯とし、内外に竹片、側面に木（側木）を貼り付けた「弓胎入り弓（ひご）」へと工夫が加えられ、改良されていった（第二章　図36）。

また刀剣の分野で特筆すべきは、平安時代中頃になり、それまで片刃の直刀に反りと鎬（しのぎ）を持たせ、機能性にすぐれたいわゆる日本刀（中世においては太刀）が開発され、このことにより特に馬上からの斬撃に有効な打物（うちもの）として用いられるようになったことである。

そして中世後期頃の打物の特徴として長大化した太刀・鑓がみられるようになり、戦い方としては騎射戦が衰退傾向をみせる一方、打物を中心武器とする歩兵戦から騎上から打物を操る一騎打ち・下馬射・下馬打物・下馬組み討ちが行われるようになる。さらには弓を武器とする歩兵集団が現れるようになる。

以上のようなことから中世における弓射は、当初は騎兵による弓射戦と歩兵打物戦であったものが、時代が下がるにしたがい騎兵打物戦へと変化していくのである。

二　武具（防禦具）

甲（よろい）は胴体部分に着用する防禦具で、冑（かぶと）は頭部を保護する防禦具である。因みに甲を〝かぶと〟、冑を〝よろい〟と称するようになったのは中世以降のことであるという。また防禦具一式をいう場合は甲冑というのが一般的であり、胴体部分を保護する具に該当する漢字として〝鎧〟、頭部の保護具として〝兜〟の字を使うこともある。

1　大鎧

さてわが国の甲冑の歴史をみると、古くは鉄板を鋲で留めたり、革板を革紐で綴じただけの短い筒状の短甲（たんこう）（主として四～六世紀の古墳から出土）や、鉄や革製の小札を縦横に綴じ合わせ伸縮性に富んだ甲で、大陸の騎馬民族の影響を受け、五世紀頃わが国に伝わったとされる挂甲（かけよろい）がみられる。

この挂甲をもとに平安時代中頃になって、主に上級武士の騎射戦に適した甲冑として、わが国独特の形式を持った大鎧が作られるようになる。この〝式正の鎧〟と称される大鎧は、鎌倉～室町時代前期に用いられたわが国を代表する様式として高く評価されている。

この大鎧の胴部は、左側と前後を一連とした衡胴・前後の立挙・右の脇楯・射向の袖・馬手の袖・鳩尾板・栴檀板などから構成されている。また兜は鉢・錣・吹返・立物・眉庇などから成る。

この大鎧は一一世紀頃に完成したとされ、その特徴は敵の矢を防ぐことを主眼とした騎射戦向きの防禦具で、中には重さ四〇キログラムもあるため、徒歩戦には不向きである。

2　腹巻・胴丸・腹当

腹巻は鎌倉時代後期頃作られるようになった防御具である。格式ある武将が騎馬の際に着用する大鎧に対し、腹巻は八間の草摺を持ち、軽快な働きが出来る右合わせの甲で、徒歩の武士がこれを用いた。そして室町時代後期になると騎兵もこれを着用するようになっていった。また背中の中央で引き合わせ、七間の草摺を持つ胴丸という甲もあった。この胴丸は鎌倉時代末期に現れるようになったとされる。

なおこの腹巻と胴丸に関する研究によると、戦国時代以降この腹巻と胴丸との名称や構造が入れ替わって理解されるようになり、今日に至っているという。また胴丸よりも軽便で、胸部と腹部を覆い、小型の草摺三間を持った今日の剣道具の胴に似た形をした腹当という甲が作られた。この腹当は鎌倉時代に始まり室町時代に広く下級武士に普及した甲であるとされている。

3　当世具足（とうせいぐそく）

さらに室町時代後期から安土桃山時代にかけて武器の進歩や戦術の変化・ヨーロッパの甲冑からの影響を受け、胴丸の形を踏襲しながらも、胴を二枚～六枚の鉄板で構成し、さらに上帯を締めやすくするために揺ぎの糸を長くし、さらに草摺は五間～七間とし、さまざまな形の兜や頬当（ほおあて）・臑当（すねあて）などを備えた当世具足と称する甲冑が考案されるようになる。

三　中世の武術界―流派の誕生―

鎌倉の地に誕生した武家政権は、日常弓馬の技や組討ちなど戦時活動の基礎訓練としてさまざまな武的行事を催し、盛んに武術を奨励した。中でも鎌倉時代の戦い方は騎射・個人戦が中心であったため、弓射の訓練が重要視された（図113）。

図113　騎射の訓練に向かう鎌倉武士
（13世紀頃）

室町時代になると騎射による個人戦から次第に歩兵・集団戦へと戦い方が変わり、これを受けて武器も薙刀や鑓・太刀が主役となり、重量のある長大なものを先天的な膂力に任せて操作するという在り方になったと考えられる。そして一五世紀中期～一六世紀中期にかけての絶え間ない戦乱の中から、すぐれた武術の名人達人が多数輩出するようになる。

また一六世紀中期にポルトガルから鉄砲が伝えられ、それが急速に普及することにより、それまでの弓矢や打物に対する重装備の防御具から、軽快に行動することの出来る軽量で体にフイットにするような甲冑が作られるようになった。このことは取りも直さず身体操作の可動範囲を広げ、技の多様化・高度化・深化へと発展するのである。

すなわち古くは一四世紀後期から一五世紀初頭に現われた大坪流馬術の大坪慶秀、剣術では一五世紀中〜後期に鹿嶋香取の地に刀法を中心として鑓・薙刀などの総合武術として飯篠長威斎の天真正伝香取神道流が誕生し、これが後に卜伝流や示現流・心形刀流へと展開するのである。

また一六世紀初頭に愛洲移香斎が創始した陰流は、上泉信綱の新陰流やタイ捨流・宝蔵院流槍術へと継承され、僧慈音の創案した念流からは中条流・一刀流へと広がっていく。

さらに柔術では一六世紀中頃の竹内流の竹内中務大輔源久盛、砲術では津田流の津田監物、田布施流の田布施忠宗などを挙げることが出来、弓術では一五世紀末〜一六世紀初頭に出たわが国弓術中興の祖とされる日置流の日置弾正正次や、この流れを継承発展させた吉田重賢・重政父子もこの時代の人である。

武術のもっとも素朴な目的は、敵を制圧し自分の意のもとに置くという実利性にあるが、この時代になると単にそれだけに止まらず、武術の技の訓練の中に文化的な意義、すなわち日常の厳しい訓練を通して生死を明らめ、人間としてよりよく生きていく上において意味ある行為であるとする価値意識が芽生えるようになっていった。

このような価値意識がなぜこの時代に誕生したのかについては、さまざまな要因が考えられるが、長い間続く戦国動乱の社会への嫌悪や無常観、あるいは当時の宗教や芸道思想の流れなど、他文化領域の動向からの影響が考えられよう。

第二節　弓具

一　弓―構造の発達―

1　三枚打弓から四方竹弓へ

原始時代以来の丸木弓は一〇世紀初頭～一二世紀初頭頃になって伏竹弓が考案され、一二世紀末期～一三世紀初頭頃には三枚打弓へと発展し、さらに四方竹弓が発明されるようになる。この四方竹弓の構造は図36のように、三枚打弓の側面に竹を貼り付けたものであるが、これがいつ頃開発されたかについては定かでない。ただ文献上四方竹弓の名の初見としては室町時代後期に活躍した博学者一条兼良（一四〇二～八一）が著したと伝えられる『尺素往来（せきそおうらい）』の中に次のような記述がある。

豊前弓者屋形住人所作、自鎮西到来候了、梓弓、檀弓、槻弓以下、四方竹之大弓三人張之頸弓、皆悉荒木候之間刪研調之。（豊前の弓は屋形の住人のつくる所、鎮西より到来候らひ了んぬ。梓弓、檀弓、槻弓以下、四方竹の大弓、三人張の頸弓、皆悉く荒木に候の間、之を削り研調す。）

この『尺素往来』の成立時期については不明であるが、一条兼良が出た室町時代後期は各地で勃発する土一揆や諸豪族間で繰り広げられる戦いが絶えない、まさに動乱の時代であった。したがって武士たちが戦いに臨むにあたり、機能的に優れた弓を求めるのは当然のことである。一条兼良が京都を中心として天下を二分するような応仁の乱（応仁元〈一四六七〉年）頃に生きた人物であることからして、この四方竹弓は少なくとも一五世紀中期頃には存在していたものと推定できる。

2　四方竹弓から弓胎入り弓へ

四方竹弓の次に開発されたのが弓胎（ひご）入り弓である。この弓胎入り弓の断面図は図36のように、弓の芯として何枚かの弓胎を用い、弓の両側面に木（側木（そばき））、弓背・弓腹に外竹（とだけ）・内竹（うちだけ）を配置した構造となっている。現在のところいつ頃弓胎入り弓が考案されたかについては不明であるが、これについて天和～貞享年間に著された山城国の地誌『雍州（ようしゅう）府志（ふし）』に次のような記事がみえる。

> 弓矢、造弓法、苦竹聖実者、破之為二片、削裏面、又波是樹削之、与竹斉長短、以牛膠挟両竹之間為心、揉之作弓（弓矢　弓を造る法、苦竹〈マダケの別名〉聖実の者、之を破りて二片と為し、其の皮を存し、裏面を削り、また波是樹〈櫨の木〉を削り、竹と長短を斉しくし、牛膠を以て両竹片を挟み之の間を芯とし、之を揉みて弓を作る。）

一般的にはこの弓胎入り弓の考案は江戸時代初頭とする説が有力であった。しかし斎藤直芳氏は弓村（ゆみむら）（弓を削って勢を調整すること）の名人としても有名であった吉田雪荷が弘治元（一五五五）年間頃に弓胎入り弓を打ったという文献があることをあげこれを否定している。ただどのような文献を拠り所としたかについては不明である。

なお最近になって小田原城跡の発掘調査で、次のような弓が発掘されたという興味深い報告がある。その報告によると、発掘された弓は長さ一メートル位のもので、上下が破損しているので、全長は不明であるが、焼いた三本の木片を芯とし、四方を竹とした重籐弓で、発掘場所は一六世紀中頃、上杉と武田勢の戦いがあったところであったとしている。これからすると、すでにこの頃には弓胎入り弓の原型があったことになる。

そしてこの構造をもとに木の替わりに竹片を入れ、側木に木を使った弓胎入り弓へと発展するようになったと考えられる。ただ芯として木片から竹片になった時期についての確たる文献的裏付けはないというのが現状である。

二　弓胎入り弓の製作工程

ここで今日使用されている弓胎入り弓の製作工程や構造について簡単に述べておこう。

図114　弓材としての竹の伐採作業

図115　弓製作の一工程である「楔打ち」の作業

まず太さ六寸（一八センチ）〜八寸（二四センチ）位の真竹を撰び、八尺（約二四〇センチ）位の長さに切って（図114）これを四つ割にし、芽通り（表竹—枝の出る両側）の竹を外竹七節、内竹六節として使用する。そしてこの竹を皮の青味がなくなるまでおよそ三年以上の日数をかけて乾燥させ、さらに火に焙って水分を抜く。一方側木の材として櫨の木を選び、これを八尺位の長さに挽き割りし、乾燥させておく。

次に弓の強度を増すために適度に火で焦がした弓芯となる弓胎を作る。弓胎の本数については三本、四本、五本と決まりはないが、三本、五本の場合は中心部を木とする場合が多い。そして所定の本数の弓胎とその両側の側木に鰾（にべ）を塗り合わせて接着し、籐蔓でしっかりと巻き、水を打ち、さらに火で暖めて鰾を溶かしながら楔を打ち込んでしっかりと各部を接着する。

その後鰾により各部がしっかりと接着したことを見極めてから楔・籐蔓をはずし、所定の弓力を想定した厚さに削る。その厚さは

図 118　弓師とその仕事場　図 117　新弓の張り込み作業　図 116 「台張り」の図

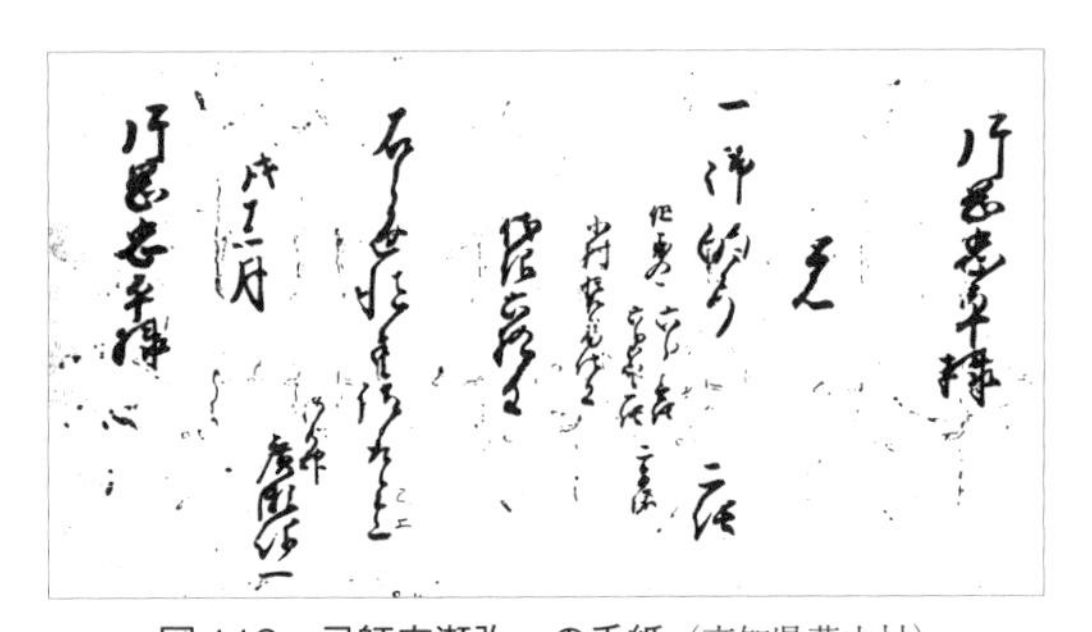

図 119　弓師広瀬弥一の手紙（高知県葉山村）

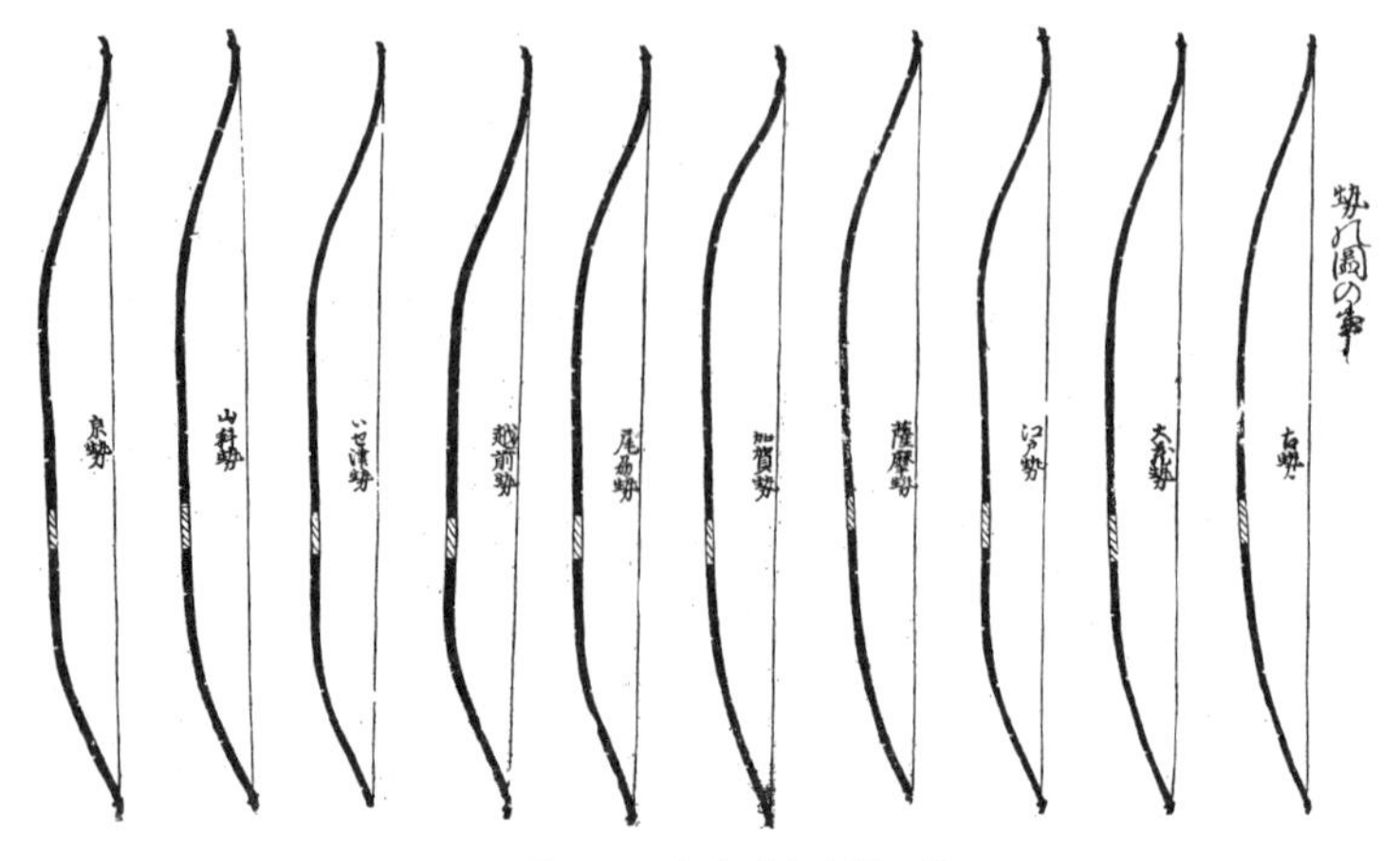

図 120　さまざまな弓の勢

一般的にいって出来上がり六分（弓力およそ二〇キログラム強）の場合、弣部から目付付近までの厚さをそれぞれ弓胎二分二厘、外竹一分八厘、内竹二分の割合とし、上下にいくにしたがって少しずつ削り落とし薄くしていく。これを木置（きおき）という。

次に所定の弓の長さに揃えた弓胎・側木の部分の上下に関板を貼り付け、さらにこれに内竹・外竹をそれぞれ鰾で貼り付け、外竹・内竹に疵がつかないように当て竹をし、これを籐蔓で巻き、鰾を溶かしながら楔を打ち込み、裏反（うらぞ）りをつけながら各接着部をしっかりと締めるのである（図115）。因みに弓を製作することを〝弓を打つ〟というのはこの楔を打つ作業に由来する。

この裏反りというのは弦をはずした際に反対側に反る状態をいうが、その度合いは弓の両弭を平面に置いた時、中央部で一尺七・八寸位あるのがよいとされている。このような状態の弓をしばらく置き、楔をはずして籐蔓を解く。この段階の弓を〝籐放（ふじばなし）〟というが、これを一年以上枯らした後、次の段階である村（むら）（削り）の工程に進むのである。

村には荒村・中村・小村の三段階がある。まず荒村は籐放の弓を張り台（図116）、畳押しなどにより少しずつ弦をかけた状態に馴染ませた後に弦を張り（図117）、その後小刀で内竹の角を削り、弓の出入りを調整し、さらに弦をは

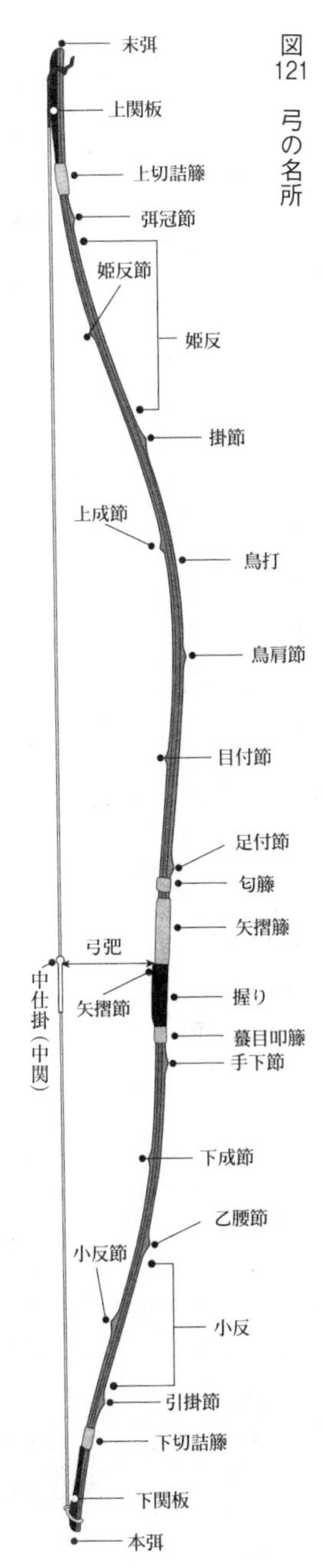

図121　弓の名所

ずし外竹の角を削った後鉋削りで整える。この作業を面取りという。次に本弭・末弭が撥形になるように小刀を入れる。以上が荒村の作業工程である（図118）。

この荒村の弓を二千本～三千本位射込みながら勢の様子を見て、火を入れたり小刀やこそげ（きそげ）で削りを入れる。この段階を中村という。最後にこの弓を一年位丁寧に射込み、狂いの有無をみながら微調整し、鮫皮や木賊で磨きをかけ仕上げる。この段階を小村という。ここに完全に落ち着いた一張の弓が完成するのである。

さらにこの白木の弓はその用途や射手の所望により、漆塗りや籐巻きの弓に仕立てるのである。

なお江戸時代の弓を打つ職人としては『用射録』を著した京都の広瀬弥一（図119）・柴田勘十郎、松浦静山著『甲子夜話』にみえ薩摩藩や徳川幕府の弓師として仕えた紀州の雁金などが知られており、また京都・江戸・尾張・薩摩・加賀など各地域によってそれぞれ独特の勢を持つ弓が打たれるようになる（図120）。なお参考のために弓の名所をあげておこう（図121）。

図122「征矢」一式
鎌倉時代～南北朝時代のものと推定される。

三　矢の製作工程

わが国の箆（矢竹・簳・矢柄・矢幹とも）の材を現存する正倉院御物の矢にみると、約二〇〇矢は葦柄の箆で、その他はすべて篠竹である。そして時代が下がるにつれてそのほとんどは竹箆となり、箆が干割れしないように節部を漆塗りとした〝節影（節陰）〟という箆が作られるようになる。大山祇神社蔵の古箭の中にもこの箆が見られる（図

122）。一方では漆塗りをしない白箆も多く作られた。

さまざまな武家故実が整備されるようになった室町時代は、竹箆もその用途により渋箆（薄く火を入れ、これを土中に漬け置いた後、矯めた箆）や、焦箆（箆の部分を藁火で少し焦がした箆）なども製作され、漆塗りの箆も美的観点からさまざまな色や塗り方の箆が作られるようになる。また箆形（箆の外形）もその目的に応じて一文字の他に、麦粒形や杉形の箆も作られるようになる。

次に矢の長さについてみると、古代の矢はおよそ二尺三寸（六九センチ）〜二尺四寸（七二センチ）位であり、大山祇神社蔵の箆の長さは二尺八寸（八四センチ）〜二尺九寸（八七センチ）である。また軍記物語などによると、筈・鏃を含んだ長さとして十二束（約九六センチ）〜十五束三伏（約一二六センチ）などの長さの矢を使っている描写があるが、実際の矢の長さは通常二尺七寸（八一センチ）〜二尺八寸（八四センチ）から三尺（九〇センチ）位のものではなかったかと考えられる。

図 123　矢細工師

室町時代初頭頃の『今川大草紙』（別名『了俊大草紙』）の中に三尺二寸（九六センチ）、さらには『美人草』（別名『就弓馬儀大概聞書』寛正五〈一四六四〉年）に三尺（九〇センチ）などと記されているように、時代が下がると矢の長さも長尺で定着する傾向になったことが理解できる。

矢の長さが長くなるということは、当然ながら矢尺をとる射法へと変化したことの証しであり、その背景として大きく彎曲させても破損せず、しかも反発力のある構造の弓が開発されたということがあげられる。次に矢の製作工程について簡単に述べておこう。

図124　縄文時代以来今日も使われている矢柄を研磨する石器

1　箆の製作

①箆竹の選定

箆竹は真篠を使用する。採取時期は一〇月下旬から一二月中旬までがもっともよいとされている。箆竹を四尺（約一二〇センチ）位の長さに切り、数ヶ月天日に晒し、十分に乾燥させる。その後太さや竹質・節の位置などから箆として使用出来る竹を選び出す。

②荒矯（あらだめ）

選び出した竹を灰を水で練って作った特殊なトンネル状の窯を通しながら熱し、軟らかくしながら全体をムラなく左右上下矯木（ためぎ）を使って繰り返し繰り返し矯める（図123）。

この作業によりその竹が本来持っている癖を抜いてしまうのである。またこの段階で針金を熱し、根の方二節と筈に近い一節を抜いてしまう。なお四節すべてを抜く場合もある。これを〝吹通し〟という。

③箆竹の組み合わせ

荒矯を終えた竹は節の位置・太さ・重さ・竹質などをみながら四本または六本組に仕分ける。

④小削り

竹は地生の段階では陽向・陽陰により箆張に片寄りがあるので、これを一律にするため小刀で削りを入れる。この作業をするにあたっては、箆の形を根の方を太く筈の方を細くした杉形にするか、中心部を太く根の方と筈の方を細くする麦粒形とするか、はたまた全体を同じ太さの一文字とするかを決定し、それにしたがって削りを入れる。

⑤荒磨き（砂洗い・石洗い）

二枚の平らな石に二本の溝をつけ、これに箆を挟み入れ、細かい砂を付けながら小刀目がなくなるまで磨く（図124）。

⑥火入れ
荒磨きの済んだ篦を窯に通して矯める作業を何回も繰り返し、枇杷火（びわひ）・濃火・薄火など、所定の火色を付け篦の硬度を調整する。
⑦小刀削り
篦の太細の微調整のため小刀を入れる。
⑧竹洗い
荒磨きと同様、二枚の竹に二本の溝を付けこれに篦を挟み、より細かな砂を使って磨く。

図125「矢師」

⑨置矯（おきだめ）
竹洗いの作業を終えた篦をしばらく放置しておき、曲がりの出た篦を炭火に当てながら矯木を使って最後の矯正作業を行う（図125）。
⑩木賊（とくさ）磨き
木賊を使って篦の表面を磨き艶を出す。

2　矧（はぎ）（羽の装着）

矢羽を篦に付けることを矧ぐというが、その様式を大別すると、①篦の一部を割き、そこに一枚のままの羽を挟み込む方法、②羽軸の半分を割き広げ、それを篦に付ける方法、③羽を羽軸から切り離して篦に付ける方法、④羽軸を二つに割き、それぞれ左右別に集め、それらを篦に付ける方法がある。わが国の矧ぎ方は古くは①であったが、時代が下がるにつれて④の方法が行われるようになった。

この④の矧ぎ方の手順を簡単に述べると、まずは羽軸を中心から左右に割き、羽焼き板に挟み焼鏝（やきごて）で軸の断面を平らにする。なお使用する矢羽は羽斑や羽質などにより一手（二筋）の篦に三枚、四ツ矢では六枚を選別して羽長(はたけ)を揃える。

次に筈を入れ、末矧(うらはぎ)といって走羽(はしりば)・弓摺羽(ゆずりば)・外掛羽(とがけば)の順に羽軸の上端を糸や麻で巻く作業を行い、羽軸裏に膠を塗り篦に矢羽を接着する。次いで末矧同様本剝をし、羽山(はやま)の形を切り揃えるのである。

３　根を挿(す)げる

矢の使用目的に適した矢の根（板突(いたつき)・矢後・矢尻・鏃）を挿げる。わが国の篦材は竹篦であったこともあり、金属製の矢の根の形は通常中子(なかご)（茎）を竹篦に差し込む様式であるが、

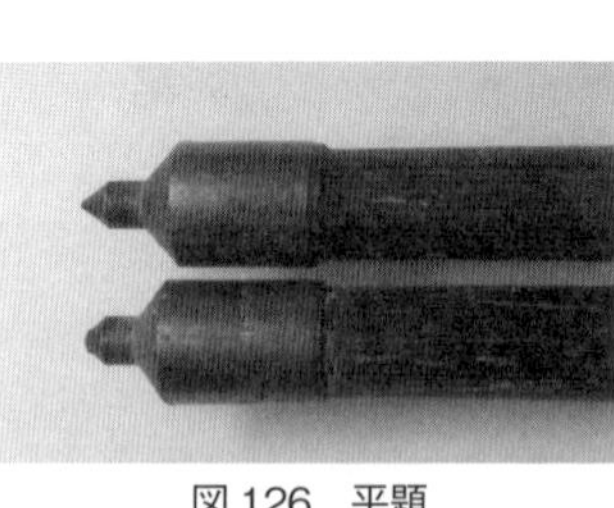

図126　平題

的矢の場合の根を特に平題(いたつき)（板付・衝　図126）型を篦に被せるものが用いられている。因みに現代弓道ではこの平題の他に被せ型の円錐型や椎の実型の根が使われている。

〔矢のバランス〕　的矢の場合、通常一寸本釣合との教えがあるが、遠的の矢、射貫きの矢などその目的や射手の好みなどにより中釣合や若干末釣合(うらづりあい)にする。

〔矢羽と篦の故実〕　室町時代になると故実が整備され、各種儀礼式とそれに伴う服飾から立ち居振舞いなどに一定の決まりや仕方が整うようになり、武器・武具の分野においてもその様式や取り扱い方などに関して詳細な取り決めが作られた。これを矢羽についてみると、忌むべき矢羽として鳶・梟・青鷺・鶏などがあげられ、また大将の持つべき矢は石打(いしうち)（鷲・鷹などの尾羽の両端にある左右の羽）、天子は雉羽、鷹は尖矢(とがりや)・鏑矢(かぶらや)・雁俣(かりまた)、山鳥の尾は四立の小羽(こば)、梟は調伏の矢、的矢は鷹を本儀とする等々の故実が定着した。

また武家故実として整備された室町時代以降の矢については、征矢の場合黒漆塗りの節影、筈は余筈、羽は鷲羽で羽長は四寸～五寸とし、的矢は渋篦、羽は鷹羽とした。

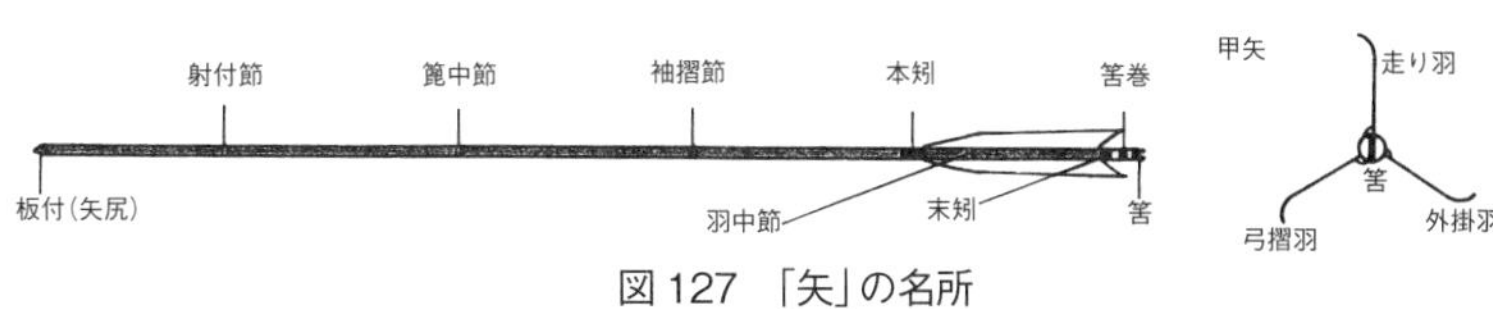

図127　「矢」の名所

〔鏃鍛冶〕　矢の刺突力を高めるために装着する鏃は、原始・古代よりさまざまな材質や形のものが作られた。鏃はその使用目的からして消耗品的性格を持っているが、室町時代末期より刀鍛冶から派生したしかるべき根鍛冶がしっかりと鍛え、銘の入った鏃もみられるようになる。その代表的な根鍛冶をあげると次のようである。

口人（庄内）	有法師（奈良）	家次（越前）	家吉（越前）	兼家（美濃）
兼高（美濃）	兼重（尾張）	兼直（美濃）	キツホウ（備前）	國安（山城）
國益（伊予）	國次（大和）	高來（越前）	貞重（石見）	貞廣（相模）
貞次（播磨）	重次（山城）	重包（播磨）	重利（丹波）	清次郎（丹波）
天狗久吉（伊予）	天狗吉重（山城）	天狗吉忠（讃岐）	天狗吉久（越前）	天狗吉元（山城）

なお参考のため、ここに矢の名所をあげておこう（図127）。

5　その他

通常の矢の他に次のような矢がある。

①手突矢（てつきのや）

敵に投げつけることを目的として作られた矢で、その拵え様は征矢を短く太くした形をした武器である。『太平記武器談』に「右の矢を手に持ちたる侭にして、突くにはあらず、矢を投げて突くなり、手裏剣といふ物は是より出たるものか、此手突の矢は全村（ぜんそん）が能く手練したる成るべし。投突にするゆへ弓をば持ざりしなり。打根といふ物も手突の矢より出たるか、されどもこれは投突せず」とあ

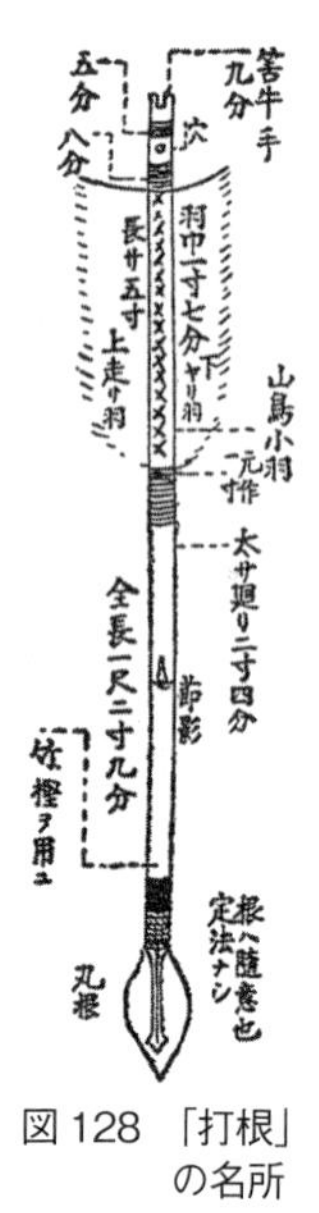

図128　「打根」の名所

ることから、およその形や使用目的を知ることが出来る。しかしこの手突矢が武器として実際に使用されたか否かについては定かではない。なおここにみえる全村とは『太平記』（巻十五　正月二十七日合戦の事）にみえる「越後へ流された妙観院の高因幡全村」とされている。

②打根（うちね）

箙刀（えびらかたな）・冥途黄泉（めいどこうせん）の矢・手矢（てや）などともいう（図128）。道雪派や竹林派伝書などにみえる関連記述を総合すると、その形は長さ九寸～一尺三寸（二七～三九センチ）位の樫・梨・呉竹材の篦に真羽・山鳥の三枚羽を矧ぎつけ、根には三寸～四寸五分位の鑓の穂先や打根を用いる。

また筈は角続筈（つのつぎはず）を入れ、筈頭に孔を開け、これに鵐目（しとどめ）（孔の縁を飾る金具）を入れ、この孔に腕貫きの紐を通し、この紐を手首に巻きつける。このように打根の形は弓射に用いる矢に似ているが、その使い方は矢種尽き接近戦になった時、手首に巻きつけた打根を敵に投げつけるのであるとされている。このことについて本多利實翁は「この打根は昔からあったものでなく、中世好事家が作ったものではないか」といっており、果たして実利性があったかどうか、また矢の種類の一つとしてあげるには甚だ疑問のある武器である。

四　韘（ゆがけ）

わが国の射法は当初ピンチ→ピンチの発展形から親指の根に弦を掛けて引く方法、いわゆるモンゴル式射法を採用してきた関係上（第一章　図32参照）、右手指に装着する革製の手袋様の弓具、すなわち韘が考案され、その形状や構造にさまざまな工夫が凝らされてきた。その種類としては次のようなものがある。

①具足碟—左右とも紐のついた革製の手袋であり、手の内側を抉らないもの。この碟は戦場で弓だけでなく、手綱や刀剣・槍などの武器を操作するにあたり、手指や手掌を保護することを目的としたものである。

②頼朝碟—具足碟とほぼ同様であるが、手掌側を抉り親指には腰革を付け、若干堅くしている。

③騎射碟—基本的には頼朝碟と同じ形状をしており、左右とも紐で手首内側を編んで締めるようになっている（図129）。

④的　碟—碟は本来弦を引く際親指を保護することを目的とするが、実戦においては左右の手指や掌を保護し、弓だけでなく手綱や刀剣・槍などさまざまな武器を扱う必要があるため、必然的に五指全体を覆うような形状のものであった。これが平時の弓術訓練の場でも使用されていたと考えられるが、弓が実利的用途から遠ざかり、

図129　騎射碟

一重堅帽子三ツ碟

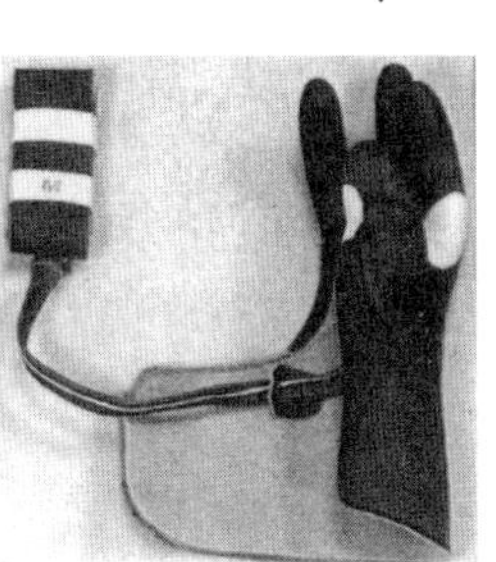

堅帽子四ツ碟

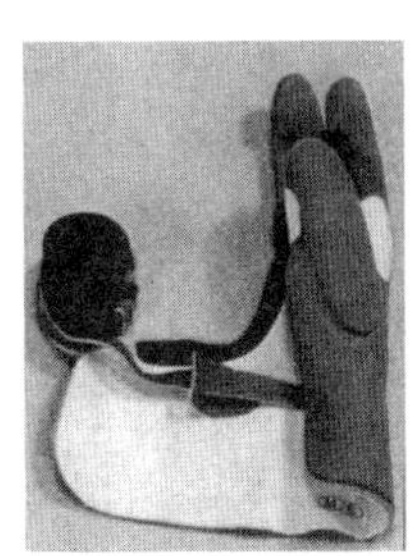

堅帽子三ツ碟

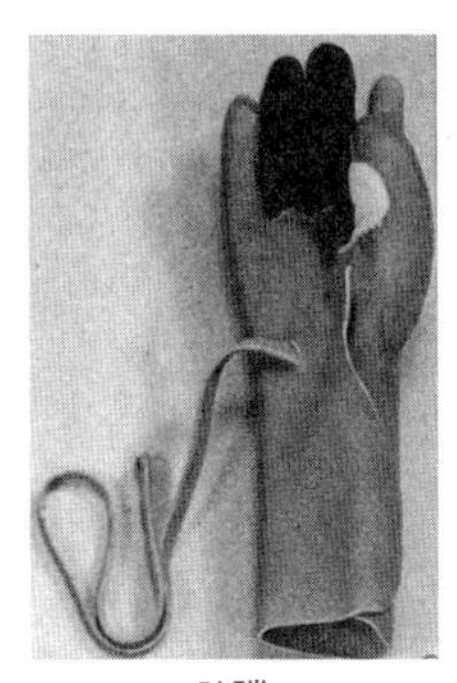

諸碟

図130　「碟」の各種

図131　「碟」の名所

小的前や堂射が流行するようになることにより、前にあげたさまざまな手袋様の諜の形式から、わが国独特の取懸け法に必要な親指・人差し指・中指のみを覆う三ツ諜が考案され、やがて親指の内側を別革で強化したり親指に角や木製の指型を入れた堅帽子諜が考案された。因みにこの堅帽子諜の発明者は吉田大蔵、長屋六左衛門、吉見台右衛門など諸説ある。

⑤堂射用諜―一七世紀初頭より競技化された堂射は、長時間の行射からくる勝手側の手指・腕・肩の疲労防止対策として薬指をも参加させる取懸け法が考案され、これに対応して堅帽子諜の四ツ諜が考え出された。なお関連伝書によると、この堅帽子諜の四ツ諜の発明者は寛永頃に堂射で活躍した印西派の宮﨑伊大夫（猪太夫）であるとしている。

なお参考のため現代一般に使われている堅帽子諜の種類（図130）とその名所（図131）をあげておこう。

第三節　儀礼の射

先に述べたように、室町時代になるとさまざまな故実が整備されるようになる。これを弓射行事にみると、当時代の武家社会では前時代の公家社会の弓射行事を踏襲したり改変しながら、武家行事の一環として武家にふさわしい独自の弓射行事を整備していった。次に当時代に行われていた弓射行事をあげてみよう。

図132　小笠原流「弓場始（射場始）の儀」（於・明治神宮）

一　歩射式

1　弓始

「的始」または「弓場始」ともいい、室町時代には「御所的」ともいった。この「弓始」は鎌倉幕府が尚武の気風を作興するため、朝廷の弓射行事である射礼に倣って行われた弓射行事の一つである。『吾妻鏡』によれば、治承四（一一八〇）年十二月二十日に頼朝が挙行したのを嚆矢として、文治四（一一八八）年元旦、二日にも行われたことが記録されており、以後毎年行われるようになった。

室町時代においてもこれを踏襲し、正月十七日に挙行していたが、戦乱絶えることのない時代にあって、いつの間にか忘れ去られてしまい、江戸時代になって将軍吉宗の時代に再興されたという経緯がある（図132）。

この「的始」の射手は十人五番（四人二番、六人三番、十二人六番の場合もあった）とし、『吾妻鏡』（巻四十一　建長三年正月十日）によると、前々日の八日、由比ヶ浜で十七人の射手が予選を行ったという記録がある。また「弓始」の立順における大前は特に弓太郎と称し、大変権威ある射手がつとめるものとされた。

射場の概略をみると、鎌倉時代頃の射距離は射席より三十三杖（一杖は七尺五寸）にとり、三十二杖のところに表面に上中下の三規（一の黒・二の黒・三の黒）を描いた径五尺二寸の的を設置する。また室町時代になると射距離二十六杖の場合もあったらしい。

当日用いる弓は白木・側白木・村削弓（一尺ばかりずつ五ヶ所を軽く削り落とした弓）とし、弦は白弦を正式とする。また矢についてみると、篦は節影とし、羽は中黒または切符（切斑・切文・切府）をよしとした。

2　草鹿

いつ頃から始まったものか不明であるが、文献上は『吾妻鏡』建久三（一一九二）年八月廿日の條の「廿日庚申、将軍家渡二御産所一、召二父母兼備射手等一有二草鹿勝負一云々」や、『源平盛衰記』（第廿　石橋合戦の條）にみえることから、平安時代末期にはすでに行われていたことが推測される。

この草鹿は鹿狩り、すなわち草の中に隠れている鹿を射るための訓練を目的としたもので、標的を鹿の形に作り、これを神頭（じんどう）で射る遊射の一種である。当初は騎射で行われていたらしいが、後になって歩射で行われるようになった。

鹿の作り様は檜の板で鹿の形を作り（足はつけない）、表には牛革を張り、革と板との間に綿を入れ丸みを持たせるようにする。革は栗色とし、胴の中央には直径四寸（三寸とも）の白色の星（円）を描き、その周辺に大小二十三の白い星を描く。鹿の大きさは一尺八寸、幅八寸、頸の長さ七寸五分、面の長さ三寸五分とし、これを地面に立てた木枠に吊り、四方を紐で結び留める。そしてこれを九杖半～十二杖の射距離から小蟇目（こひきめ）か神頭で射るのである。

草鹿は遊射であることから、その式法は他の弓射行事に比較してそれほど煩雑でないとはいえ、時代が下がるにしたがい詳細な取り決めが作られるようになっていった。

3　丸物（まるもの）（円物）

歩射式の一種で、直径八寸の円形の板に革を張り、その中に綿やハンヤなどを入れて丸みを持たせるようにし、的面に蛇の目を描く。これを草鹿と同じように地上に立てた木枠に吊るし、三方を紐で固定するのである。この丸物は魔縁化生を表したもので、毎年弓場始の後に堪能な射手によって行われた。また古くは新居で初めて弓を射る場合はこの丸物の行事を行ったとされる。

丸物の創始については『丸物草鹿之記』に「正治年中（一一九九～一二〇〇）海野小太郎幸氏工藤小次郎行光等藤澤次郎親綱が家に会合して作り出せり。」とあるくらいで、あまり詳しいことはわからない。江戸の故実家伊勢貞丈著『四季草（しきくさ）』（「夏草」）によると、この丸物について、「丸物の裏板八寸丸くして、白革にて縫ひくゝみて中に毛を入れてふくらかす也。丸き玉二つ割りたるが如し。絵の出し様は外黒く次は白く中黒し。このゑをれんせんといふなり。

裏に革にて乳（ち）三つ付て綱を貫き、大的のごとく三方の皮に結び付く。串は大的の如し。黒く塗るなり。丸物は土より上六寸にかくるなり。垜の遠さ結十一杖に打て十杖に的串を立つるなり。」と記されている。

4　百手（ももて）

この射儀は室町時代に制定された式法で、神前において一人百手（二百射）奉納する射儀をいったが、後になって十人百手（一人十手宛（ずつ））、或いは十三人、十五人、十七人でこれを行う場合もあったらしい。さらに略して百射、または五十射で行う場合もあった。この式法の概略をいうと、まず的は五尺二寸の大的を使用し、射距離は三十三杖（約七五メートル）を正式とする。

5　奉射（ぶしゃ）

室町時代に行われるようになった式法で、神前奉納の射儀である。そのおおよそは大的と同じである。すなわち祈祷の際社頭で神慮を慰めるものである。『貞丈雑記』（巻十二　武芸之部）に「奉射の二字「イタテマツル」とよみて神前にて大的を射て神に手向奉るを云也。此の奉射と云名目は鎌倉将軍の代には無之吾妻鏡にはみへず。室町殿のころの俗語也。神事の的といふべき事本なるべし。」とある。

6　振々（ぶりぶり）（布利布利）

歩射による射儀の一種で、次の二様がある。

①的は丸物の的を小振りにしたもの、すなわち直径三〜四寸位とし、二つの乳を付け、これに一筋の綱を通し地上に立てた木枠に吊り下げる。この的を一定の射距離から射て綱の纏い様によって優劣を争うものである。

『四季草』（「夏草」）によれば「ぶりぶりの的のこしらへやう円物に同じ。大きさは定まりなし。円物より小さくするなり。裏に革の乳を付けて綱を貫て上の横串に両方に結び付けるなり。串も円物の如し。地より上六寸よりも少し高く懸る也。ぶりぶりは上にあかり綱を吊り置く故中れば的はね、又まきもどすなり。そのまきもどしたる数をも数に入るなり。その巻数の多少により賭物の取り様差別あり。ぶりぶりは弓勢(ゆんぜい)の強弱をあらそふなり。弓勢強ければ巻かず多し。」とある。

②小笠原流では振々毬杖(ぎっちょう)という玩具を的としたものをいうが、その形は柊や櫟材の長さ一尺二寸の木を八角に作り、中央の一面をおよそ一寸二分とし東端を細く削り、金銀で彩色を施し、松竹梅などを描く。この的の一端に孔を空け、紅緒を通し吊り下げる。これを七杖または九杖の距離から競射するのである。矢は神頭を用いる。

7　鬮的(くじまと)（籤的）

鬮的は古代に朝廷で行われていた賭弓を中世武家社会でも行うようになった弓射行事であり、さらにはこれが後に民間で行う勧進的(かんじんまと)となるのである。さて鬮的は鎌倉時代に始まり室町時代になると毎年正月十八日に行うようになった。実施にあたっては、まず矢を振って上矢(うわや)の組と下矢(したや)の組との二組に分け、賭物を出して勝負を争うのである。弓場は小的前の弓場とし、的は一尺二寸の的から八寸の小的を使用する。

『四季草』（「夏草」）によれば「鬮とは矢代成り、矢代を振て上矢の射手下矢の射手相手となり、賭物を出して勝負をする故鬮的といふなり。矢代のふりやう賭物の取りやうなど法あり、的は小的なり。一尺二寸に限らず、一尺にも八寸九寸にもするなり。射場は小的に同じ。射手の人数は十人なり。」とあり、射手の装束、中り矢の置き方など競技法にこまかな取り決めがあった。

二　騎射式

わが国における馬と人類との関わり合いの歴史についてはすでに第二章で述べた。馬上からの弓射、すなわち騎射の起源についてみると、『日本書紀』（巻二十九　天武天皇九年）に「……於二長柄杜一、乃俾二馬射一レ之……」とあり、奈良時代頃から行われていたが、朝廷の力が衰えるにつれて次第に衰退した。

代わって平安時代中期以降、武士の興隆とともに武家の騎射が盛行するようになる。そして当期の戦い方が次第に歩兵戦から騎射戦へと移るにつれて騎射の法は大いに発展した。すなわち平安時代中期から後期にかけて各地に武士集団が勃興し、東国を中心としてさまざまな戦いが勃発し、歩兵戦から騎射戦中心となるに及んで馬上からの射が大いに発達した。戦いの場における騎射の有効性から、武士たちは平時の武技訓練においても実戦で起こるさまざまな戦闘場面を想定した騎射の法を整備し、日夜訓練に励んだのである。

図133　江戸時代の流鏑馬の図

その具体的な式法として流鏑馬・笠懸・犬追物があげられる。この三種の騎射式は後に「騎射の三つ物」と称され、鎌倉時代には武技の最重要種目として位置付けられ盛んに行われた。しかし南北朝時代になって一時衰え、その後再興したものの動乱の世になるとともに、すっかり衰退してしまった。そのうち流鏑馬は江戸時代になり八代将軍吉宗の時、騎射挟物（平騎射とも）として再興された。この騎射挟物は室町時代の（古式）流鏑馬に対して新儀流鏑馬と称した（図133）。

1　流鏑馬

流鏑馬は馬から鏑を流す、すなわち馬上から鏑矢を射るというところから名付けられたものであるという。また江戸時代の故実家伊勢貞丈は『貞丈雑記』（巻十二　武芸）で、その語源について「やぶさめといふ名はやばせむまの略語也。やとは矢なり、はせは馳せなり。馬をはしらするなり。馬を馳ながら矢をはなつ故やばせむまと云也。やばせむまといふ事を略してやぶさめと云也。」といっている。古くは「矢伏者馬」、「矢懸馬」などとも書いた。

その初見は藤原宗忠の日録『中右記』（永長元〈一〇九六〉年四月二十九日の條）

図134 「木造流鏑馬射手像」
13世紀頃の作か

の「（白河）上皇於㆓鳥羽殿馬場殿㆒、御覧㆓流鏑馬㆒」にあるとされている。この流鏑馬は城南寺流鏑馬の流れを汲むものである。

さらに流鏑馬に関する文献としては、鎌倉時代初頭の『盛長私記（もりながしき）』に「（藤原秀郷は）上野一の宮の神事の時始めて流鏑馬を興行す。……されば流鏑馬は秀郷を以て起本とす。」とあり、また一一世紀中期頃に著された『新猿楽記（しんさるがくき）』の「中君夫、天下第一武者也。……流鏑馬、八的、三三九、手挟等上手也」、『中右記』の「今日御覧流鏑馬武者十二人」などがもっとも古いものであろう。以後『吾妻鏡』をはじめさまざまな文献に流鏑馬に関する記事を頻繁にみるようになる。

流鏑馬に使用する矢には鏑矢を使う。この鏑矢は開戦の時に使用される矢であるため、軍事的に意義がある一方、呪術的力が宿っていると信じられていたため、この矢の使用により神意を伺い、農作物の豊凶を占う儀式の際の具としての意義があったのである。したがって流鏑馬は軍事訓練の一つであるとともに、神事的性格を色濃く有していた弓射行事であったといえよう（図134）。

このような性格を持っている流鏑馬は、笠懸や犬追物などとともに鎌倉時代に入り盛んに行われるようになる。またその式法も徐々に整えられ、室町時代になって細則が確立した。しかし時代が下がるにつれ次第に衰退し、応仁の乱（一四六七）以後は全く実施されなくな

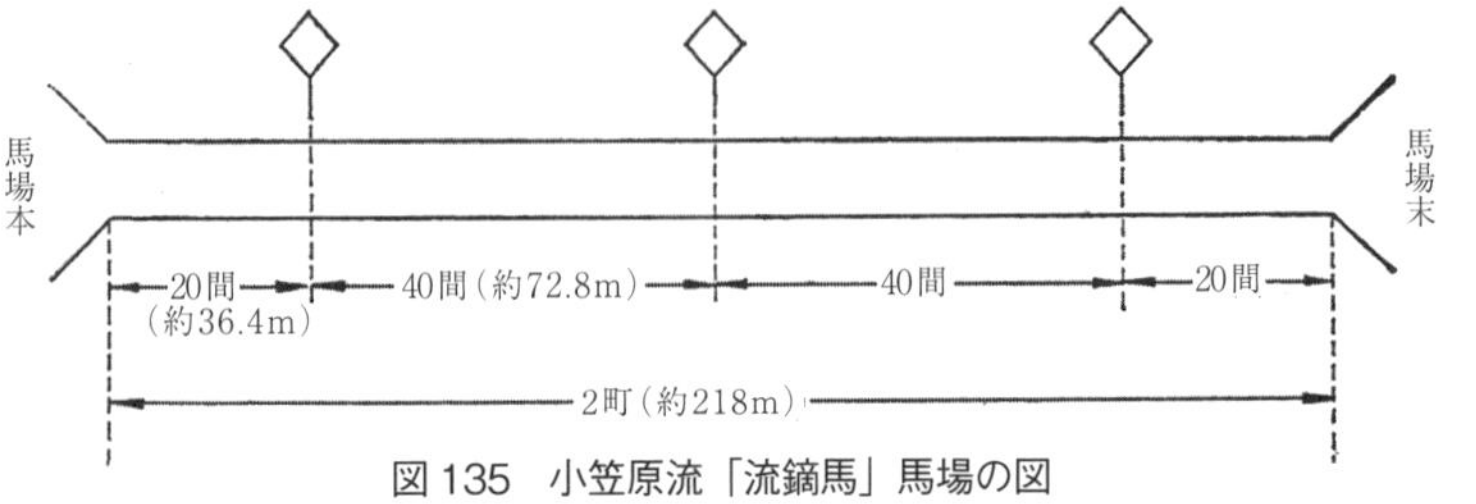

図135　小笠原流「流鏑馬」馬場の図

り、神社行事として行われるのみとなってしまった。

次に流鏑馬の式法についてみると、管見するところ鎌倉時代の流鏑馬の式法について述べた文献はないというのが現状である。そこで室町時代に整備されたいわゆる古式流鏑馬の式法についてその概略をみてみよう。

①流鏑馬行事の施設（馬場）と道具

馬場の長さについてはさまざまな説があるが、およそ二町（約二一八メートル）が一般的な長さである。的を立てる位置は設置する馬場の地形にもよるが、馬場本（ばばもと）、馬場末（ばばすえ）より二十間（約三六・四メートル）にそれぞれ第一の的第三の的を立て、それより四十間（約七二・八メートル）のところに第二の的を的を立てる（図135）。

ここで馬が疾走する速度について考えてみよう。今日競走馬であるサラブレッドはおよそ時速六五キロメートル以上のスピードで疾走するのに対し、わが国の馬は時速四〇キロメートルも出なかったとされている。この馬にさまざまな馬具を装着し、重装備の武士が武器を携帯して乗るとなれば、大変な重量となり、疾走速度は想像がつく。軽装備の郎党が騎馬の主人に付き従うことが出来たのもうなずけよう。

さて的は一尺八寸（約五四・五センチ）角で厚さ二～四分（〇・六～一・二センチ）の柾目の檜板を白木のまま使用する。なお作物（つくりもの）としてさまざまな形や大きさの的を立てる場合もあった。中でも手挟（たばさみ）といって土器や鮑貝・木の葉・沓などを的とすることもあった。また的を立てる距離については、男埒（進行方向左側に結んだ埒）の際より二杖半（約五・五メートル）、一杖半（約三・四メートル）、半杖（一・一メートル）など諸説あり、古くは的立役が竹に挟んだ的を左斜め方向に差し出したともいう。なお的の背後に矢止めのため布や革、垜を築くこともあったらしい。

次に馬の走路についてみると、次の二種類の方法があった。

㋑幅二尺、高さ一尺五寸の土居を内幅五尺の間隔で築き、その中央に上幅二尺、底幅一尺八寸、深さ五寸の砂を入れた疏（さぐり）（馬を馳るため馬場に掘った溝）を作る。

㋺三尺毎に三寸角の杭を打ち込み、男埒（内埒―進行方向左側）の埒を二尺三寸～二尺五寸（約七〇～七六センチ）、女埒（外埒―進行方向右側）の埒を一尺八寸～二尺（約五四・五～六〇センチ）の高さにし、萩や黒文字の枝で作った笠木を渡す。なお各埒間は七尺～八尺（二・一～二・四メートル）とする。

因みに〝きまりや区別がつかない〟とか〝ものごとがはかどらない〟、〝たわいもない〟という意味の〝埒があかない〟、〝埒もない〟などの〝埒〟の語源はここにある。また馬場の本末には馬を廻すための場所を設定する。これを「扇形」という。

②諸役について

（一）射手………通常八騎～十二騎とし、その服装は烏帽子・綾藺笠・小袖などを着し、弓手に射小手、馬手に手袋を指す。また行縢・太刀を佩き、腰には箙を負い、鞭を手首にして弓を持つ。

（二）執事………当日の行事一切を執り仕切り、日記を記す役。服装は烏帽子に直垂・小袖に太刀を佩く。

（三）采幣役……中り外れを合図する役で、執事に準じた服装をする。

（四）その他……竹に挟んだ的を持って立つ役、射手の補佐役の介添え、射た矢を回収する矢取りの雑用をする童などがそれぞれ役目を果たした。

③射手の服装・装備などについて

小笠原流では綾藺笠・烏帽子・水干・袢・鎧直垂・素襖などを用い、燻べた鹿革製の左右の小手（手袋）は金襴などの美しい地で仕立て、菖蒲革の緒で結ぶ。なお右手親指の腹には一枚別の腹革という革を当てる。そして鹿革で出来た行縢を両脚につけ太刀を佩き、刀を帯び、腰には中刺（征矢）・上指（鏑矢）を盛った箙を負う。

鏑矢は滑目鏑（鹿角のぬたはだのあるもので作った鏑）や木鏑などで、特に決まりはない。鏑矢の長さは三伏位とし、これを漆で塗り、目は二～四個とする。矢は白篦・節筈・赤漆矧とし、走羽（鷲羽）、小羽（外掛・弓摺羽）は山鳥の四ツ立を使用する。使用する弓は特に決まりはなく、弦は絏弦（せきづる）とする。

２　笠懸（かさがけ）

笠懸は騎射の中でももっとも古く、「天喜五（一〇五七）年一二月三日、途中於二紙幡河原一人々馳レ馬、次召二頼俊郎従一、令レ射二笠懸一」（『平定家朝臣記（たいらのさだいえあそんき）』）が初見であるとされている。その後寛治六（一〇九二）年にも行われたという記事が『中右記』（同年二月六日）や九条兼実記『玉葉（ぎょくよう）』（文治二〈一一八六〉年五月十一日條）にもみえ、当時の平安貴族たちの中で行われていたことがわかる。笠懸には遠笠懸（とおかさがけ）と小笠懸（おがさがけ）の二種あるが、通常笠懸といえば遠笠懸のことをいう。

①遠笠懸

遠笠懸は一町（約一〇九メートル）とし、その本末に扇形の馬場本・馬場末を設ける。疏（さぐり）の広さは底部一尺八寸（約五四センチ）、上部二尺（約六〇センチ）、深さ五～六寸（一五～一八センチ）とし、弓手側の疏から一尺五寸（約四五センチ）間をとり、高さ三尺六寸（約一・〇八メートル）の男埒、馬手側には二尺七寸（約八一センチ）の女埒を結ぶ。

さらに馬場元（本）より三十三杖（約七四メートル）～三十四杖（約七六メートル）の地点から九杖（約二〇メートル）離して幅一杖（約二・二五メートル）の垜を築き、その垜の前の一杖の所、すなわち疏より八杖（約一八メートル）の位置に直径一尺八寸（約五四センチ）の的を立てる。的は板に綿などを置き、その上を丸物のように牛革で包み、これに中黒を描き、三方を縄で的串（横五尺二寸、縦四尺五寸）に吊るすのである。

射手は直垂・侍烏帽子・行縢に手袋を指した装束で、矢は笠懸蟇目を用いる。笠懸は流鏑馬や犬追物に比べ施設・設備が簡単なので、平安・鎌倉時代には盛んに行われたことが当時の文献からうかがわれる。

②小笠懸

遠笠懸の馬場を逆に馬場末から出馬する。使用する的は四寸（約一二センチ）四方で、厚さ一分（三ミリ）位の檜板を一尺八寸の串に挟み、疏際より八寸（二四センチ）離して馬場末より二十三杖（約七五メートル）の所に設置し、これを焦篦（こがしの）、九目の半蟇目で射る。

3　追物射（おんものい）（御物射・馳射）

『和名抄』（平安時代中頃　源順著）に「後漢書云馳走射」とあり、『今昔物語集』（巻二十六　十七話　平安時代末期頃）には藤原利仁という者が騎馬でキツネを追う描写がある。また『古今著聞集』（鎌倉時代末期　橘成季著）には、源頼光が牛追物を行ったという記事が見える。時代は下がるが、伊勢貞丈の『貞丈雑記』（巻十二　武芸）に「おんもの射に射ると云こと、おん物は追物射也。馬に乗て地を走る獣を追ひて、身をさがりて射る事を云也。牛追物犬追物もおん物射也。」とあるように、猪や鹿を追って馬上よりこれを射る射の総称である。古くは子牛を射る牛追物、後には犬を射る犬追物の法式が整備されるようになる。

①牛追物

犬追物に先がけて行われた牛追物は、『和名抄』に「於无毛乃以流（おむものいる）」、『古今著聞集』（九巻　武勇）に「頼光馬をひかへて野の気しき興あり。牛その数有り。をのをの牛追物をあらばやといはれければ、……」などとあるように、すでに平安時代より行われていた騎射の一種であり、『吾妻鏡』（巻二）にも牛追物の記事がみえる。

この牛追物は「むかし犬追物なきさきには小うしを射る也。」（『美人草』寛正〈一四六四〉五年）、「古は小牛を射しかども、多く死するに依て犬を射也」（伊勢家伝書『射鏡』）などとあるように、馬上より小牛を追いながら射るもので、始めは細かい取決めなどなく、野飼いの牛を追いながら騎射を行ったものと考えられるが、鎌倉時代になってから式法が整備されるようになった。

その射様は弓手・押交（おしもじり）（押捩）等犬追物と同じで、矢は蟇目、神頭などを使用する。また矢所は小牛の平頸と平ものみで、胴は射ないものとされているが、詳細は不明である。この牛追物は犬追物が盛行するにしたがって次第に行われなくなっていった。

②犬追物

㋑犬追物の起源

犬追物は牛追物に起因し、その催しを御犬（おいぬ）・犬会・犬射（いぬい）などという場合があり、「承久四〈一二二二〉年二月六日於二南庭一有二犬追物一、若君御入興味。……」（『吾妻鏡』巻二十六）を嚆矢とする。一般的な犬追物起源説としては『貞丈雑記』（巻二十　武芸）の次のような記述を定説とする。

……犬追物の始り、たしかなる事詳ならず。騎射秘抄序・犬追物目安・高忠聞書等には実朝公の時始る由みへたり。東鑑には頼経公の代承久四年《貞應元年》二月六日記文に始めて犬追物の事を記て、其後所々犬追物の事みへたり。かの二月六日の犬追物も此事ありとも見へず。前々もありしやうに思はるゝ也。実朝公の時始ると云事実説か。されども東鑑の実朝公の時代の記文には見へず。東鑑にも記し漏らしたる事あれば、実朝公犬追物始られし事も、記漏なるべき歟。騎射秘抄序・犬追物目安などは鎌倉時代遠からぬ世の事なれば、実朝公より始るとあるを用べし。……

この犬追物は特に室町時代、代々の将軍も好んだらしい。また「右京兆（細川政元）近来犬追物毎日これあり」（『蔭涼軒日録（いんりょうけんにちろく）』明応二〈一四九三〉年）や、『長興宿禰記（ながおきすくねき）』（文明七年）などの記述から、名ある寺社や細川・赤松・伊勢などの各私宅の馬場で盛んに挙行されたことがうかがわれる。

しかし応仁の乱（一四六七）以降久しく途絶えてしまった。その後長い空白の後の江戸時代に入った元和八（一六二二）年に島津光久がこれを再興し、明治時代になってからも数度行われたという経緯がある。

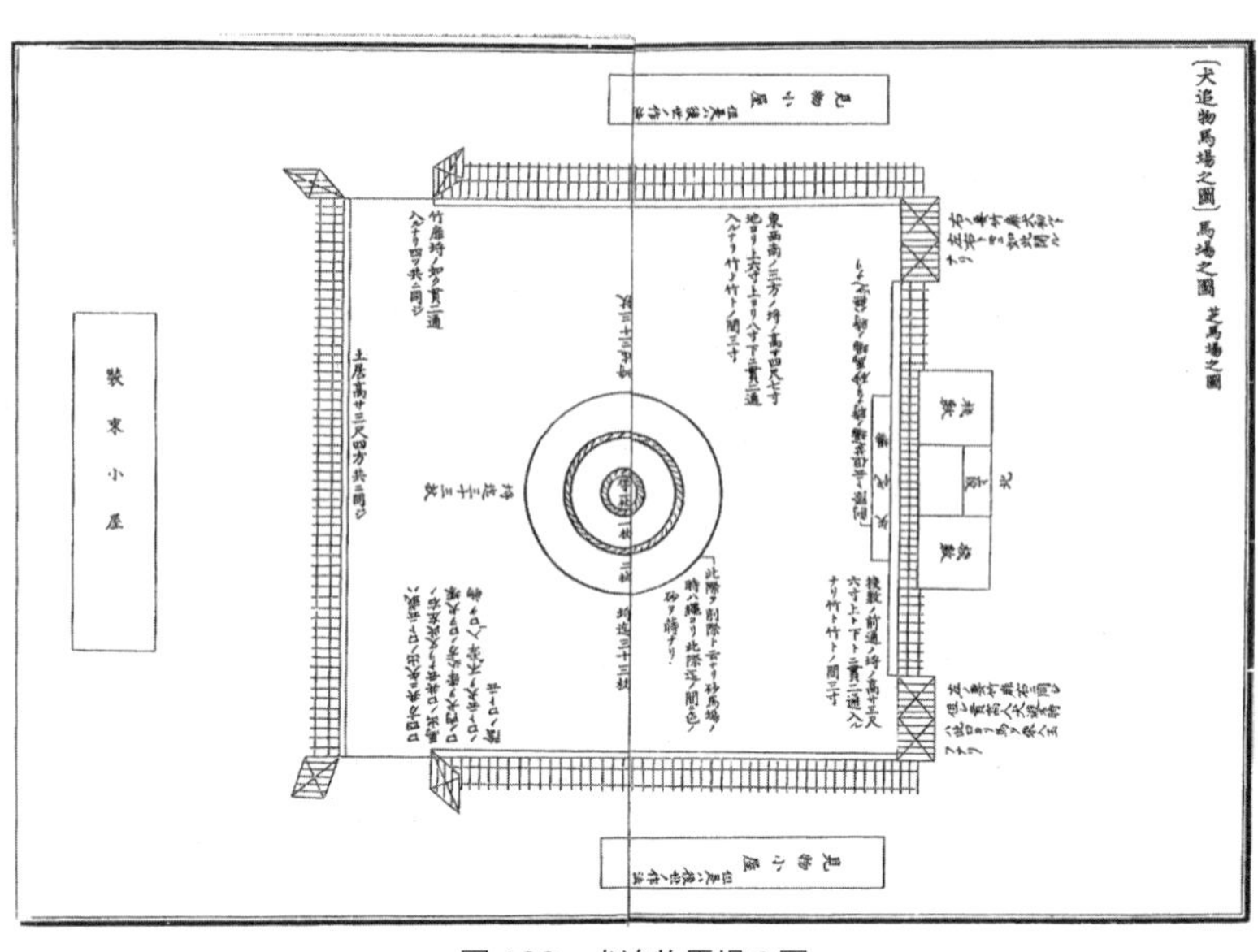

図136　犬追物馬場の図

㋺犬追物の馬場（施設）について

犬追物は馬上より蟇目で移動する犬を射るものであるが、騎射種目の中ではその決まりがもっとも複雑であるとされるが、ここでその概要についてみてみよう。

まず馬場は弓杖七十枚（約一五八メートル）四方を高さ四尺五寸位の竹垣で囲み、各方面に出入り口を設ける。これを外榜示（とほうじ）という。さらにその中に径六寸（約一八センチ）位の藁縄で作った大縄という縄で弓杖四枚（約九メートル）の輪状を作り、半分を地中に埋める。これを内榜示（うちほうじ）という。さらにその中に径一杖（約二・二五メートル）の小縄という縄で出来た輪状のものを作り置く。そして内榜示の周囲七杖（約一六メートル）一円に砂を敷く。その外縁を削際（けずりきわ）という。馬場の概略は図の通りである（図136）。

㋩犬追物の実際

射手は一二騎を一組とし、上手・中手・下手の三組、計三六騎の射手で行う。射数は各組順に一〇匹宛（ずつ）五回、計五〇匹を射る。実施に先だちあらかじめ鬮振（くじふり）の手により射る順序を決めておく。組毎に射手たちはこの削際に馬を乗り入れて矢番えをする。犬放しが犬を小縄の中に牽き入れ、諸役たちとの間で所定の問答があった後、検見の合図で犬を解き放つ。射手はこの犬が小縄を出て大縄を越えようとする前に射るのである。ただ、射た矢の矢所（中り所）によって評価が相違するが、その矢所としては弓手・押交・馬手・馬手切などがある。また矢所がなければ、さらに犬を削際の外に追い射る。これを外の犬という。また矢所の評価についても、射手と検見との間にさまざまな問答が取り交わされる。

〔犬追物の射法〕

犬追物の標的である犬が前後左右に移動するので、射術とともに馬を操る技術が笠懸や流鏑馬以上に難しいことは想像がつく。ここで犬追物における射手と犬との位置関係は次のような場面が考えられる。

①弓手………犬を射手の左手横に置くようにする。射る位置としてはもっとも射やすい位置関係である。

②押交………犬が射手の左側後方に位置する時の射方で、左鐙に体重を乗せ、しっかりと体を捻りながら射るもので、射方としては比較的射やすい体勢である。

③筋違………筋違弓手ともいう。左斜め前の犬を左鐙に体重をかけ、体を前懸りにして射るもので、難しい体勢である。

④馬手………犬を射手の右手に置く状態。鐙を踏み張り、体を大きく捻っているが、位置関係としては最悪である。

⑤馬手筋違…犬が右手斜め前方にある場合で、この位置も射ることが難しい。

射手と犬との一番よい位置関係は、出来るだけ弓手真横足

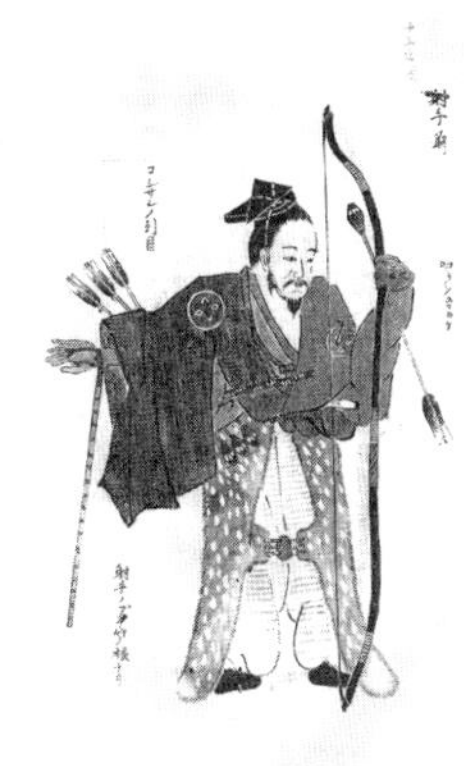
図 137　犬追物の射手

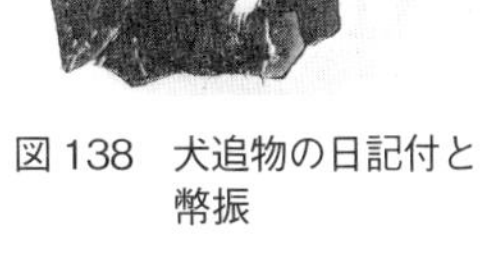
図 138　犬追物の日記付と幣振

元に置くことで、通常は遠距離の犬は射ないものとされている。

〔犬追物諸役〕

犬追物を実施するにあたっての諸役をあげると次のようである。

①射手……一二騎を一組とし三組、計三六騎射が正式の人数（騎数）である（図137）。

②検見……矢所の善悪を判定する役。主審の立場の内検見（うちのけんみ）と副審のような立場の外検見（そとのけんみ）との二人（二騎）があたる。中り所の判定は大変難しいとされているため、老練の士がこれにあたる。

③射手奉行…射手方全般を差配する役。

④馬場奉行…馬場の設営や管理一切を執り締まる役。

⑤喚次（よばわりつぎ）……呼次ともいう。日記付の左方に位置し、検見から下された矢の判定に対し、その射手名や地位、肩書などを日記付の前に行き、これを大声で通告する役。

⑥日記付……喚次の報告を受け記録する役（図138）。

⑦幣振（へいふり）……日記付の右に位置し、喚次が報告のため駈けてくるのを見て幣を振り上げ、報告が終わると二、三度幣を振る役で、子供がこれを務める。

⑧犬放（いぬはなし）……犬を馬場中央に連れ出し、首縄を切って解き放つ役（図139）。

※白犬一五〇匹を正式とする。犬には一尺五寸（約四五センチ）位の竹筒に通した首縄を付ける。縄を噛み切られないようにするための工夫である。実施にあたっては犬放が一匹ずつ馬場中央に連れてい

図139　犬追物の犬と犬放

図140　犬追物の鬮振

き、解き放つのである。

⑨下人………二〇〇人ほどの内一五〇人がそれぞれ犬一匹ずつ担当し、残り五〇人は竹垣の開閉や馬場の清掃にあたる。

⑩その他……鬮振（図140）、鉦打（かねうち）、介添、矢取など

諸役の服装についてみると、まず射手は素襖（すおう）に烏帽子（えぼし）をかぶり、佩刀し行縢（むかばき）をつける。また左右の手指に小手・諜を指し、腰には蟇目を三本指し、一本を弓に添えるようにして持つ。これを一腰という。またそれぞれの役にしたがって直垂や素襖・烏帽子・行縢・水干（すいかん）などを着け、刀や小刀を帯びる。

弓具についていえば、蟇目の大きさは四〜八寸位で、箆は白箆とする。弓は特に決まりはないが、正式の場合は二所籐（ふたところとう）や重籐を用いたという。

騎射の中でも、とりわけこの犬追物は場所の設定や射手をはじめ諸役の服装から作法、諸道具などに煩雑な決まりがあったようであるが、明治以降この行事は数回行われたのみで、その後途絶えたままになっているため、その実際については知るよしもない。

三　騎射の三つ物の特徴

これまで述べた笠懸・流鏑馬・犬追物の三種類の騎射を「騎射の三つ物」とか「三騎射」などと呼ぶ。それぞれの特徴をみると、遠笠懸は馬を最大限度にに走らせ（鹿子（かのこ）：襲歩）、比較的遠距離の的を射る訓練、小笠懸は足元の的を射る訓練であり、流鏑馬は馬を駈足の速度に走らせる状態で箙から素早く矢を刈り、連続して矢番えし

図141　犬追物の一風景

て発射する技術の会得を狙いとしている。また犬追物は前後左右に移動する的（犬）に対し、馬を的確に操りながらさまざまな射形で射る技術を体得することを目的とするものである（図141）。

この三種類の騎射技術を体得すれば、千変万化するどのような実戦や狩猟の場面でも対応出来るとして、中世の武士たちは盛んに訓練に励んだのである。

〔騎射戦における弓射の有効性について〕

現代弓道の射手が発射する小的前での箭の速度はおよそ時速二〇〇～二一〇キロメートルであるが、当時の弓と太篦に射貫き用の重い鏃を挿げた矢では若干速度が落ちることは否めない。しかし発射に際し矢が撓み蛇行する現象（アーチャーズパラドックス）が始まり、その矢の飛翔状態が安定するのがおよそ七～八間（約一四～一六メートル）であり、その頃の矢が刺突にもっとも有効である。したがって笠懸の訓練で設定された射距離は理に適ったものであるといえよう。

また騎射戦においては彼我の位置関係が重要であり、理論的にいえば敵と同じ進行方向で、しかも敵を左側（弓手側）に置くことが最善であろう。したがって犬追物はこの位置関係を確保する訓練としては最適であり、また動揺する馬上から二の矢、三の矢と連続して矢番え・発射することを目的とする流鏑馬は、敵に大きな打撃を与える射技訓練としては意義があったと考えられる。

第四節　堂射

一　堂射の概要

わが国の射の様態は①歩射と②騎射に大別することが出来る。これを歩射にみれば、射の基本を体得するための巻藁前、近距離の小的を正確に射中てるための小的前、飛距離を目的とする遠矢前（繰矢前）、さらには矢継ぎ早の差矢前（指矢前）、戦場裡における臨機応変の敵前（要前）など、その目的により射法・射術・用具に相違がある。このようなさまざまな歩射の中で、比較的遠距離に前後左右に偏りなく、威力ある矢を送ることを狙いとして行ったのが堂射の始まりである。その後これに速射や耐久射・矢数などの条件が加わり競技化されるようになるのである。

図142　昭和初期頃の京都三十三間堂

二　堂射の歴史

ここで堂射史の概略をみてみよう。堂射の嚆矢についてはさまざまな説があるが、新井白石著『本朝軍器考』（元文元〈一七三六〉年刊）に「保元年中大和国の弓の名手として名高い蕪坂源太という者が保元の乱（一一五六）に参戦しようとして上洛したところ、すでに戦いが終わっていたので、得意とする差矢遠矢の腕前を見せることが出来なかった。仕方なく帰国しようとしてふと三十三間堂に立ち寄った折、自分の弓勢を試そうと思い立ち、堂の西外縁の南に坐し、軒下を北に向かって射通そうとしたところ、上・下・前に矢が懸り、意のままに射通すことが出来なかった。そこで本尊に詣でた後再び行射したところ、見事に射通すことが出来た。これは全く御仏のご加護によるものである」という記事が見える。

因みにこの当時の三十三間堂は長承元（一一三二）年に建てられた長さおよそ六〇メートルの得長寿院で、文永三（一二六六）年に建立された現在の三十三間堂ではない（図142）。

また木下義俊著『武用弁略』（安政三〈一八五六〉年刊）や『京都三十三間堂通矢

図143　京都三十三間堂に参集する射手たち

明細記』などでは、文禄（一五九二～九六）年中東山今熊野別当某が濫觴であるとしており、日夏繁高著『本朝武芸小伝』（享保元〈一七一六〉年刊）、喜多村信節著『嬉遊笑覧』（天保元〈一八三〇〉年刊）などでは天正年中今熊野猪之助という者が嚆矢であるとしている。ただこれらの人物については伝説の域を出ない。

中世における堂射の在り方は江戸時代の性格と違い、自分の技量を御仏の御前に奉納し、武運を願うというものであり、射法・射術や用具も通常の歩射のものであったと考えられ、その在り方も他者と通った矢数の多寡を競うというものではなかった。

このことは応永年間以降の堂射の射手約九五〇名を記した『京都三十三間堂通矢明細記』をみれば理解出来る。

すなわちこの記録帖を見ると、矢数記録は大半が一～五本位で終始しており、出場者も必ずしも武士の身ではなかったことがうかがわれる（図143）。これが江戸時代に入り慶長十一（一六〇六）年の浅岡平兵衛以降になると、矢数を他者と較べるという風潮が強くなり、その在り方が一変するようになるのである。なお「堂射」の詳細については、『近世～近代編』第四章「第六節　堂射の盛行」を参照されたい。

第五節　射法・射術の様相

わが国の弓は平安時代中頃になると、それまでの木製の単材であった弓体の外側に竹片を貼り付けた伏竹弓が発明され、引き続き弓体の内側にも同じように竹片を貼り付けた三枚内弓が考案されるようになる。

その後さらに四方竹弓、弓胎入り弓へと発展する。このような構造の変遷を経る中で、反発力の増大と破損防止という二条件をクリアするためにさまざまな工夫が凝らされ、今日のような構造と勢（形）を持った弓となった。

因みに木と竹の組み合わせによるわが国の弓に関する力学的な研究論文によると、その長さや強弱の配分と勢、弣部の位置などが矢勢や破損防止の点で、最早改良の余地のないほど完璧な工夫がなされているとの実験結果を得ており、先人の知恵に頭の下がる思いがする。

さてこのようなわが国の弓は、時代が下がるにしたがって弓としての機能が向上する一方、矢も奈良時代には篠竹か芦幹材の七一センチ（二尺三～四寸）前後の細く短いものであったものが、平安時代中期以降武士の勃興と各地での戦乱の勃発により実利性を主目的とした弓の改良とともに、太い篠竹が使用されるようになり、長さ八六センチ（二尺八寸～九寸）位のものとなった。また鏃も重く鋭利な形のものとなっていった。このように弓体の改良による弾性限界の増大と矢尺の伸張は、当然ながら射法・射術の在り方に変化をもたらした。

一　射法・射術の変化―『了俊大草紙』を中心に考える―

わが国の射法について言及した最も古い文献としては今川了俊著『了俊大草紙』があげられる。一四世紀後半に九州探題として活躍した武将であり歌学者でもあった著者は、その中で射法について次のように述べている。

一、弓の事

弓は先加知弓(かちゆみ)と号て、かち立を本と稽古するなり。其稽古次第、大方の様ハ、今常に射ごとく成るべし。立てをしはだぬぎて、袖を納て、矢をはげぬ以前に、左足の大指の爪崎を的にうつくしく向て立て、右足を其通に横に踏て立ば、的にはそばざまに成るなり。西向に的立たれハ我身北向に成様に立て、左の腰の骨の上のあばら骨の下はづれの腰の骨のかどにあたる様にねぢすゑて、腰骨を落しすゑて、矢がまゑをして、後に左のをとがひ中程を胸の左のかつほ骨の中程に当て、左目頭にて的を見て、其まゝ置て頭をも頸をも少もはたらかさずして、身持をも足踏をもすくめて持て後に、烏帽子のへりのほとりに打上べし、身持も頸持もはたらかぬ様にゆる〳〵と打上て、軈(やが)て引分る也。右のかた崎すこし下かとに、拳の大指の根の當やうに拳を外の方にねじまはすやうにすれハ、ひぢ尻は右のいかねの方に引まはさるゝなり。如レ此拳をねづるやうにせざれば、肘尻の堅まらて、放れの悪キ也。（『群書類聚』巻第六百八十二）

文中の「いかね」の意味について調査したが現在のところわからない。筆者はこれについて、①「いかね」の前に「か」→「かいかね」、②「い」→「り」の写し間違い、③→「かりがね」→「かりがねぼね（雁骨・胛骨）」と解釈したいが、飛躍し過ぎであろうか。

さて上記の文献を解釈すれば、まず「打上」の高さは「烏帽子のへりのほとり」とあることから、今日の打起しより若干低い。因みにこの「打上」と今日の「打起し」の相違についていえば、「打上」とは弓を引くために弓を一度体前にあげる騎射の際の動作をいう。これに対し「打起」は弓を引くための準備動作である「弓構」から詰合に至るまでの間、弓を引きやすくするために一度弓を体斜め前上方に上げる動作で、本来歩射々法の用語である。

いずれにしても弓を引きやすくするための動作であり、その目的は同じであるが、実際の動きは相違する。このことは『佐竹宗三聞書』、『犬追物聞書』、『四季草』などさまざまな故実書に述べられている。したがって今日体正面に打起しを行う本多流で「打起し」と称しているのは、流祖が日置流竹林派の流れを汲んでいるからであろう。

1　右拳（馬手）の納まり所と射形の変化

平安時代中期～後期以降室町時代にかけて弓体の構造が破損防止と矢勢を得るため改良され、そのことにより弾性限界が増大し矢束の伸張が見られた。このことはとりもなおさず右拳の納まり所が変化したということでもある。

この変化について『了俊大草紙』の記述を読解すると、引き込んだ右拳の位置からして、矢の高さは今日のような頬付け（口割）の位置ではなく、顎の下辺にある射形が推測される。また「右のかた崎（肩先）すこし下かと（角）に、拳の大指の根の当やうに拳を外の方にねじまはすやうにすれハ、ひぢ尻は右のいかねのに方に引まはさる、なり。如レ此拳をねづるやうにせざれば、肘尻の堅まらて、放れの悪キ也」とある。

すなわち前代までは弓を引き込んだ際の右拳の納まり所は胸の中央付近、或いは顎の下辺りか右顎下辺りであったものが、矢尺が伸びることにより右肩先辺りになったと推測出来る。したがって引き込んだ際の矢の高さは前代のそれよりかなり高くなったと考えられる。

当時の右拳の納まり所がこのようであったとすれば、引き込んだ時の射形はおよそ想像がつく。実際このような右拳の納まり所は古い射形の絵図にしばしば見られるところである（図144）。

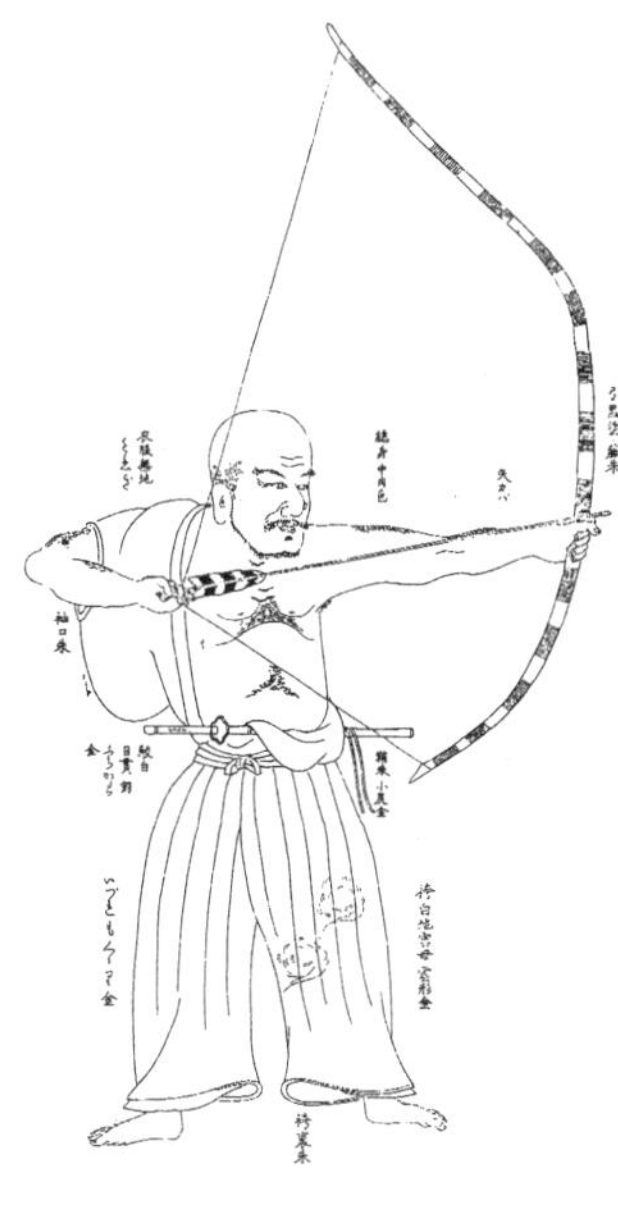
図144　日置正次の射影

このことについて時代は下がるが、竹林派伝書『師弟問答』によると、引き込んだ際の右拳の納まり所について次のように述べている。

古流は勝手の乳房の上に引付る。扨当家の勝手は肩の上に引掛けて矢筈と肩の上等分を専用ぞと、指南の是非は如何。答て、新旧の損得をいへば、古流は身の長を縮め矢束を引ぬ、此損数多有也。……矢束を一束も縮る事其弓勢の不足第一也。同じ五尺の体を射形の時殊に小男に見するの損、是二つ、延びる強身を好むに、古流は身を縮の弱味、是三つ。おくり心の付物也。其損四つ。古流は其打起といふ事なく、弓手の乳通り構へたる拳を其侭引分くる故に、力は其の身の生付きたる分力の弓勢よりも抜群引劣る事大き成損也。

これを要約すれば「当家で行っている竹林派射法の右拳の納まり所は、矢筈が肩の上辺りとするが、古流では（右）乳辺りに引き納める。その損得をいえば、古流は矢束を十分に引くことが出来ないため、①矢勢が出ない、②射形が小さくなるため射手が小さく見える、③引き込んだ後伸び合う強みが出ない、④そのため送り離れになる、⑤打起し動作をせず弓手を当てものに押し当て右拳を乳通りに引き付けるため、強い弓を引くことが難しい、などの点で当世の射法に劣っている」となろうか。

2　取懸け法の変化

前腕を回内するようにしながら右拳を捻り（回内し）、大指の根が右肩の下角辺に当たるように引き込むことが容易に出来るような取懸け法としては、当然ながら「原始射法（ピンチ）の変形」か「モンゴル式」の系統が考えられる。『了俊大草紙』では特に取懸け法について言及している箇所は見当たらないが、先にあげたように矢尺が長くなり、それに伴う右拳の納まり所の位置の変化は、とりもなおさず取懸け法と大いに関連があると考えられる。

すなわち弱い弓で短い矢を使う場合は、大指と人差し指で番えられた矢をつまんで引く、いわゆる原始射法で足りるが、強弓・長矢尺が盛行するようになると、このような取懸け法では十分に矢と弦を保持することが出来なくなる。

このことに関連して江戸時代の故実研究家伊勢貞丈は『貞丈雑記』（巻十二　武芸）の中で、一五世紀中頃の武家故実家多賀高忠著『美人草』（別名『就弓馬儀大概聞書』）の中の取懸け法についての記述を検討し、次のように述べている。

弓射る時、矢を弦にはげて矢筈の取様当世諸流何れもなかゆび人さしゆひを大指のかしらにかけて、人さしゆひと大ゆひの間にてはずをはさむ也。されバ大ゆひのさきに革あつくかけて縫たる有〈やはらかぼうしと云也〉。又しんに角を入て縫たるあり。是は近代したしたる也。古代のゆかけを見るに、大ゆひにぼうしをこしらへたるハなし。たゞ大指のはらに小き革を外よりあてたるあり。今のことく人さしゆひ中ゆびを大指の頭にかけて引く躰ハ古画にハ見ゑす。今世の如く人さし指中指を大指の頭にかけてひへハ、矢筈もじれてはなるゝ故、矢行くるふ事あり。されハもちれさる様にはなす事を修練する故はなれの習ひむつかしき也。古のことくつまみハなせバ、矢直にはなれ行ゆへ矢行くるふ事なき理あり。後代今世弓の師匠ハ三十三間堂を通す事を目当てにして指南する故、我力量に勝たる強弓を引事を専とする。依之大指にぼうしと云事をこしらへ出して、それにて強弓を引んとするゆへ、人さしゆひ中ゆひを大指の頭にかけて引事をし出したる也。……中略……されば矢筈を取るに人さしゆひをかゝめ大指を合せて矢筈をつまみ、ひとさしゆひを弦にかけて引し也。今世の人ハ如此してハ引にくゝ思うふへけれとも、古代は如此初学の時より引ならひたれハ、引にくき事あるへからす。此引やうを再興すへきなり。（原文のまま　盛岡市中央公民館蔵本）

要するに今日小的前で行われているモンゴル式射法で発射すると、矢飛びの方向が狂うことがある。これに対し古くから行われてきたわが国の取懸け法である原始射法の変形であれば矢が真直ぐに飛ぶのでこれを再興すべきであるとするものである。

図145 『木弓故実撮要』

大指を少しかがめて弦に懸け、人差し指と中指で大指の爪根を押さえるようなモンゴル式の取懸け法がいつ頃から行われ始めたかについては明確でないが、原始射法の変形からモンゴル式に移行することにより、さらに矢尺を取り易くなった。しかし貞丈がいうように、モンゴル式の取懸け法は馴れないと弓・矢の操作が難しいという欠点があることも事実である。

小山松吉氏はこの取懸け法について「わが国上古の射法は地中海式であった。その後中国から弓射文化の導入により射法も追々蒙古式となり、江戸時代にはすべてがこの方法で行われるようになった」（『日本弓道概論』『弓道講座』第一巻）と述べているが、なぜこのようなことが断定出来るのか理解に苦しむ。

また『貞丈雑記』の中で「後代今世の師匠ハ三十三間堂を通す事を目当てにして指南する故、我力量に勝たる弓を引事を専とする。依之大指にぼうしと云事をこしらへ出して、それにて強弓を引んとするゆへ人さしゆひ中ゆひをかゝめ大指の頭にかけて引事をし出したる也」と、モンゴル式の取懸け法が行われはじめたのは堂射が流行してからであるとする意味の記述があるが、堂射が流行する以前にすでに小的前ではモンゴル式の取懸け法で行われており、なぜ貞丈はこのようなことをいうのか疑問に感じる。さらに原始射法の変形の取懸け法を再検討すべきであるとの主張をしているが、その真意はどこにあるのであろうか。

この件（原始射法の変形の取懸け法を再興すべきであるという主張）について、幕末の故実家栗原信充（柳庵）は次のように主張している。

木弓射法　人体をたゞして弓をとる。これを彎て乳上にいたる。左右の臂相対して平なり。……筈括を取るに、大指人指両指にてこれをつまみ、中指無名指にて弦を控べし。是殺弓の括のおさめ法なり。

栗原信充のいう取懸け法は、彼の著した『木弓故実撮要』の中で図示（図145）しているような、いわゆる「原始射法の変形」をいっているのであろう。確かにこの取懸け法は大指・人差し指で番えられた矢をつまんで安定させ、実際に弦を引くのは中指・薬指であってみれば、特に大指の腹と薬指にもっとも負担がかかったであろうことは容易に推測出来、『美人草』の説もうなずけるものがある。すでにモンゴル式の取懸け法が定着していた時代に、何故に時代に逆行するような取懸け法を主張するのであろうか。そこには次のような時代背景があったことが理解出来る。

すなわち江戸時代中頃に興った復古主義的な日本文化学・古代学の運動及びその大系である国学は、日本民族固有の精神の復興を主張するものであり、後の尊王攘夷思想の理論的背景ともなった。この思想的な潮流はさまざまな分野に影響を及ぼしたが、弓射の在り方にもこの思想が及んだのではないかと考えられるのである。

しかし弓射の現場でこれを採り入れようということはなかった。その理由としては、木弓時代と違い弓の形や機能が進歩・定着し、その射法・射術の在り方がすでに確立し、しかも実戦の時代は遥か遠い昔のこととなり、小的前の稽古が中心であった当時、取懸け法のみを復古しようとすることには相当の無理があり、時代錯誤の感は免れないものであったといえるのである。

3　左手（弓手）の在り方

先にあげた『了俊大草紙』では「押手」の在り方と「放れ」について次のように記している。

其後拳を的にをし当て、矢崎（矢先）と的とに見合いて、左の肘の皿骨の上の方に成るやうにねぢ廻ハせば、うけがひなは彌うつくしくある也。すくかひなはうけかひなに見ゆるなり。其後左の二のうでと肩の間の一のきだめのふかくくぼむやうに、かひなを押下ば、矢崎と拳とは彌高く成る間、能々押には箭は越るなり。押と心得て矢先拳を下には、矢はさがるなり。相構て一のきだめのふかくくぼむ様に押べし。肩先のたかきは見苦敷事也。

この記述からすると、足踏から引分に至る過程はほぼ今日の射法に近いもののようであるが、押手に関する「左の肘の皿骨」、「うけかひな」、「木丁かひな」、「一のきだめ」などの語が実際にどのようなことを意味するのか、残念ながら現在のところ正確な解釈が出来ない。

4　放れについて

また「放れ」については次のように記している。

如レ此左右共にすれハ、矢束もながく引かれ、放もよくきる也。放ツ時は右拳の手内は外に向様にねぢ放。ひちしりよく〳〵かたまれば、かならずつよく放とせねとも、一文字によく切也。放は二様なり。大放と云は肩崎より三四寸遠也。小放は肩崎より二寸内外に放なり。いづれも人により好に寄べし。物をよく射当る人は多分小放也。大放は心地もよく見ゆれ共、矢所違事有と申なり。放て後すこしく持て、弓だをしをすべし。あまりにはやくすれば、うつやうに見へて悪也。始申つるやうに、身をも足をもそばざまに的に向て立て、的は西にあらば北向に立やうに立なり。的に向て立ば、矢束もすこしひかれ、小当も違なり。弓立の悪人は、胸も腰も的に向間に小当も定ず、矢束も引ざるゆへに、或は胸打、或はうでを打也。弓の癖ハみな身もちの悪故也。

この文中に「放ツ時は右拳の手内は外に向様にねぢ放。ひちしりよりよく〳〵かたまれば、かならずつよく放とせねとも、一文字によく切也」とあるが、前腕を回内させながら発射するには、原始射法の変形かモンゴル式がやりやすい。また「放れ」の際の右拳の動きについては、諜を捻り（前腕を回内させ）矢通りに一文字に放すこと、また大放や小放などについて当時すでに指摘されているのは大変興味深い。但しこの大放や小放も文中に述べているように、大放でも右拳の開きは三～四寸（九～一二センチ）くらいであり、今日の小放よりもさらに小さいことがわかる（図146）。

5　弓返りについて

さらに手の内、すなわち弓の握り方と発射時の働かせ方について『了俊大草紙』では次のように述べている。

一、弓を握様、弓の前竹の内かどにくすし指とたけ高指の末のきだめをあて、つよく握て打上ハ、次第々々に手のうちをのづからほどけて、終に握とゞめけるとき打上て引分也。必弓だをしをせんとせね共、放とき手の内くつろぎて、弦はよく返る也。……（以下略）

この文中の「放とき手の内くつろぎて、弦はよく返る也。……」はわが国の射法の特徴である「弓返り」の初見としてよく取り上げられる記述である。

弓を引く場合、漫然と弓を握り、打起しをした後そのまま的方

図146　歩射による戦いの一場面

向に押し延びるように引取り、詰合・伸合に至り発射すれば、左前腕の内側を復元する弦で打つことになる。そこでわが国ではこれを防止するために、いつ頃からか弓構の段階で弓の握り方（手の内の作り方）を工夫し、詰合・伸合の末発射する際、しかるべき方法で（弓の上方から見て）弓を反時計方向に捻じる力を加える技術（手の内を働かせる方法）が考案された。このことにより弦が前腕の外側を廻るようになった。この現象を「弓返り」といい、わが国射法の特徴の一つとしてあげられている。

因みに発射した際に弓を押し捻じるという技術を使わないで苦い体験をした人物に、大森貝塚で有名なアメリカの動物学者E・S・モースがいる。

（京都三十三間堂の）横の原に小さな小屋があり、一セントで弓と十本の矢とを貸す。標的は原の中途のところにある。私は矢を三十本借り、非常に暑熱が激しかったにもかかわらず数回標的にあてることに成功したので、弓を貸す爺さんは驚いて了った。私は弓籠手を持っていず、また矢が弦を離れる時、日本風に弓をひねることができないので、その後二週間も手首が赤くすりむけていた。……（E・S・モース著『日本その日その日』）

これに関連して「鞆（とも）」という弓具についてふれておこう。『年中行事歌合』（貞治二〈一三六三〉年）に「名のみ聞けけふのまとゐの射席も　今は昔としきしのぶ哉」とあり、その註として「弓懸さし鞆などつけて弓射様此頃はしれる人もすくなきや」という歌が見える。この歌からすると、一四世紀中頃には鞆の使用が廃れていたことがうかがわれる。

ここにみえる鞆は獣革などで作り、これに獣毛を詰め物にした拳大の形をしている武具の一種（第二章　図83）で、行射の際これを左手首内側に巻き付けたのである（第二章　図84）。

その用途については、この鞆に復元した弦があたり、その音により威容を示したのである（『万葉集』）といったり、弦で腕の内側を打つことを避けるため（『貞丈雑記』「春草」）とする説などあるが、今日では江戸時代の考証随筆である土肥経平著『春湊浪話（しゅんそうろうわ）』の中にみえる「鞆は手の飾りにせし手纏（たまき）を覆ふ料にせしものなり」という説が有力である。手纏の衰退や弓体の改良と手の内の技術の発達により、打切り射法から手の内を働かせた弓返り射法の開発は、鞆の衰退と何らかの関係があったのではないかと考えられる。いずれにしても『了俊大草紙』にみえる「必弓だをしをせんとせね共、放とき手の内くつろぎて、弦はよく返る也」という記述について、今日の一般的な理解としては、わが国射法の特徴である〝弓返り〟を指しているもっとも古い記述であるとされている。

またこの弓返りについては、多賀高忠著『美人草』の中でも「弓返しをば、大事の物いるにはせぬ也。そのゆへは、射はづさば、やがて二の矢をつがはんためなり。弓返しをしては、をそくつがはるゝなり」、「船中にて弓返しをばせぬ事也」などとみえる。

これについて本多利實翁も『裏学集（りがくしゅう）』の註として「都（すべ）て軍中の弓は打切りとて皆弦形りに射るを定法となすものなり」といっている。要するに軍中や船戦など必ず射中てなければならない敵前（要前）の射においては、万が一弓を取り落すようなことは許されず、また素早く二の矢、三の矢を番えるためにも特殊な握り方（手の内）により弓返りをさせない技術があったのである。それはとりもなおさず平時の的前の稽古においては弓返りが行われていたという証左ともなる。

この弓返りは発射の折に起きる弓手の指や手掌・手首などへの衝撃を緩和するもので、今日運動力学の見地からジャイロ効果の現象を引用して説明されている。

図147　「那須与一と扇の的」の一場面

二　絵図や文献にみる射法・射術

わが国弓射界の動向をみると、平安時代中期から室町時代にかけて弓具が改良され、その弓具に適した射法・射術が確立されるようになる。ただその射が甲冑を着用した実戦の射か、はたまた式服着用で礼法に従い射の基本に法り行う平時の射なのかなど、その目的の相違によって弓具や射法・射術に違いがあった。このことについての一例として源平の戦いを描いた軍記物語から、人口に膾炙している「那須与一と扇の的」について考えてみよう。

1　那須与一と扇の的

『平家物語』（万治版本）の中で判官の命により那須与一が扇の的を射る場面の描写に「しげとうの弓脇にはさみ、甲をばぬぎ、たかひも（高紐―鎧の肩上の先端と胸板を懸け合わせる紐）にかけ、判官の前に畏まる」とある。

この記述からすると、その恰好で扇の的を射たと考えられる。また扇の的と与一の距離は「磯へ七、八段ばかりなりしかば、……」とあり、これを計算すると約八三～九五メートル（一段を六間、一間を京間＝一九七センチとして）もあり、兜を着用した状態で弓を引きとれば、弦が吹返と眉庇（まびさし）との間にかかる。したがって十分に矢尺を取るためには兜を脱いだことはうなずけよう（図147）。

因みに「小兵といふでう」与一が使った矢は〝十二束三伏〟、すなわち九〇センチを越える長矢束であったらしい。『源平盛衰記』（巻二十二　衣笠城合戦事）に「弓をよく射る者共は、兜を着ざれ、……」、『平家物語』（巻四　橋合戦）に「弓を強う引かんが為に、是れも甲をば着ざりけり」、さらに『太平記』（巻十七　山攻事）にも「（本間資氏）猶も弓を強引んが為に、着たる兜を脱置て、脇立（わいだて）（脇楯—大鎧の胴の右脇に立てて隙間をふさぐ部分）許に大童なり。……」などとみえ、甲冑に身を固めていても、矢尺を確保し矢勢や飛距離を出すために兜を脱ぐことの必要性は、当時の弓の達者は承知していたと考えられる。

このことについては江戸時代の弓書の中にも、近世以前から伝えられた敵前射法として兜を脱ぐことについて言及した文献を散見することが出来る。

2　敵前射法・射術

そこで次に兜の有無と矢尺の長さ、右拳の納まり所などに関する江戸時代の参考記事を何点かあげておこう。


〈その一〉

甲冑を着しては矢束もひかざれば、兜を脱て射たること古戦の記録にみへたり。又或説に、着具の上は平常の射形と別なりといへり。（『射法新書』）

〈その二〉

具足心持の事、具足弓射様の事は、先づ弦のさはる所は甲・はら当・よだれかけ・小手なり。甲（かぶと）を妻手へひねりて退けて着し……（『日置流弓之事』）

〈その三〉

冑を着て前立物（まえだてもの）吹返に弦を当てぬ也。これは弦に妙ある故也。（大和流『射法指南』）

〈その四〉

具足引やうの事、常の引様にかはることなし。少し心得は有べし。打上を高く、弓を伏せ、弦を遠のけて引ナリ。物見を少してらして心得射べし。師の伝右の通なれども、具足弓は甚射悪し。大事のものを射るには兜を脱ぎ、又は

図148　「要前」稽古中の筆者

素肌になりて射べし。……冑具足など射様口伝の事……敵を射るに、六七間より内に射べし。（『日置流弓目録』）

確かに実際に甲冑を着用すると、弦が胴廻りの着具に触れ引きにくかったり、兜の吹返と眉庇との間にかかったりして、それ以上矢尺を取ることが出来ず、右拳は右乳から右肩辺りに納まらざるを得ない（図148）。したがってもし矢尺を十分に取ろうとすれば、兜を右に廻したり、脱いだりすることになる。

3　騎射戦について

わが国の武器史を概観すると、平安時代中期〜鎌倉時代初め頃の戦闘は弓矢、特に騎射戦が中心であり、打物は補助的な武器として取り扱われていた。一六世紀中頃に鉄砲が伝来・普及した後も、弓矢は鑓や刀などの打物とともに重要な武器の一翼を担い、長く併存してきた。

これを合戦の様相についてみると、平安時代中頃〜鎌倉時代の戦闘は馬上からの射が中心であり、馬上太刀についての記録はあまり見あたらないが、その後の戦いでは馬上太刀討ちの描写が見られるようになる。また当初の騎射戦は疾走する馬上から射る〝馳射（はせゆみ）〟であったものが、時代が下がるにつれ陣を組んだ状態で馬上から一斉に射懸ける戦法も行われるようになる。

また南北朝時代の軍記物語である『太平記』などでは、馬を停止させ、しっかりと引き込み「暫し固めて放つ」というような描写があり、さらには移動には馬を使用するが、戦闘に際しては下馬し歩射になるという〝下馬射（げばしゃ）〟に移行していった。

このような騎射の在り方の変化の理由としては、木弓から伏竹弓→三枚打弓→四方竹弓→弓胎入り弓へと発展するという構造の変化による引き易さや破損の減少、弾性体としての機能アップなどで、飛距離や矢勢、的中度に格段の向上がみられるようになったこと、さらには重厚ではあるが機動性に問題のあった甲冑から軽量で体にフィットし、体の可動範囲の大きな甲冑の開発があったことなどが考えられる。これに加えて鉄砲の伝来・普及による攻防法やそれに伴う軍装の軽量化は、騎射個人戦から歩射集団戦への変化に拍車をかけた。

第六節　戦場における弓矢の有効性

戦いに用いる用具を総称して武具という。これをその使用目的から分類すると、防御のための武具と攻撃のための武具に大別することが出来るが、今日では一般に前者を武具（Armour）、後者を武器（arms）という用語を用いる場合が多い。なお防御具である武具としては、甲冑以外の防御具である籠手や臑当なども含まれる。また攻撃具である武器としては、撃つ・切る・薙ぐ・突くなどの近接武器である太刀・長刀・鑓・棒などの打物類と、遠戦武器である弓矢類に大別出来る。

ここで古代〜中世の戦闘において弓矢と鑓や太刀などの打物が戦場でどれほど有効であったかについて概観してみよう。

平安時代中期頃から南北朝時代頃までの戦いは、騎射が主要な戦闘法として重んじられ、このことから武士の行動規範を〝弓矢の道〟、〝弓馬の道〟、〝弓矢取る身〟などと表するようになったことは周知の通りである。室町時代に整備された武家故実の中の戦時における行動規範の記述を見ても弓射に関する項目が多く、戦いの中心武器が鑓や太刀、さらには一六世紀中期以降鉄砲が主役となり弓矢がその実利性を後退させても、依然として〝武〟を象徴する武器とされた。

江戸時代に定められた大名統制の基本法である「武家諸法度」の冒頭でも「文武弓馬ノ道、専ラ相嗜ムベキ事」と記されているように、弓馬は武門を象徴する存在として長く尊重されてきたのである。

一　鑓・太刀の効用

さて南北朝時代以降の戦闘の場では弓射の役割は後退し、鑓や太刀などの打物が中心となる。特に戦国時代になり戦法がそれまでの騎射・個人戦に代わり、歩射・集団戦が盛行する中で、鉄砲や弓射の戦いから白兵戦へ展開する中間的存在として鑓の役割は重要な位置を占め、武士の勇敢さや誇りの象徴として〝一番鑓〟、〝鑓一筋〟などと表現されるようになる。

またこの鑓の活躍以上に普及したのが太刀である。太刀は平安時代中期頃わが国独自の製作技術から生まれた反りや鎬のある斬撃用の武器で、一般的にはこれを日本刀、或いは刀といっている。この日本刀は弓や鑓に較べ携帯する武器として適しており、またその形や機能は馬上からの斬撃に効果があったため、その長所を生かしたわが国独自の技法が開発されるようになった。

二　弓矢の有効性—鉄砲との比較において—

弓矢は敵を殺傷するための有効な武器として古代～中世、騎射・歩射ともに戦闘場裡にあって武器の主流として取り扱われてきたが、その後戦法の変化により打物が武器の中心的な武器となり、さらに鉄砲の伝来と普及により武器としての弓矢はその意義を薄くしたという説がある。しかし弓矢と打物や鉄砲との有効性について比較すると、なお弓矢が有効であったことが当時の文献からうかがい知ることが出来るのである。

すなわち一六世紀中頃伝来し急速に普及した鉄砲は、弓矢と比較して次のような利点があったため、わが国の戦いの在り方に変化をもたらしたとされる。

①特別の才能や長年の訓練を必要としないこと
②的中すれば殺傷力が高いこと

しかし当時の鉄砲が次のような点に問題があったことから、依然として実戦では弓矢が効果的な武器として尊重されていたのである。

①発射まで手間と時間がかかったこと
②製作コストが高いこと
③正確な狙いが出来ないこと
④暴発の危険性があったこと
⑤天候に左右されること
⑥敵が恐怖心を余り感じないこと

時代は下がるが、享保年間（一八世紀前期）頃の儒学者荻生徂徠は、兵学書『鈐録（けんろく）』（第二巻）の中で弓矢と鉄砲とを比較し「甲州流では弓士を鉄砲隊に三分一組み込み、鉄砲の弾の続きが遅れた場合、これを弓矢で補う」、「茂みやススキ原、大雨や長雨の節は（鉄砲は役に立たず）弓でなくては役に立たない」と述べている。

さらには「弓は鉄砲にくらべて中りが悪いので、鉄砲さえあれば戦場で弓は必要ないと思っている者がいるが、これは机上の論である。弓は風雨の節やススキ原など、さらには音を出してはいけない場面もあるし、鉄砲の弾込めの間を補う役ばかりでなく、また平時は金次第で焔硝は入手できるが、戦時になれば入手困難になることがあるから、（場合によっては）弓の方が有利である」（『鈐録外書』第二巻）とある。

また平瀬光雄は『新書後編射学精要』（寛政十一〈一七九九〉年）の中で「弓は廿間から五・七間の敵に有効であり、鉄砲は二十間から四十間位がもっとも適当な射距離である。その理由の一つとしては、射手の弾込めの時間がある。一般に弓は鉄砲に劣るとされるが、小勢での機動性は弓の方がある。したがって鉄砲と弓の長短をよく知り、戦況に応じて使い分けることが肝要である」という主旨のことをいっている。

三　弓矢の武器としての有効性の具体例

軍忠状とは武将たちがさまざまな戦いに参加し、そこで自分が立てた軍功を主君に申請し認めてもらい後日の論功行賞の証拠や名誉とすることを目的に作成されるもので、弘安四（一二八一）年の弘安の役に関するものが初見とされる。鈴木眞哉氏の研究によると、今日残されている元弘三（一三三三）年〜長禄元（一四五七）年の軍忠状から、当時の戦いの中にみられる負傷者の原因を分析した結果として次のように報告されている。（『刀と首取り』より）

〈その一〉　負傷者総数　五五四名

矢疵	四八〇名	（八六・六％）
切疵	四六名	（八・三％）
石疵・礫疵	一五名	（二・七％）
鑓疵	六名	（一・一％）

以下　略

この時代は鉄砲がまだ伝来していない頃であるが、この数値を見る限り実戦における戦闘武器の中心は弓矢であり、刀剣類はあくまで第二義的な武器であったことが理解出来よう。

また一五世紀中期応仁元（一四六七）年〜寛永十四（一六三七）年の軍忠状二〇一点を分析した結果は次のようで

あった。

〈その二〉　負傷者総数　　一、四六一名
　矢疵（射疵）　六〇四名（四一・四％）
　鉄砲疵　　　二八六名（一九・一％）
　鑓疵・突疵　二六一名（一七・九％）
　石疵・礫疵　一五〇名（一〇・三％）
　太刀疵　　　　五六名（三・八％）
　　　　　　以下　略

この期間は鉄砲伝来以降の時代が含まれている。負傷者の割合をみると、弓矢による原因が圧倒的に多いことが一目瞭然であり、鉄砲疵による数値が意外に少ないことに気がつく。このことについて鈴木氏は「鉄砲の普及以前の史料が多いことによるものであり、鉄砲疵が登場してきた後の史料だけを集計すると四四％位になる」と分析している。

さらに鈴木氏は『鉄砲と日本人』の中で、文献上鉄砲疵の初見は永禄六（一五六三）年であり、それから慶長五（一六〇〇）年までの軍忠状三八点を調査した結果、負傷原因の明らかな五八四名の内、鉄砲疵が原因であると認められるものが二六三名（四五％）もあったと述べている。

ただ具体的な個々の戦いを比較した場合、鉄砲伝来・普及以降時代が下がるに比例して必ずしもその割合が増加していないことも指摘している。いずれにしても刀剣類に比較しても、また鉄砲の普及後の数値と比較しても、なお弓矢が実戦の場において長く中心的な武器であったのである。

江戸時代二六〇余年の長きにわたり、概ね政治的軍事的に大きな変化がなく平和であったため、武術は形式に流れ華法化する傾向があった。このことは鉄砲においても例外ではなく、先進諸外国からの情報を活かすこともなく、またわが国内でも大きな改良がなされず、依然として手間のかかる先込めの火縄銃形式のものを踏襲していた。さらには鉄砲による実戦訓練も形式に流れ、あまり工夫がなされなかった。

この間ヨーロッパでは戦乱が続き、その必要性から鉄砲の改良に関心が払われ、発火機構の開発、螺旋状の筒へと大きく進歩し、命中率も各段に向上していった。わが国でこの改良された新式の洋式鉄砲が戦闘の主役となるのは、諸外国の圧力に太平の夢を破られた幕末以降のことであり、ここに弓矢は遠戦武器としての役割を完全に終えるのである。

四　伝書にみる弓矢と鉄砲

ここで参考のため、弓と（火縄銃時代の）鉄砲の実利性からの比較について述べた文献を何点かあげておこう。

〈その一〉

兵法は武具の利を知るといふ事　弓は合戦の場にて、かけひきにも出会ひ、鑓わき、其外物きわぎわにてはやく取合はするものなれば、野相の合戦などにとりわきよき物也。城攻めなど、また敵相二十間をこへて不足なる物也。……城郭のうちにしては敷くことなし。……弓の一つの徳は、放つ矢人の目に見へてよし。鉄砲の玉は見へざるところ不足也。（正保二〈一六四五〉年　宮本武蔵著『五輪書』地之巻）

〈その二〉

当時や丶もすれば弓は鉄砲より劣れりとの論あり。嗚呼鉄砲戎蛮の器、弓箭は神代の神器、西土聖人の日を同ふして語るべきものにあらず。然れども時として人を倒し楯を砕くに利あり、一概に論ずべからず。猿木に登れども水に入ては魚鼈（ぎょべつ）にしかず、その時と所にあり。……鉄砲は畢竟薬の力にて発するものなれば、小児をしてはたしなむるとも、利用にかはることなし。弓は習なきものは射ることならず。（享保十七〈一七三二〉年　寒川辰清著『武射必用』）

〈その三〉

鉄炮ト弓トクラベテ、弓ハ間数近ク中リアシク鉄炮ニ及不申候ユヘ、鉄炮サヘアレバ弓ハ無クテモ済候ト覚候ニテモ可有之候。是皆畳ノ上ノ料簡ニテ、以成程アタリノ細カナル所間数ノ延候所、鉄炮ハ弓ニマサリ候ヘドモ、風雨之節モ有之薄原モ有之候。又音ヲ嫌候時モ有之。只玉続ノ間ノ為計ニ弓ヲ鉄炮ニ組セ候者、弓計入用ノ節弓不足可仕、其上太平ノ世ニハ都市ニテ硝煙硫黄ヲ買ユヘ金次第玉薬不足有間敷、戦闘ノ時ニ至リ候者玉薬切〆ノ節ハ不足ナガラ弓モ用ヒ不申テハ叶申間敷候。（荻生徂徠著『鈐録外書』第二巻）

五　武器としての弓矢に対する心情

大林太良著『戦』によると「遠戦武器（衝撃武器）ないし近接武器について考察する場合、武器としての長所、またそれが戦争の仕方や戦争の性格の変化に及ぼした影響と並んで、重要な問題がもう一つある」とし、『西洋の没落』の著者であるオスヴァルト・シュペングラーの武器の心理学に関する次のような文章をあげている。

どの武器も戦闘の様式やそれとともに担い手の人生観についても語っている。特定の武器の発明、分布あるいはエートス（ある特有の習俗や習慣）がある。たとえば弓は一群のヨーロッパ諸族によって非武士的だとして本能的に拒否された最初の遠戦武器である。拒否した諸族の中には、ことにローマ人、ギリシャ人、それにゲルマン諸族の大部分がいた。だからコリントやアッティカの壺に描かれたイオニアのオデュッセウス伝説においては、戦闘場面を特徴づけるに必要な弓は脇に追いやられ、オデュッセウスには一対一の戦闘の武器たる剣が与えられたのである。

中世ヨーロッパにおいても飛び道具である弓やクロスボウの実戦における有効性は認められていたであろうが、なぜか剣・槍の戦いが中心であった。その後鉄砲の登場にあたっても当時の騎士階級はなお保守的であり、〝飛び道具は卑怯である〟という考えがあったらしい。戦いで捕虜となった者の中でも、剣士に対しては鄭重な取り扱いがされたが、銃手は一段低く取り扱われたことからも理解できる。

わが国では刀剣が実戦においてそれほど有効な武器でなかったにもかかわらず、古くから信仰や儀礼的用途、さらには美術的鑑賞の対象として取り扱われてきた。しかし実際の戦闘では銃砲が有効な武器として重要視されてきたことは関連文献の一致するところである。

江戸時代になって林羅山などが〝飛び道具は卑怯である〟とか〝刀は武士の魂〟、〝鉄砲は足軽のもので、いやしくも武士が扱うものではない〟などと主張しているが、これを裏返せば、幕府の対藩対策として諸藩が鉄砲を保有することが軍事上問題であるとする見解であり、武器としていかに有効であるかの証左に他ならないものであったといえよう。

一方弓矢は古代より武器としての有効性に鑑み〝聖器〟、〝神器〟として畏敬の念が持たれていたことは周知の通りである。そして中世になって鉄砲伝来後もなお弓矢は実戦において最右翼の武器として重要視され、時代の伸展につれその実利的価値を失ってもなお〝弓矢取る身〟、〝弓矢の道〟などと称され、伝統的に〝武〟を象徴するものであるとする心情が国民の中に浸透してきたのである。

第七節　元寇にみる彼我の戦法と弓射

一　戦法の相違と弓射

元寇はわが国有史以来はじめて外国から侵攻された戦いであった。そこでこの元寇におけるわが国の戦いぶりと、その中の弓矢についてみてみよう。

まず元寇の経緯についてみると、一三世紀初頭に出たモンゴルのジンギスカンが中央アジアから東ヨーロッパまでを含む大帝国を建設した。そして第五代皇帝フビライの時代にわが国に対し服属を要求してきた。わが国はこれを拒否したため、文永十一（一二七四）年及び弘安四（一二八一）年の二度にわたって来襲し、北九州において戦闘が行われたが、いずれも荒天に遭遇し失敗した。これを元寇（文永・弘安の役／蒙古襲来）という。

この戦いの様子について、文永十一年にモンゴル軍が博多に来襲した折の様子を記録した文献として、鎌倉時代後期に成立したとされる『八幡愚童訓（はちまんぐどうくん）』や『蒙古襲来絵詞（もうこしゅうらいえことば）』があげられる。これらの文献によると、彼我の携行する武器や戦い方に相当の違いがみられ、当時の鎌倉武士たちのとまどいが手にとるようにわかる。

すなわち八幡大神の高徳霊験の偉大さを述べた『八幡愚童訓』（『群書類従』本「神道大系」と校合）によると、戦いの様子について次のような記述がみられる。

蒙古カ矢ニハ二町計射ル間、守護代カ方ニ二人手負ヌ。異敵ハ大勢也。……日本ノ大将ニハ少弐入道覚恵カ孫纔（わずか）十二三ノ者、箭合（やあわせ）ノ為トテ小鏑ヲ射タリシニ、蒙古一度ニドット咲（わら）フ。太鼓ヲ叩、銅鑼ヲ打チ、紙砲・鉄砲ヲ放シ、時ヲ作、其ノ声唱立サニ、日本ノ馬共驚テ進退ナラス。馬ヲコソ扱ヒシカ、敵ニ向ント云事ヲ忘ル。蒙

図151　『蒙古襲来絵詞』（部分）
永仁元（1293）年、竹崎季長が武功を記念するために描かせたとされる絵巻物。

図149　モンゴル兵が使用した木箆の矢

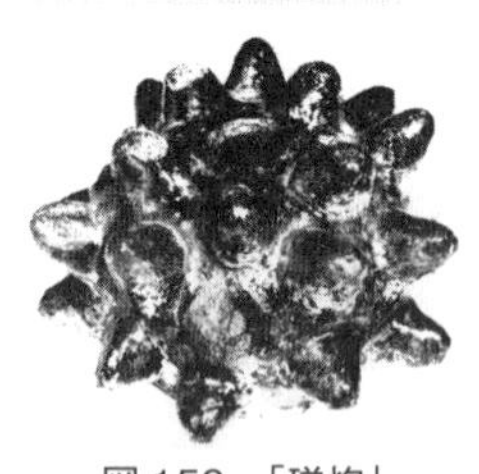

図150　「磁炮」
火薬を鉄器に入れたものを鉄炮、磁器に入れたものを磁炮という。

古カ矢ハ短シト雖モ、矢ノ根ニ毒ヲ塗タレハ、中ル程ノ者毒気ニ負スト云事ナシ。数万人矢鋒ヲ調ヘ如二雨降一射ケル上、鉾・長柄・物具ノアキ間ヲ差テ不レ外一面並ヒテ寄ル者アレハ、中ヲ引退キ、両方ノ端ヲ廻合テ、取籠テ無二残所一討ケル。能振舞テ死体ヲハ腹ヲ開キ肝ヲ取テ是ヲ飲ム。自レ元牛馬ヲ美食ニスル者ナレハ、被二射殺一タル馬ヲハ喰ラヒテ飽満リ。甲ハ軽シ、馬ニハ能乗ル。力ハ強シ。命ハ不レ資。強盛勇猛ニシテ、自在無窮ニ馳行、大将軍ハ高キ所ニ居リ上リテ、引ヘキニ、逃鼓ヲ打懸ヘキニハ責鼓ヲ叩クニ随テ振舞ヒ、逃ル時ハ鉄放（砲）ヲ飛シテ苦ク成シ、鳴音闇高レハ、心ヲ迷シ、目眩耳鳴テ、茫然トシテ東西ヲ不レ弁。如二日本戦一ノ相互名乗リ合テ高名不レ覚ハ、一人宛ノ勝負ト思フ処、此合戦ハ大勢一度ニ寄合テ、足手ノ働ク処ニ我モト取付テ押殺シケリ。……

この文献からすると、まず彼我の戦い方に相違がみられる。すなわちわが国側の大将として少弐資能の孫で一二～一三歳の若武者が、伝来の開戦の作法として小鏑を射た。通常わが国の戦いの儀礼としては彼我が鏑矢を射交わした後に戦いが始まるとされ、これを矢合わせと呼んでいる。ところがモンゴルの兵は日本方のこの作法を見て「箭合ノ為トテ小鏑ヲ射タリシニ、蒙古一度ニドット咲フ。太鼓ヲ叩、銅鑼ヲ打チ、紙砲・鉄砲ヲ放シ、時ヲ作、其ノ声唱立サニ、日本ノ馬共驚テ進退ナラス」とある。

さらにわが国では当時互いに自分の氏素性を名乗り、一騎打ちの個人戦の形式をとるという源平の合戦の頃とあまり変わらない戦い方を常としていた。これに対しモンゴル軍は大将の指揮による集団戦法によるものであった。

二　モンゴル兵の弓射とその威力

このようにわが国の戦闘が重装備の装いで矢合わせや出自を名乗ってから戦闘開始とする伝統的な騎馬による個人戦であったのに対し、モンゴル方は軽装備で飛距離の出る短弓（図16）と矢（図149）を中心として、曲刀・斧・長槍などを加えて〝てつはう〟（手榴弾のようなもの―最近の研究によれば、この文字は後代書き加えられたものとする説が有力：図150）などを駆使した騎兵・歩兵による組織的な集団戦法であったことがうかがえる。

そして毒矢の使用も交え弓矢に長じたモンゴル兵が雨の降るが如く一斉に短い矢を乱射する戦法に、わが国の武士たちの戸惑っている様子が生き生きと描写されている。

ドーソン著『蒙古史』（上巻―田中萃一郎訳補）によると、「（モンゴルでは）弓を以て主要なる武器となせり。故に遠距離にありては攻撃を試み遠矢を放ちて一進一退敵兵を悩まし、その背進の際も騎射を廃せざりき。然れども白刃を揮て接戦することは努めて之を避けたるが如し」とあり、また「（モンゴル兵は）市民を威嚇せんとして一斉に無数の矢を射て、恰も雲の如く城市を蔽い、恰も雲の如く城内に雨下せしめたり」（『同書』下巻）とある（図151）。

さらにモンゴル兵の武器について竹内栄喜は『元寇の研究』の中で『蒙古襲来絵詞』などから次のように述べている。

その携帯武器は短弓、稍曲れる刀、長槍若くは斧（長槍若くは斧を有せる者は短弓を帯せず）にして、別に火箭及鉄砲を使用せるも、これは補助兵器たるに過ぎない。最も主要なる兵器は短弓にしてその射程二町（二百米強）に達し、短弓を有する各兵は箭筒に多数の矢を携行して居る。この短弓は現今の小銃弾薬に相当するものであって、其携行数の多寡は戦闘力に影響すること少なからぬものがある。

以上の文献の中にみえるモンゴルの短弓は、動物の角や腱を貼り合せた複合弓であり、わが国の木・竹の複合弓と比較して弾性限界が高く反発力もあった。したがって飛距離も相当出る弓であり、わが国の弓に比較して機能面ですぐれていたと考えられる。

有史以来異なった武器や武具、戦術や戦法を駆使する異民族との初めての戦いの中から得た貴重な体験が、その後国内での戦いにどれほど活かされたかについて今後検討する必要があろう。

第八節　弓術流派を考える

一　武術流派について

われわれの先祖は狩猟や人間同士の戦いから身を守るために、身体やその延長としての道具を考案し、それを有効に操作する技術に工夫を凝らした。しかしその技術は当初は親から子へと伝えられる通常の生活技術の域を出ないものであり、たとえ常人を超えた能力を持った人物が現れても、一代限りで終始するものであったと考えられる。このような在り方は時代が進み、機能的にすぐれた武器が開発されても長い間続いた。

しかし時代が下がるにしたがい、戦闘法や武器・武具の進歩とともに武技に対する考え方に変化がみられるようになる。すなわち従来のように単に先天的な体格や運動能力のみに頼るのではなく、身体や武器の操作法をさらに有効にすることに工夫を凝らすようになる。そしてある時期に他の追随を許さないほどのすぐれた技法を考案した天才的な人物が現れるようになる。この人物がいわゆる流祖と呼ばれるのである。

そして開発されたその技法が高度なものであればあるほど高い評価を受け、それを従来の親子や血族集団という狭い範囲の対象者に伝達するだけでなく、その技法を学びたいと願う者に対しても広く教授するようになる。またその技法を効率よく学習させるために、技法の体系化や合理的な指導法を開発するようになる。このような経緯で誕生したのがわれわれの理解する武術における流派であるといえよう。

ところで戦いの場で有効な働きをするには何にも増して先天的に恵まれた膂力が重要な要件であることはいうまでもない。特に騎馬・個人戦であった時代は、大鎧のような重装備で動くことが出来る体力が必要であり、しかも馬の機動力を有効に使いこなす技術が求められたのである。しかしその後歩兵・集団戦へと変化する一方、弾性体としての弓の性能が上がり、さらには鉄砲の伝来・普及によりそれまでの騎馬・個人戦も有効な方法ではなくなっていった。

つまり個人的な能力に頼るのではなく、歩兵による集団的組織的な戦いへと移行していったのである。このようなことから甲冑も重装備から身体にフィットした軽装備の甲冑へと変化していった。このことはとりもなおさず重装備の制限された身体の動きから解放されることを意味しており、それにともなって弓術をはじめすべての武術ジャンルに身体の可動範囲が広くなり、そのことにより新たな技法が開発されるようになっていった。

さて流派として社会から認知されるには、開発された新たな技法が通常の訓練では獲得出来ないほど極めてレベルが高いこと、しかるべき教習方式と定められた手順にしたがった専門的訓練を継続的に行えば、非力な者でも自分よりすぐれた体格・体力の持ち主に勝つことが出来るという内容を持っていることが必要であった。

また流派の存続には単に身体操作のみでなく、それを裏付ける心気の在り方の重要性に対する気付きや、その流派の持つ確固たる意義や理念が不可欠であった。さらにはそれらを次代に伝達する方法として、古代・中世以来の宗教や芸道世界の伝承の在り方を範としながら、多様な技法を集約した一定の〝型〟を作り、その伝達方式を確立することを必要としたのである

二　弓術流派の二つの性格―実利の射と儀礼の射―

1　実利の射（武射）

弓射が実利を目的とする場合は、具体的に表現される射術の優劣が生死に関係してくるので、おのずから射術向上に対する真剣な努力が払われるようになる。

戦闘法の変化やそれに伴う武器・武具の進歩、殊に鉄砲の伝来と騎馬個人戦から歩兵集団戦への転換は、弓射を下級武士のものとした。このことは実利的歩射々術の向上におおいに寄与したと考えられる。

射術にすぐれた人物はいずれの時代にも存在していたが、室町時代中～後期にかけて、それまでの重装備の甲冑着用による制限された動きから、軽装備で機動性にすぐれ、可動範囲の広い甲冑が考案されるようになり、その中から目的達成のために万人に適用出来るもっとも合理的な射法・射術が考え出されるようになる。

この普遍的射法・射術に照らし専門的且つ継続的に修練すれば、非力な者でも高度な技を体得することが出来るという技法を考案した人物が現れるようになる。これが流祖を呼ばれる者であり、その技法体系や伝達様式が整備されることにより、流派が誕生するのである。

武術界では室町時代末期の戦国動乱の時代から織豊時代に新たな流派が誕生し、その後分流分派活動がみられるようになるが、このことは弓術においても例外ではない。一五世紀末～一六世紀初頭に現れたわが国弓術中興の祖とされる日置弾正正次（へきだんじょうまさつぐ）から吉田重賢（しげかた）・重政父子に継承された日置流は、その後時代を経るにしたがって分流分派が行わ

れたという経緯は周知の通りであり、他の主要武術流派と軌を一にしている。

一方わが国の弓射の在り方が中国弓射文化の影響を受け、古代朝廷儀礼式の一環として行われたことはすでに述べた。そして中世武家社会の中に古代の貴族的な遊芸文化を憧憬するという社会的条件が醸成されることにより、和歌や蹴鞠・放鷹などの文化的な性格や遊芸的な性格を持つ家柄と同様、弓射故実にすぐれそれを継承し教授する家柄が現れるようになる。

2　儀礼の射（文射）

西山松之助氏は『家元の研究』の中で、家元の性格を抽出して幾つかの項目をあげているが、その中の一つとして、家元は流祖以来代々にわたり伝統的な家芸、または芸能血脈の正統たることによって保有する一切の権利（技能の秘匿権、型の統制や改訂権、教授・相伝・免許に関する権利、装束・称号などの権利、施設や道具を統制・改訂する権利など、さらにはこれらから得られる経済的利益を独占する権利）を持っている家柄であるとしている。

今日われわれが知る小笠原家はこの性格を持つ家柄であり、後代その家名をとって小笠原〝流〟と呼んでいるが、これはあくまでも弓射故実家としての小笠原家の〝やり方〟であり、三十世宗家小笠原清信氏も「私たち小笠原家の者は自分から小笠原流と名乗った記録はない」（『小笠原流』）と述べているように、小笠原家の〝遺風〟とか〝家風〟という性質のものなのである。

一方実利的有効性を要求される戦闘場裡における弓術は、勝ち負けや的中の可否が家の権威や面目、個人の生命に及ぶこともない遊芸的儀礼的な世界と違い、絶対不敗の技が要求される実力の世界であり、その相伝は技の伝承とともに次代への資格の授与権をも併せて与えるという完全相伝形式によらざるを得ないものであった。日置流諸派はまさにこの性格のもとに分流分派したものといえよう。

したがって弓射における流派を考える場合、弓射のもっとも素朴且つ核心的要件である飛・貫・中、或いは中・

貫・久という実利性を主眼とする射術を中心課題とし、独自の射法・射術を打ち出した日置流系の各流派と、故実的世界に独自性を持つ〝家〟の在り方とは自ずからその性格を異にするものであるといえよう。

　このように弓射の流派に言及する場合は、他の武術に比べ若干その性格を異にしていることを十分に認識する必要がある。すなわち巷間にあげられる弓術流派がどのような背景や目的のもとに成立したかによって、他武術ジャンルと異なる性格のものもあるということである。要するにその流派の主要な特徴が遊芸的故実的性格にあるのか実利的性格を持つ流派なのかによって在り方が相違するということに留意しなければならないということである。

　したがって故実的性格を主要な特徴として弓射の流派を考える場合は、古くは平安時代～鎌倉時代に遡ることが出来る。これは当時のそれぞれの〝家〟が採用したその家独自の故実的性格のやり方というような意味合いであり、後代の武術としての弓術流派としての在り方とは性格を異にするものであるということを理解しておく必要があろう。このことについて関連する先行文献の幾つかをあげておこう。

三　弓術流派に関する先行文献

弓術の流派に関しては次のような文献をあげることが出来る。

①興道（紀氏）門風相承、能伝㆓射礼之容儀㆒、大同年中、有㆓従五位上伴宿祢和武多麻呂㆒、亦伝㆓此法㆒、由㆑後生武士況效㆓両家之法㆒、頗有㆓異同㆒、大体維一也。（承和元〈八三四〉年）『続日本後紀』仁明天皇）

②親王（桓武天皇の第二子葛井親王、九世紀頃）頗善射芸、有㆓外家大納言之遺風㆒（元慶三〈八七九〉年『文徳実録』）

③弘仁・天長・承和（八一〇～八四七）の三代にわたり朝廷に奉仕した紀朝臣真道という人は門風相承てよく射礼の容儀を伝えた。またそれより前の大同（八〇六～八一〇）時代、伴宿祢和武多麻呂という人物もこの法を伝え

た。後世の武士たちは長い間この両家のやり方を踏襲したとされる。さらに寛平（八八九～八九八）の頃に出た文徳天皇の子で源能有という人は弓馬の芸に達していた。その婿にあたる源氏の祖である貞純親王もその法を受け弓馬の芸にすぐれていたので、源氏一族は皆箕裘（ききゅう）の業（ぎょう）（父祖伝来の家芸）とした。（宝永六〈一七〇九〉年序　新井白石著『本朝軍器考』）

④弓流之事　わが国の弓射流派は日本流・日置流・吉田流のみである。その元は伴流・紀流の二流が弓の元祖である。（宝暦三〈一七五三〉年　多田義俊著『秋斎間語』三）

⑤（紀流・伴流は）射礼の容儀を称しているのであり、射術のことを称しているのではない。すなわち伴・紀両家は射礼を伝えた家柄なのであって射術の家柄ではないので、後世の日本流・日置流・吉田流の射術の流と同列であると理解すべきでない。（安永三〈一七七四〉年 伊勢貞丈著『秋斎間語評』）

⑥武士の習学ぶべきは正しい古流である。日本流・鹿嶋流は古流であるが、今はほとんど伝わっていない。武田流・小笠原流は専ら射礼の法式を第一とする。（享保十七〈一七三二〉年 寒川辰清著『武射必用』）

⑦当流（吉田流）の弓術は二百年このかたから始まったものである。後土御門天皇の時代、文明年中（一四六九～一四八七）頃日置弾正意得公という人物がいた。この人物は古流の射形に大変すぐれていた。当時わが国は大きく乱れており、天下の武士たるものは一日も心安まる日はなかった。このような時代、意得は古流の礼射を学ぶことよりも、乱世の時は武射を学ぶことを主張した。

しかしながらいずれの古流の射形（儀礼の射）も武射の役に立つということはなく、意得公の意にかなうものではなかった。そこで数年昼夜工夫をめぐらし、ついに一流を創始したのである。この一流を鍛錬すれば、堅いものでもよく射抜き、箭を遠くへ飛ばすことが出来、さらによく的中することが出来るようになる。この飛・貫・中の三条件を日置の三徳という。この三つを修得することを志して不断に鍛錬することが必要である。このような射を武射というが、この射の在り方には礼射の要素は全くない。日置流は武射一辺倒であることを知るべきである。（『古今弓道吉田家由来』）

これらの文献からすると、平安～鎌倉時代から弓射の容儀にすぐれた家柄が存在し、代々それぞれの家独自のやり方が行われていたことがわかる。そして古流としてあげられる伴流や紀流などは、大伴家や紀家独自の射礼の容儀を指しているのであり、一六世紀頃に登場した日置正次の飛・貫・中を目的とするような実利の射を主眼とするような射風のものではない。要するに伊勢貞丈が『秋斎間語評』の中で述べているように、伴・紀両家などが伝える射芸は、儀礼射を伝える家柄であって射術の祖ではないのであり、後世の日置系各流派と同じ性格を持ったものではないということを理解しておくことが肝要であるということである。

四　弓術（武術）流派の伝授方式の確立

1　芸道界における家芸伝承の在り方

先に述べたように、芸道の世界では流祖以来の家芸を受け継いだ家元（宗家）は、その正統たることの理由により保有する一切の権利を行使することが出来る世界であり、家元を頂点とするさまざまな段階の保有資格者によるヒエラルキー（ピラピッド型の階層的組織構造）を構成する。因みにここでいう権利とは次のようなものが考えられる。

・技の踏襲や変更などに関する権利
・上演に関する権利
・施設や設備、道具などの保守や改変に関する権利
・懲罰・破門などに関する権利

・相伝・免許など資格授与に関する権利
・これらから得ることの出来る収入を独占する権利
師と弟子とのこのような関係を西山松之助氏は、不完全相伝形式の性格を持つものとして説明している。

2　弓術（武術）界における家芸伝承の特徴

武術の世界において流祖の開発したすぐれた技法を次代に相伝する方式は、真言密教の修行法や伝承方式からの影響を多分に受けていると考えられる。その証拠として草創期の武術の伝書伝巻には多分にマジカルな呪文や教義が記されているケースがみられる。

また武術の世界はその特性からして実力が歴然としている世界であり、そのために師は弟子に伝えた技法・心法すべての事柄とそれに伴う資格の授与に加え、その弟子がさらに次の世代へ伝達する裁量権や資格授与権をも含め許可することを認めるという性格を持っていた。

また江戸幕藩体制においては、軍事権は外交権とともに幕府の専権事項であり、軍事的性格を有する武術流派が藩を越えて組織化することは幕府にとって認め難い事柄であったと考えられる。

このような理由から武術界では師から弟子へ資格を授与するにあたっては、芸道界における家元や宗家が保有している一切の権利をも併せて授与するという、いわゆる完全相伝形式を採らざるを得なかったのである。武術界で分流分派活動が盛んに行われたのはこのような理由からであり、師家という存在はあっても特別のケースを除き一般的にいって芸道界に存在するような家元（宗家）は存在しないといえよう。

3　弓術（武術）の伝授について

①誓紙（誓詞）の提出

弓術（武術）に志す者は常に生死と深い関わりがあったため、厳しい技能訓練とともに絶えず心気の鍛錬が求めら

図152「熊野牛王符」（熊野本宮大社）

れた。そして真摯な態度で師の教えを忠実に守り、自分の言動に偽りのないことを神仏に誓うことを表明するため師に誓紙（起請文）を提出するしきたりがあった。

この誓紙は一般的には古代末期に始まり、中世になるとこれに血判が加えられるようになり、近世になると武家社会において主従関係や役職就任の折にこれの授受が行われ、武術界にも広まっていった。すなわち武術界においては学習者がしかるべき師に就き武術を稽古するにあたっては、入門の手続きとしてまず最初に師家に対しこの誓紙を提出した後稽古が許されることになるのである。

それではこの誓紙が具体的にどのようなものなのかについてみてみよう。まず誓紙に使用する紙は熊野那智大社や本宮大社などから戴いた八咫烏を描いた牛王宝印の料紙（図152）を用い、その記載内容は通常起請文前書と神文から構成されている。前書は師から学んだ事柄については他流へは勿論のこと、親兄弟たりとも決してみだりに漏らさないこと、転流派は決してしないこと、他流派を決して羨やまないこと、対人武術の場合は他流と仕合をしないことなどの誓いを箇条書にしたものである。

また神文は、日本国中大小神祇をはじめ武神として尊崇されている鹿嶋・香取両大神や、摩利支尊天・八幡大菩薩などを列記し、これら神仏に対して、もし前書に記した誓いに違背した場合は八咫烏が一羽死に、本人も吐血し地獄に堕ちるという神罰冥罰を蒙るべきであることを内容としたものである。

なお誓紙を提出するにあたっては師の前で署名（花押）し、さらに血判を押す。なお血判の作法についてはさまざまある。因みに江戸時代後期の弓術の門人帖から起請文の一例をあげると次のようである。

起請文

一、日置流一通りの射形師弟の契約仕り候上は、御相伝の通り努々愚かに存ぜず信心深く仕るべき事
一、日夜朝暮油断なく稽古仕るべき事
一、執心浅くて実法に驚くまじき事
一、相学仕まじく候。付他言の事
一、他の弓の剛なるを見て、我が弓の弱なるを捨つる義有まじき事
一、当家の稽古届き仕らざるに、他流に移り替り申すまじく候。併しことにより貴公に其の意を請わば、御指図次第に仕るべき事
一、向後別して御指南に預かるべき上は、射形の義に就ては親子の如く大切に存ずべき事
一、万事師匠に対し後闇きこと申すまじき事

右の趣聊も如在なく稽古仕るべく候。若し題目を指させこれなく、沙汰無きに依り稽古を相止め、法度に背くにおいては、忝くも八幡大菩薩、殊に日本国大小の神祇の神罰明罰を蒙るべき者なり。仍て起請文件の如し。

○の□右衛門　（血判）
◇の△兵衛　（血判）
▽の◎之助　（血判）

※以下、天明八年より文化八年までの門人名を列記

『日置流竹林派の誓紙』（丸亀市立資料館蔵　横田文書より）

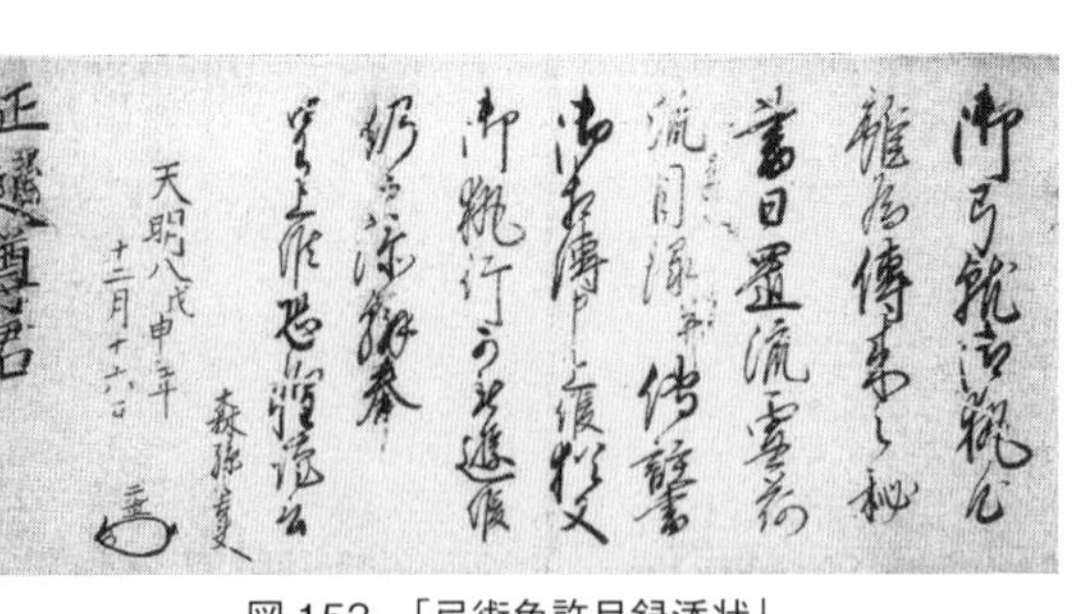

図153　「弓術免許目録添状」
天明8年（1788）、森元直より大多喜藩主松平正通宛

②資格認定状（証状・伝授状）

入門した弟子は師から技法・心法をはじめ、各種弓射の儀礼に関わる式法や施設・設備・用具などに関するさまざまな技能や知識について教授される。そして師はあらかじめ決められている数次の到達段階の中から、所定の水準に達した弟子に対して、その資格である証状や伝授状を授与する（図153）。またその伝達方式は、先行する宗教界や歌学における古今伝授の方式からの影響を多分に受けた方法で行われる。

すなわち師家では流祖・先師の確立した技法・心法などを、ある一定の教習体系のもとに整備し、それにしたがって弟子に教授する。弟子はその教習内容を稽古するわけであるが、各流派ではその教習課程を切紙や目録・許・印可など初歩の段階からおよそ三〜十数段階の階級を設け、それぞれの到達レベルに応じた資格を授与したのである。またその資格認定証である証状や伝授状などを授与するにあたって、師家はその都度弟子に対し起請文前書と神文とからなる誓紙を提出させることを慣わしとした。

さて師は弓射にかかわる運動技能を、それぞれの流派が持っている特徴ある学習体系のもとに、弟子の心・技の進捗状況や修行に対する姿勢などを考慮しながら、直接身体活動を通して教授する。そこで次にそれぞれの流派の先達が確立してきた特徴ある技法や心法などをどのような方法で次代に伝達したかについてみてみよう。

③口伝・口訣（口頭による伝達）

師より弟子に直接口頭で技法・心法などを伝えることをいう。弓射術（武術）は芸道やスポーツと同様身体運動技術の世界である。したがって技法・心法が高度になればなるほど、流派の奥儀や真意の微妙な伝達は文字ではどうし

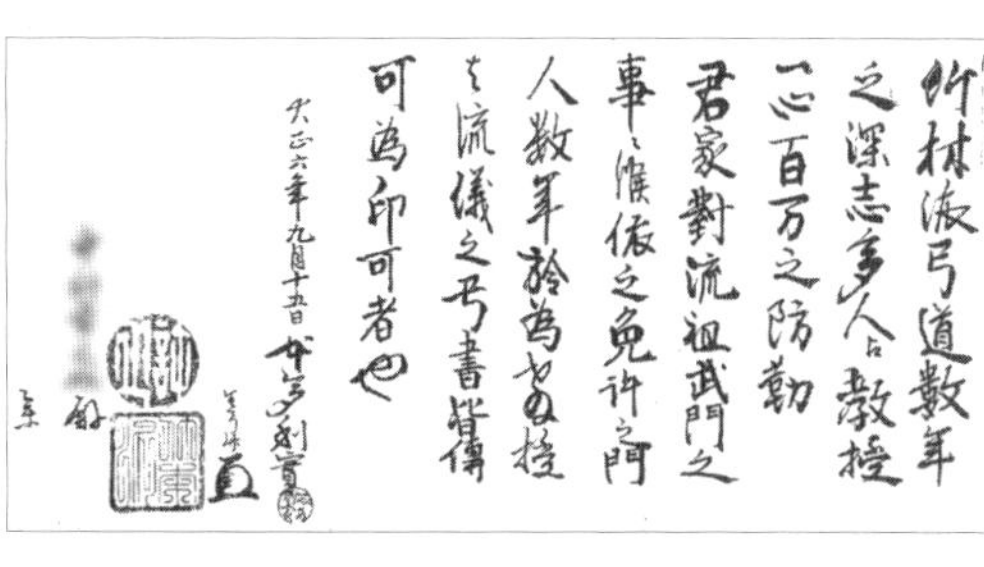
竹林派弓道数年
之深志多人ニ教授
一心百万之防勤
君家對流祖武門之
事ニ准依之免許之門
人数年拾為七名授
之流儀之弓書皆傳
可為印可者也
大正六年九月十五日

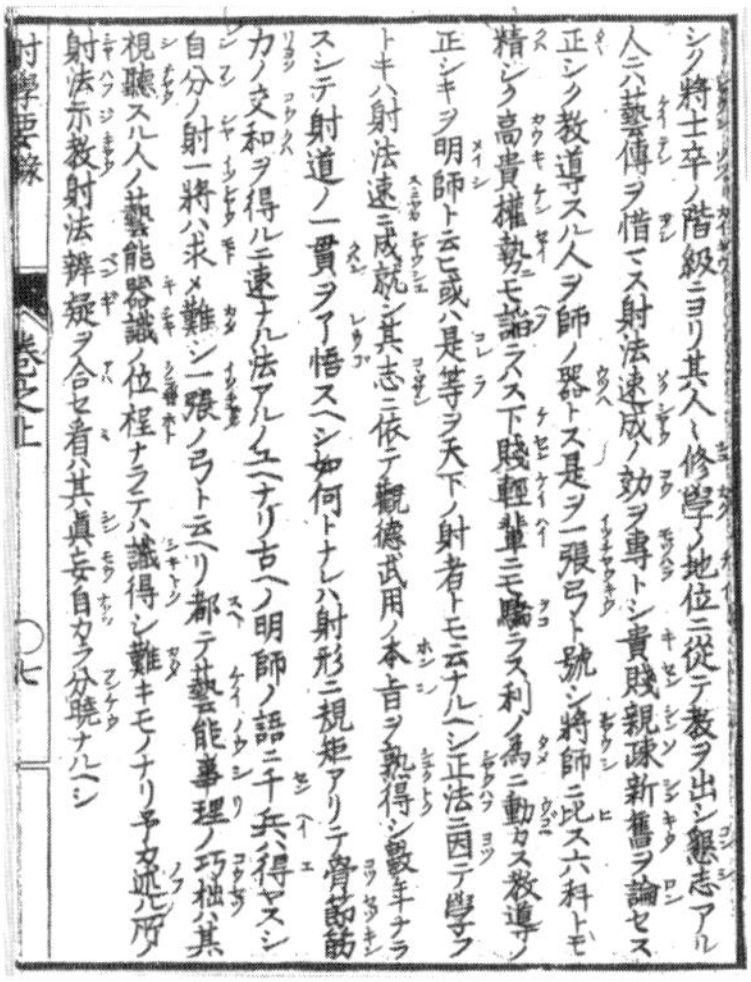

図154
「印可状」の一例（竹林派）

図156　『京都三十三間堂矢数帳』

図155　『射学要録』（部分）

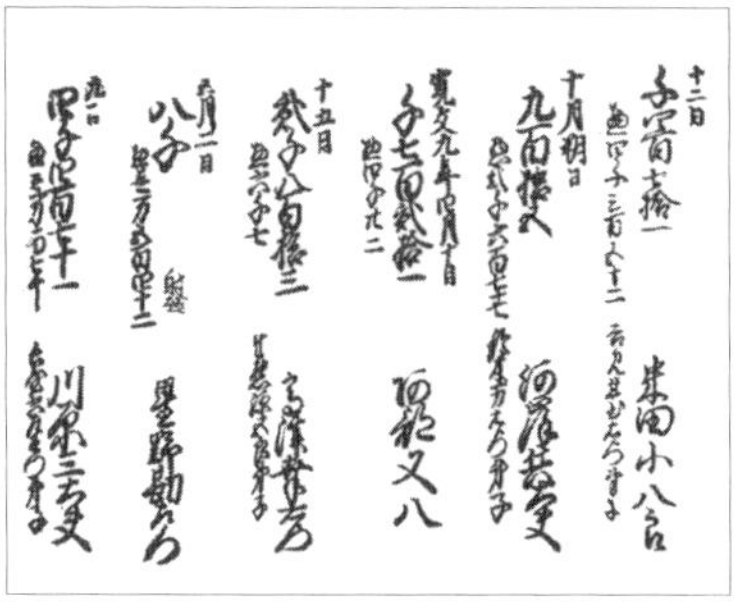

図157
『京都三十三間堂矢数帳』（部分）

ても表現出来ないことから、師は口頭によって直接重要事項を教授することになる。そしてしばしば比喩的な表現が用いられる。

巻末によく〝以下口伝〟とか〝可秘々々〟と記されている伝書を目にすることがあるが、これは決して伝達内容を商品化しようとしたり、出し惜しみをしているのではなく、「道は秘するにあらず、しらせむが為なり」（『兵法家伝書』）とあるように、重要な事柄については誤解なく正しく次代に伝達するために、敢えて文書化せず、直接口頭に委ねるという意味が含まれているのである。ただ弟子はこの口頭による教えを忘れないようにするため、メモとして書き留めて置くという場合があった。これを後に備忘録として整理したものが「口伝書」や「聞書」となるのである。

④書伝（文書による伝達）

書伝とは広義には文字化したすべての書巻類を指すが、狭義にはその流派の事理を次代に正確に伝えるための内容を整理し文書化した書冊をいう。

したがって広義には先にあげた資格認定証である切紙・目録・印可（図154）などから、狭義には『美人草』のような伝来の弓馬儀礼式に関する故実書や、『弓道自賛書』（大和流）に見られるような自流派の全体像について述べた書冊をはじめ、『射学要録』（図155）のような流派を超えた立場からの弓道論、『当流目録二十一ケ条解』（印西派）のような師の教えをまとめた聞書のような書冊類があげられる。

なお武術に関連する史資料として次のようなジャンルのものがあげられる。

〔随筆・伝系図・弓具製作・競技記録など〕

『尾府御家中武芸はしり廻』のような随筆、『本朝武芸小伝』・『張藩武術師系録』のような流祖や中興の祖の略伝や伝系・系譜などの総覧、『用射録』のような職人が弓具製作に関して述べた書冊、さらには『矢数帳』（図156・157）のような競技記録簿などがあげられる。

〔その他（道場関係・献額・記念碑・墓碑など）〕

師家道場や藩校道場の見取図・使用規定・入門帖・各地の神社の奉納額・著名な弓術家の顕彰碑など。

⑤技許・義理許・金許

さてしかるべき技術レベルに達し人物的にも優れた学習者に対し、それに応じた資格が与えられるのが通常の在り方である。しかし江戸時代を通して必ずしもこの在り方が遵守されなかったケースが武術界に少なからずあったらしい。このようなことは弓術界においても例外ではなかったと考えられる。

すなわち資格授与は技法・心法ともにすぐれ、人物的にも立派で、信頼のおける者に対して行われる〝技許(わざゆるし)〟が本来の姿であるにもかかわらず、開幕後百年を経過した頃になると「貴族の威勢または金銀に迷い未熟の仁にも（資格を）許す」（尾張藩　近松茂矩著『芸術要覧』）、「諸芸の見分むださわぎ、武芸先生御役替、免許皆伝金次第」（寛政八年大田南畝著『半日閑話』）とあるように、すでに主人筋や義理ある人との関係から技倆不十分な者に対しても止むを得ず資格を与える〝義理許(ぎりゆるし)〟や、金品の贈与を受けることにより技能未だ未熟な者に対し資格を与える〝金許(かねゆるし)〟が横行しており、武術の世界が堕落している様子がうかがえる。

第九節　弓術流派の発生・成立と分派活動

現在のところ鎌倉時代の射法・射術に関する文献は残念ながら見当たらず、室町時代になってからようやく断片的な記述がみられるようになる。たとえば『美人草』（『就弓馬儀大概聞書』寛正五〈一四六四〉年）には「弓返しをば大事の物にはせぬ也、その故は弓返しをしてはおそくつがはるゝ也」とあり、また『就狩詞少々覚悟之事(かりことばにつきしょうしょうかくごのこと)』（年代不明）にも弓返しについて前掲史料と同意のことが記されている位で、射法・射術全体に関して述べた文献は見当たらない。現在判明している射法・射術について記述したもっとも古い文献としては先にあげた『了俊大草紙』が知られている。

この文献は内容的には武家故実について述べたものであるが、その中に足踏から放れまでについて、具体的に言及している部分がある。同文献の成立は室町時代初期（一五世紀初頭）であり、後に述べるわが国弓術中興の祖といわれている日置弾正正次―吉田重賢より一世紀も遡る点で弓術史上貴重な文献といえよう。現在のところ射法・射術に関して具体的且つ全体的に記述した文献としてはこの『了俊大草紙』が嚆矢である。

一　実利の射日置流の誕生―日置弾正正次の登場―

『了俊大草紙』が著述された時代から下がり、一六世紀初頭に活躍した日置弾正正次については非実在説、実在説、吉田重賢同人説など諸説紛々である。

まず非実在説としては正次の生没年や出自など、さらにはその行動について後代の文献には残されてはいるものの、信頼のおける史料が乏しいという理由からである。また正次・重賢同人説もあるが、これを証明する確たる文献もない。このようにこれまで弓道史研究の中で、正次に関する良質の文献が見当たらないため、さまざまな説が存在することになる。

さて今日われわれが目にする吉田系の日置流各伝書や大和流伝書などでは日置流の祖として日置正次をあげている。また正徳四（一七一四）年日夏繁高編『本朝武芸小伝』や天保十四（一八四三）年羽鳥耀清・池田豊直・青山敬直共編『新撰武術流祖録』、『射術略伝系譜』（東北大学狩野文庫）、大和流廣瀬親英の『弓道大系図』などでも同様な記述がある。

また近代になってからは樋口臥龍氏や村河清氏、さらには平野栄氏・石岡久夫氏らが正次について研究を行っている。それらによると、正次実在説を前提としたものである。そこでこれらの説を考慮に入れながら正次像についてみてみよう。

正次は政家・政次・豊秀・影光などの別称があり、生国は大和・近江蒲生郡・伊賀国柘植説などあるが、一般的には伊賀の日置村の生まれで、後に大和に住み、逸見系弓術から何らかの影響を受け修行を重ねたものとされ、歿地は高野山・伊賀の両説がある。

『本朝武芸小伝』によれば「大和の人なり。弓術を好みて其の妙を得たり。吾が国弓術中興の祖なり。往古より弓術を以て名を顕す者多しと雖も、而れども其の強弱、審固、持満を詳らかにせず、正次独り其の微妙を得たり。謂ふべし、古今に傑出せりと。正次諸国に遊び、後紀州高野山に趣きて、剃髪して瑠璃光坊威徳と号す。五十九歳にして死す」とある。『新撰武術流祖録』もこの説を踏襲している。

二　日置正次の功績

正次は戦国動乱の時代を背景に、実戦の体験を通して飛・貫・中の極意を悟った弓術史上一大エポックを画した人物であり、当時貴族流として常に中央にあり、時の権力と深く結んでいた儀礼家の射の在り方に対し、射儀をしっかりと学ぶことは大切であるとしながらも「此日置流は射手の肝要にして家風に順はざる事なり。之に依りて一切他流を取り合わぬ儀也」とする強い自信と信念を背景に、己の会得した射術を世に弘めるために諸国を巡り、勧進的・辻的興行を行った人物として有名である。

すなわち正次は貴族や武士の専有物のような存在であった弓矢を広く普及させるために、身分の上下に関わりなく、誰にもこれを開放したことで知られている。時あたかも全国各地に一揆が続発している時代であり、弓矢は単に武士のみのものでなく、一般庶民にも浸透していったであろうことが推測出来るのである。ここで正次が各地で行った普及のための行動について見てみよう。

旧来の弓射の在り方を打破し革新の射を創始した正次は、全国各地を遊歴し辻々に衆を集め「……士農工商を撰ハす弓道に秀でゝ中りもこまやかなる射手を頼、勧進元を射手と定、小屋をかけ的場をつき、諸方の射手を集て両方立わかれ、一七日の内所務を射さしめ晩景に及ぶ時、ちゐさき的を立て諸方より来る射手の内に上手を勧進元の上手と立ならひ、中りを見て、勧進元射手負くれば其場をやふり、勧進元勝時は一七日これを射さしめ」（『辻的之書』享保九〈一七二四〉年）たのである。
所務的は別に勧進的とか勧請的・辻的ともいい、当初は寺社の新築や修理の寄付を募るための催しであったが、後には金品を賭けて射を争うような催し物となっていった。そして正次は所務的を開催するにあたり、的場に次のような制札を立てた。

制　札

此場におゐて射手見物人等礼儀を正しくすべし。尤も喧嘩口論有るべからず。若堪忍なり難き事之有ば、後日を約して他所にて神妙に本意達らる可き事。勿論越矢それ矢に中る人、仮令失命に及ぶと云共、其身の損たるべし。中外勝負付当場の定にして、射手より異論有べからざる者也。
右堅相守らる可き事　　下知件の如し
年　月　日

この制札から、射を行ずるにあたっては射手は身分の貴賤高下に関係なく皆平等であり、俗世を離れ私事を挟まず、射そのものに真摯に取り組み、真なる技の追求に専念せよ、とする正次の弓に対する強い姿勢がうかがわれる。このようなことが日置弾正正次をわが国歩射弓術中興の祖として、後世高く評価する所以でもある。

三　日置流の分流分派活動

弾正正次は創始した革新の射術の普及活動のため各地を遊歴したが、明応三（一四九四）年と、同九（一五〇〇）年の二回にわたり湖南に住む吉田重賢・重政父子の元を訪れ指導にあたり、そのすべてを伝えた。この吉田家は頼朝以来の名家近江佐々木氏の一族であり、代々蒲生の地に住み、近江西方の固めにあたっていた。吉田重賢はその十一代にあたる人物である。

さて弾正正次から重賢・重政父子への伝授については『片岡家譜』（『武芸小伝』巻三）に次のようなエピソードが見える。

重賢の母は夢に三日月が体に入るのをみて懐妊した。重賢七歳の時、彼を膝下に置き「私はお前を産む前に体に三日月が体に入る霊夢をみたが、三日月は弓の形をしているからお前が将来弓術で名をあげるという祥瑞に相違ない。これからはしっかりと弓術の稽古に励みなさい」といって小弓を与え日夜稽古をさせた。十五歳頃になるとますます稽古に励み、各地に良き師を求め努力したが未だ神妙の域に至らずにいた。そこで時を経た明応八年、近くの吉田八幡宮に参籠して加護を祈念したところ、満願の朝の霊夢に白髪の老人が一本の矢を持って現れ、手を挙げ「是を」と云って去って行く夢を見た。

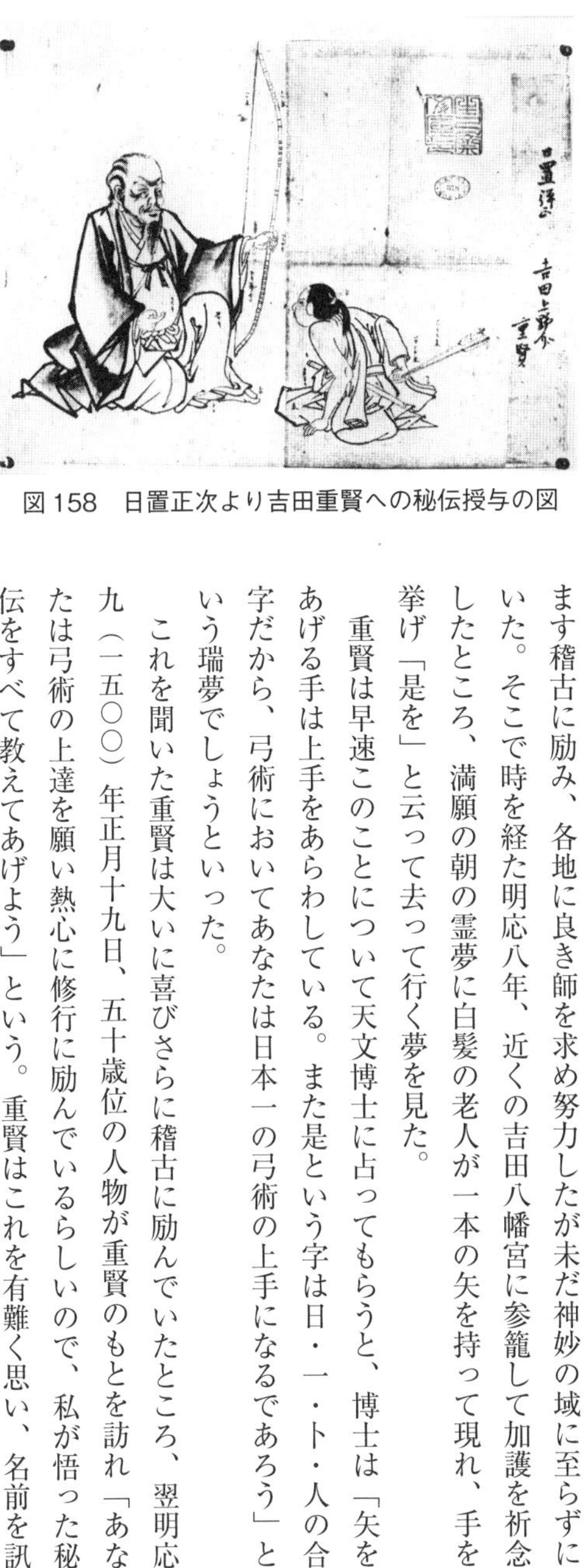

図158　日置正次より吉田重賢への秘伝授与の図

重賢は早速このことについて天文博士に占ってもらうと、博士は「矢をあげる手は上手をあらわしている。また是という字は日・一・ト・人の合字だから、弓術においてあなたは日本一の弓術の上手になるであろう」という瑞夢でしょうといった。

これを聞いた重賢は大いに喜びさらに稽古に励んでいたところ、翌明応九（一五〇〇）年正月十九日、五十歳位の人物が重賢のもとを訪れ「あなたは弓術の上達を願い熱心に修行に励んでいるらしいので、私が悟った秘伝をすべて教えてあげよう」という。重賢はこれを有難く思い、名前を訊ねると「日置弾正である」と答えた。その態度尋常でなく威厳があった（図158）。

重賢はこの人こそ天から授かったわが師に違いないと思い、当時二十六歳になった嫡子重政を伴い昼夜修行を重ねること七年、永正四（一五〇七）年弾正正次の秘術を悉く修得し印可を授与された。そして同年弾正正次はいずこへか去っていったという。

四　日置正次の参籠開眼について―悪魔・霊夢・修験者・天狗―

これに似たようなエピソードは洋の東西を問わず存在するようで、たとえばイタリアの作曲家ジュゼッペ・タルティーニが作曲した「ヴァイオリン・ソナタ　ト短調」は、彼の夢の中に悪魔が現れ演奏を聞かせてくれ、目覚めた後すぐにそれを五線譜に書き写したものとされ、別名「悪魔のトリル」とも称されているという。

また一九世紀頃トスカの原作者ヴィクトリアン・サルドゥという人物は、或る日夢の中にベルナール・パリッシーという三世紀も前の著名な陶工が現れ、彼から銅版画の秘伝を授かったという。

わが国におけるこのような話の嚆矢として、古くは『古事記』の中に「神武天皇が熊野で難儀している時、高倉下（たかくらじ）という人物が見た夢のお告げを通して天照大神・高木の両神から一振りの太刀を授かり、これより難を切り抜けた」というエピソードが載っている。

また文芸関係では平安時代初期の文人で都良香（みやこのよしか）が句作りに悩んでいると、夢の中に弁財天や鬼が現れて名句を与えてくれたといい（『江談抄』）、『平家物語』（巻五　物怪之沙汰）には、清盛が神拝（任国の神社に初めて参拝すること）の折に霊夢を見て厳島大明神から小長刀を授かった、という話がみえる。

その他能楽「三井寺」では、息子と生き別れになった母が、我が子に逢いたい一心で清水寺に幾夜も参籠していると、ある夜夢の中で息子は近江の三井寺にいるとのお告げがあり、無事巡り逢うことが出来たというストーリーとなっている。これらに類する話を世界的に調べれば、まだ他にも数多くみられるのではなかろうか。

五　武術界における参籠開眼

さてこのような話は先述した日置弾正正次から吉田重賢への伝授エピソードの他にも、竹林派の祖竹林坊如成は三嶋明神の夢想により弓削繁次が社中に納めていた伝書を手に入れ射伝を中興したという話がある。

これを他の武術にみると、このようなエピソードは枚挙に暇がないが、次にその例を何点かあげてみよう。

まず剣術にみると、愛洲移香は日向国の鵜戸神宮の岩屋に参籠し、霊夢を得て愛洲陰流（あいすかげりゅう）を起こし、飯篠長威斎は鹿嶋香取神宮に祈り絶妙を悟り天真正伝香取神道流を称した。また塚原卜伝は鹿島神宮に一千日参籠し霊夢を蒙り夢中に神託を得、一太刀の妙理を悟り、中条流の流れを汲む小田孝朝は常陸の蘆男山日神に祈願し夢想に神伝を得たと伝えられる。

さらに上泉伊勢守秀綱（信綱）は京都下鴨神社に参籠し霊夢により極意を悟り、神慮を仰ぎ新陰流を創始し、斎藤伝輝坊は鶴岡八幡宮に参籠し、同じく参籠していた修験者と談じ稽古を行い、その妙旨を悟り天流（天道流）を創始した。また一説には鶴岡八幡宮に参籠し霊夢の中で天から秘伝の巻物を授かったともいう。

その他川崎鑰之助は妙義山の神に祈り東軍流を、瀬戸口備前守は伊王滝に参籠すること三日三夜、自源坊という天狗から妙旨を授かり自源流を号し、奥山休賀斎は三河国奥山に祈願して自得して奥山流を称したという。

剣術以外の例をあげると、林崎甚助重信は山形林崎の明神に祈願し夢想を得、神夢想林崎流居合を開き、大坪流馬術の大坪慶秀は鹿嶋明神（清水寺とも）に祈り、鞍や鐙のことについての秘伝を得、さらには竹内中務大輔久盛は竹内の館に忽然と現れた（阿太古神社の使いである）修験者から捕縛の秘術を教えられ、これにより「竹内流腰の廻り」を創始したとする。

このようなエピソードの共通項としては、鵜戸神宮、鹿島・香取神宮、下鴨神社、鶴岡八幡宮、阿太古神社や在地の神、清水寺などに参籠して祈願する中で、霊夢を見ることにより感応し秘技を得たり、超能力を持つ天狗のような架空の存在から妙手を得、流派を創始したとしている点があげられる。また流派の創始についてはこのような話とは別に、武甕槌命や日本武尊・聖徳太子など、はるか昔の歴史上のカリスマ的な人物を源流とし、その後実在の人物を流祖とする伝系を称する流派もみられる。

先にあげた弾正正次から重賢・重政父子への伝授の話も、参籠開眼の典型的なパターンであると考えられる。

このような参籠開眼について江戸の神道家井沢蟠龍子は「俗間剣術を以て人にてらうものあり。其剣術の祖何某といふ者、いづかたの神社にまうで、芸をいのるに、其神社あらはれて、つたへ給ふといひ、あるひは夢想をうけて覚へたりといひ、禅法をまなんで剣術を得たりといひ、又いづくの山にて天狗にならひたりといふ。是皆大なるいつはりなり。……」とし、「かかることを妄作し、愚昧をたぶらかし、米銭をむさぼるはかりごとをなす、にくむべきのはなはだしきなり」と批判している（『武士訓』巻五　正徳五〈一七一五〉年版）。しかし参籠開眼については必ずしも井沢のような見解で一蹴することにも問題があろう。すなわち先にあげた幾例かの話の中にみられる参籠や霊夢・夢想・神慮などのキーワードと、それから得た他の追随を許さないほど優れた技芸の創始との関係を考える時、古代・中世の人々の心の中には、現代に生きる人々には考えられないような自然現象に対する畏怖や超能力的存在への畏敬の念に感応する心性が宿っていたのではないかということについても考慮する必要があるのではなかろうか。

また別の見方としては、他に抜きん出るような優れた技法を創始した武術家がこれを体系化し普及しようとするにあたり、その手立てを当時の文化センターである寺社に求め、さらに技の神秘性を高めるため、古くから日本人の心性に根強くあるとされる権威跪拝思想を持ち込んだもので、それが武術の世界にも表れたものということも考えられよう。

六　吉田流の誕生

さて日置弾正正次より授与された技法を受け継ぎ吉田流を名乗った吉田重賢は、近江国蒲生郡河森の生まれで、通称太郎左衛門または助左衛門、別名を豊稔、重長、茂長、方豊などと呼び、道宝と号し出雲守を称した。日置正次に出会う前は逸見、武田、小笠原などの射を習っていたとされるが、正次の革新の射術を伝授された後は新たに吉田流を称しその祖となった。吉田家の過去帖によると、重賢は戦国動乱の天文十二（一五四三）年八十一歳で歿した。そして重賢が確立した吉田流の流れはその後嫡子重政に継承されることとなる。

この重政は通称助三郎、後に助左衛門といい、実重、方雄、豊経、一鴎を名乗った。父重賢とともに正次から直々に薫陶を受け、将軍足利義晴の師範の任にあたったことがあったという。この家系を助左衛門系といい、その頃伝来した鉄砲が戦場で有効な武器として普及していった時期にもかかわらず、分流分派活動を行いながら全国的に広く伝播・定着していくのである。

七　佐々木義賢の吉田流への介入問題

当時すでに箕裘（ききゅう）の次代への相伝は、その家の嫡男一子に唯授相伝されるのが常であり、芸道界や宗教界からの影響を受け、武術界でも技芸の伝達方式としてこのような方式が確立されていた。ところが今日残されている吉田流の系図をみると、日置弾正正次—吉田重賢—吉田重政—佐々木義賢—吉田重高—……と記されている。この理由としては次のようなことが伝えられている。

すなわちこの伝系にみえる近江観音寺城々主であった佐々木義賢は、幼少の頃から吉田重政を師として射術を学び、かねてより弾正正次より吉田家に伝えられた唯授一人の秘伝の伝授を要望していた。しかし唯授一人は吉田家嫡男への一子相伝たることを理由にこれを拒否した重政は主家義賢と不仲となり、朝倉義景のもとに逃れ、越前一乗谷で六年間を過ごした。その後義景の仲立ちもあり、重政はやむを得ず義賢を養子として唯授一人の伝を授与し、その後義賢は重政の子重高を養子としてこれを返伝したというのである。

八　道統における〝代〟と〝世〟について

ここで武術界における道統をいう場合の〝代〟と〝世〟の二通りの呼称について整理しておこう。一般的には〝第○代〟という場合は嫡流（血統）の、いわゆる一子相伝の際使用する。これに対し〝第○世〟という場合は他姓の人物が印可を相伝した場合、これを加えて数える場合の呼称である。したがって吉田流の場合、佐々木義賢は吉田流第三世となり、重政の子重高は第四世となるが、血統的にいうと重高は吉田流第三代となるわけである。

これに似た事例を他武術にみると、尾張新陰流では系図上流祖以来今日までに七人の尾張藩主が正統相伝を受けている関係上、系図からみると、〝代〟と〝世〟との間にズレが生じていることになる。

九　日置流諸派の展開（各流派系図は近世〜現代編図26参照）

1　吉田流本系（出雲派）

さてこの吉田重高系は後に出雲派を称し、その本系は重高の子重綱が早世したため嫡子助左衛門豊隆が相続したが、幼年であったため義兄にあたる印西重氏が道統を一時預かった。その後豊隆は修行の成果が認められ、家伝を継ぎ岩槻阿部藩に奉仕した。さらに豊隆の子豊綱は引き続き岩槻藩に禄仕する一方、弟助右衛門豊覚は刈谷藩阿部氏に仕えた。この二流は代々両藩に伝承されたが、幕末になって備後福山藩に合体し明治に至っている。

2　左近右衛門派・大蔵派

吉田重高の三男吉田業茂は茂方・元茂ともいい、木反と号した。はじめ関白秀次に仕え、後に前田利家に禄仕した人物である。射は父重高の高弟で山科派の片岡家次に学び、金沢前田藩に吉田系弓術を定着させた。これを左近右衛門派という。

業茂の三男茂武は父同様秀次・利家に仕え四百石を受け大坂冬・夏の陣にも参戦し功績を挙げている。

また茂武の弟である茂氏は通称小左近または大蔵と称し、各地を修行した後金沢藩四代藩主に仕え、さまざまな戦役に功を立て千四百石を賜った。大蔵は容貌魁偉にして豪胆な性格で、特に堂射に優れ、京都三十三間堂に七回挑戦し、六回も天下一となったほどの名手であり、世人は彼を吉田流中興の祖と称し大蔵派と呼んだ。後に大蔵派は支藩である富山藩や佐竹藩（秋田）・細川藩（熊本）・島津藩（鹿児島）・土佐藩（高知）などの雄藩にも伝流定着した。

3　山科派

派祖片岡家次は山科安祥寺（京都市東山）の出で、通称平右衛門といい、若年の頃より射術に秀で、吉田流三代吉田重高を招き熱心に修行を重ね、関白秀次の前で妙技を披露するほどの腕前となり、一派を興すことを許された。なお師重高は幼かった三男業茂の指導を家次に託したという。このようなことがあり、家次の子家延は大蔵茂氏から射伝を受けその奥義を得た。家延の子家清は吉田茂武の養子となるなど、山科派と大蔵派とは技術的にも人的にも交流があった。

山科派は家次以来安祥寺の地を動かず、家次―家延―家盛―家清と繁栄したが、その後についてははっきりしない。なお堂射に七回出場し三回も天下一となった庄内（山形）の酒井藩々士高山政恭は二代家延の高弟であったことから同藩に伝流し、その他には池田藩（鳥取）にも伝わり、これが大野一貫の手により一貫流を名乗った。また家清の代に平井次郎という人物が熊本藩に伝えたという史料もみられる。

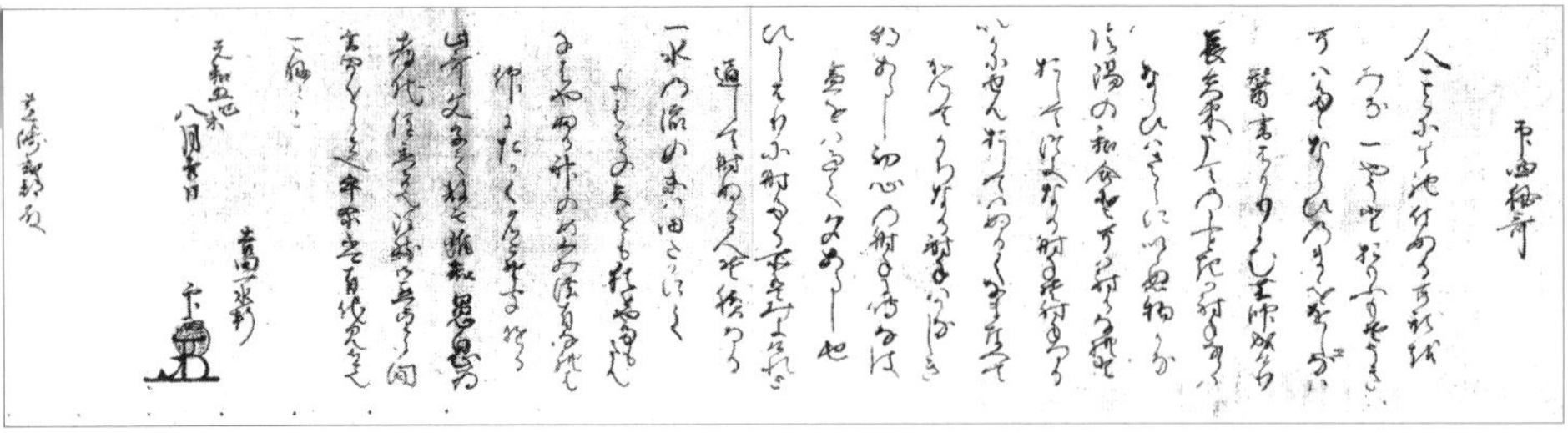

図159　『印西秘哥』

4　寿徳派

派祖木村寿徳は近江国堅田の出身で、若年の頃は猪飼喜左衛門宗佐または宗祐といい、永禄十一（一五六八）年に重政より印可を受けた。この流は慶長頃蒔田広定―恒谷重玄―今村正員と伝えられ秋田藩に広まった。なお今村正員についてその経歴をみるとおよそ次のようである。

近江国の出身で、喜左衛門・喜兵衛といい、江村不僧斎と号した。慶安二（一六四九）年二十一歳の時恒谷重玄から寿徳派の印可を受ける一方、小笠原流弓射故実を小池貞成の門人諏訪頼久に学び、明暦元（一六五五）年佐竹藩二代佐竹義隆に禄仕した。なお寿徳派の門人としては大和流を創始した森川香山の父道寿がいる。

5　印西派

①印西派の創始と発展

印西派は吉田一水軒印西を祖とする一派（図161）である。印西が近江国蒲生郡葛巻の生まれであったことから姓を葛巻と称し、本名を重氏、また通称源八郎、後に一水軒印西と号した。彼は吉田流本系の四代重綱の甥にあたり、重綱の娘と結婚し吉田姓を名乗ったが、後には義父である重綱と不仲となり、弓の師を重綱から重綱の弟で金沢藩で左近右衛門派を開き活躍していた叔父吉田業茂に転じた。

印西ははじめ関白秀次、次いで越前に赴き家康の次男結城秀康に弓の師として奉仕した後、伏見（京都）に移り弓術の研究に専念した。その後家康の信を得、幕府に禄仕し、二代秀忠・三代家光の弓の師として迎えられ、将軍家の流儀として栄えた。

さらに印西の嫡子重信も家光の指南役として六百石を禄仕したが、その後の幕府における弓の師としての吉田家の存在を示す史料は代が下がるにしたがってほとんどみられなくなる。

このように印西派は将軍家師範としての江戸本系とは別に、越前・熊本・薩摩・遠江・会津・和歌山・岡山・広島などに伝播しそれぞれの地で定着繁栄した。

②印西派の伝播状況

・越前系

この系統は印西の三男重好（露水軒印貞）及びその子孫、並びに山口軍兵衛が同地で印西派の普及につとめ明治に至っている。

・遠州・三河系

印西の甥で、養子となった重儀が遠江横須賀藩に仕え、その子重保も江戸本系二代目の重信の指導を受け見附（現・磐田市）に住み、同地で多くの弟子を育て、後に三河吉田藩（現・豊橋）にも伝播した。

・岡山（鳥取）・広島（紀州）系

印西の弟である吉田定勝は印西から直接指導を受けた後鳥取藩（池田光政）に禄仕したが、同藩が寛永九（一六三二）年岡山転封となるに伴い同地で印西派の普及に努力した。この系統は後に門人徳山家に伝承された。

また印西の二番目の実弟吉田貞氏は紀州浅野家に禄仕し、元和五（一六一九）年同藩の広島への転封に従ったが、その後の活動状況についてははっきりしない。

・水戸・会津系

印西第一の高弟と称された岩崎久重の系統が水戸藩で繁栄し、その子久重の伝は大和流森川香山に継承され発展した。また印西の弟子小原光俊は保科正之の臣として会津印西派を興し同地に根付いた。

・薩摩系

今日薩摩日置流と称している印西派の薩摩への伝播は、古くは吉田重綱の教えを受け、吉田流出雲派を修めた薩摩藩士本郷義則という人物から指導を受けた東郷重尚が、さらに印西派から元和九（一六二三）年印可を受けるに及んで、藩主島津光久の弓術師範に任ぜられた。このような経緯で島津藩に定着繁栄した印西派は、重尚の子重張の門人であった佐藤信良の手により寛文五（一六六五）年日向国都城にも伝えられた。

・盛岡系

印西派の祖重氏の門人であった逸見小左衛門正久の弟子に印西派江戸系二代目の吉田久馬助重信がいた。これから中川正宣と続き、その弟子神崎重清の門人で盛岡藩士木村矩之が享保年間七代藩主南部利幹に禄仕し、同地に印西派を定着させ、その後数流に分派し今日に至っている。

6　雪荷系

①雪荷派

雪荷派の祖吉田重勝は、吉田流本系重政の四男（次男・三男とも）として永正十一（一五一四）年近江国蒲生郡に生まれた。別名を元定・一葉ともいい、剃髪して方睡、豊睡と名乗り、雪荷と号した。通称六左衛門系と呼ばれている。祖父重賢・父重政から吉田流の正統を学び、細川幽斎に仕え、十八歳の時父重政とともに足利義晴に拝謁し、後奈良天皇の命により弓場始式に奉仕したという。

先に述べたように父吉田重政と佐々木義賢の間に吉田流の伝授について軋轢があったため、祖父重賢・父重政は吉田流の真髄が絶えることを憂慮し、雪荷派重勝にその正伝を授与したという。したがって吉田流の正統たる射風は血統としての吉田流宗家ではなく、重勝に伝流したことになる。

雪荷はその伝流を確固たるものにするとともに、さらに射の研究に専従し、政治的紛争など俗事に巻き込まれないよう、また特定の主に奉仕することを避け京都に移住し、専ら弓術修行に励む生活を送っていた。

しかし雪荷の天分は世の知るところとなり、近畿地方に門人が多く、その中には蒲生氏郷・秀行父子、浮田秀家、羽柴秀長・秀次など、当時の錚々たる武将も師事し、さらには弓術で一家をなした森刑部や伴道雪はその伝統を受け継ぎ同派の発展に貢献した。雪荷はまた小笠原家にも入門し故実式法を修めるとともに弓作り、特に弓村の名人としても知られている。なお雪荷六十歳の天正元（一五七三）年、浮田家に招聘され一時備前にいたことがあり、また豊臣秀吉から臣従の要請があったが、これを断ったとも伝えられている。その後天正十六（一五八八）年、細川幽斎の懇望に応え弓術指導のため丹後田辺（現在の舞鶴）に三年ほど滞在し、天正十八（一五九〇）年十一月七十七歳で同地に歿した。

この間父より薫陶を受けた嫡男元直（元尚）は慶長五（一六〇〇）年、当時宇和島の城主であった藤堂高虎に臣従し戦功があり、同家が大坂の陣の後伊勢津に移封されるとともに移住し、同家の弓術師範として信望があったが、寛永十一（一六三四）年七十五歳で歿した。このようにして雪荷派の本流は連綿として伊勢津に伝わり明治に至るのである。

〔雪荷派の伝播状況〕

雪荷派の門人には先にあげたように、細川幽斎・羽柴秀長・豊臣秀次・蒲生氏郷・浮田秀家など名の知れた武将の他に、雪荷の嫡男元直の高弟二橋重成は土佐藩に、雪荷の次男元敏は蒲生氏郷に従って会津に、三男元真は池田輝政に仕え同派を弘めた。さらに元直の弟子で紀州系の落合宗親（金沢藩士で同藩で弓術指導にあたる）の弟子平塚籾右衛門重次が伊達藩に招聘されることにより雪荷派は仙台にも定着し幕末に至るのである。

その他弘前藩には雪荷派の嫡男元直の門人玉置直富、元信の門人津田重為の系統が伝わり、雪荷から天下免許を受けた森刑部直義は甘縄藩（相模）に仕え、主君の大多喜（上総）への移封に従い同地に雪荷派を根付かせ、さらには古河藩にも伝わった。その後同藩の三河藩への転封により三河系雪荷派として大きく発展・定着するのである。

②道雪派

道雪派は伴道雪を派祖とした雪荷派からの分派である。道雪は通称喜左衛門、本名を一安という。同派の略譜によればその出自は近江佐々木一族であるとし、かつて京都建仁寺の小法師であったとする説が一般的である。先に述べたように相伝問題で佐々木氏と吉田家の間には軋轢があり、そのため吉田家では家芸を守るため重勝雪荷を京都に逃がしたとされているが、その住まいが建仁寺であったという説が事実であれば、両者の出会いは肯けるものがある。

道雪は早くから雪荷の指導を受け、天正十六（一五八八）年七月雪荷派のすべてを修得し、唯授一人を相承した。このことについて次のような経緯があったと伝えられる。

すなわち雪荷は嫡子六左衛門元直が幼弱であったため、道雪に吉田姓を名乗らせ道統を継がせる意向であったが、道雪はこれに謝意を表しながらも一子相伝の重要性を説き、元直を扶けて雪荷派の伝統を守った。ただ道雪は自ら別の一派を立てることを希望し、師雪荷から許可を得、ここに道雪派が誕生したというものである。

その後道雪は早くから雪荷からの推挙を受け、丹後田辺の細川幽斎から信を得て弓術指導にあたったが、同地を辞し廻国修行を重ねた後、清須の徳川忠吉に仕えた。さらに同家を去り大和郡山藩に禄仕し、元和七（一六二一）年同地に歿した。

道雪派本系は嫡子一秀が継いだが、寛永十四（一六三七）年病死したため一時本系は断絶した。幸いにも次男喜三郎一正が豊後日出（ひじ）藩士として禄仕していたため、これを大和郡山に迎え命脈を保ったのである。

〔道雪派の伝播状況〕

道雪派からは多くの名射手が輩出しているが、その主な伝播状況についてみてみよう。

・関一安系

山科の住人で道雪の養子であった関一安は、特に遠矢の名射手として知られ、元和頃盛んであった青塚における遠矢や、京都三十三間堂（蓮華王院）における堂射で名を馳せたというが、『矢数帳』にその名は見えない。この系統には浜田松平藩士となった鈴木重時（堂射出場四回）、重勝（堂射出場一三回）らがいる。またこの系統の猪瀬延正からは尼崎藩・高槻藩に伝播した。特に高槻藩道雪派は若林家が代々継承しており、幕末の堂射で有名な石崎長久（反求）はこの系統の射手である。

また一安の高弟の一人で、紀州藩士内田吉政の系統から出た円城寺吉忠は豊秀流を立て、会津藩士として同藩の弓術指導にあたる一方、浅草三十三間堂における堂射にも出場している。さらに一安の系統である浜田藩の鈴木重時の系統に神先重清がいる。重清は京都三十三間堂にも数回出場している堂射の名射手で、後にこの系統から盛岡藩・鳥取藩にも伝流・定着している。

・糟谷（加須屋）系

会津に伝わった糟谷系の道雪派は優秀な射手を輩出し繁栄した。すなわち会津道雪派の祖である糟谷左近武成はもともと紀州藩士で、幼い頃より伴道雪に学び、京都三十三間堂での堂射に四回挑戦し二度天下一を記録した人物である。この糟谷系からは樋口・円城寺・山田などの系統に分かれた。また糟谷左近武成の門人湯川直次系からは広島浅野藩にも伝えられ明治に至っており、さらには武蔵忍（おし）藩士海野景光（充）の系統も同藩で栄え、この系統の竹中惣蔵（堂射五回出場）の門からは村上内藤藩・高遠内藤藩・山形秋元藩などに伝播した。

・井上系

道雪の高弟であった井上一成の系統は江戸時代中期頃になり、出石（いずし）仙石藩や近江膳所（ぜぜ）藩に伝播し明治まで続いた。

・間宮系

道雪の高弟間宮信吉の系統は江戸にあって名が知られ、信由の代に幕臣として将軍家綱に奉仕し、その門人宮川由成は熊本細川藩に禄仕した。かつて細川幽斎が雪荷・道雪に師事した経緯があったことを考えると、同藩に道雪派が再び採用されたことになる。

7　竹林派

①竹林派の成立とその系統の伝播状況

日置流にはこれまで述べてきたような吉田流系の流派とは別に竹林派系の流れがある。この竹林派では日置弥左衛門範次という人物を源流としており、その人物像については何点かの先行研究があり、弾正正次との関係において架空人物説、同人異名説、別人説などあるが、いずれも史料が乏しく推測の域を出ない部分が多いというのが現状であり、日置弾正正次以上に不明な点が多い。

『森川伝書』によれば、応永年中（一三九四～一四二八）伊賀の国に日置弥左衛門範次という弓の名手がいた。その伝は範次から安松左近吉次が受け継ぎ、その子新三郎を経て近江の弓削正次・繁次父子へと継承した。しかしその後これを受け継ぐ人物がいなかったため、弓書を三嶋明神に奉納した。そしてその弓書を三嶋明神の夢想によって受け継いだのが石堂竹林坊如成であるとしている。なおこの三嶋明神がいずれにあったかについては明確でない。

範次の射のすべては応永二十五（一四一八）年門人安松左近吉次が継承したとあることからすれば、この応永年間は正次の活躍した明応年間を遡ること六〇～七〇年前のことであり、同一人物でないこととなる。

②竹林派の祖石堂竹林坊如成について

竹林派は正しくは日置流竹林派といい、石堂竹林坊如成を流祖とするが、その成立経緯については次のような説がある。

まず『武芸小伝』によると「石堂竹林坊如成は、始め浮屠（僧）たり。江州に居し、竹林坊如成と号す。嘗て吉田一鴎入道（吉田流二代目重政）の射伝を聞きて、甚だ真に逼る。後紀州の高野山に居す。又芳野に移る。後中将忠吉卿（家康の第四子で清洲城主）の命に因て、尾州の清洲城下に来る。忠吉卿の家臣等、多くは竹林を以て之を師とす。」とある。

また石岡久夫氏の研究によると、開祖竹林坊如成は真言宗の僧で、近江佐々木氏の臣であった吉田氏の菩提寺の祈願僧であったとされ、当時の戦国動乱の社会風潮を背景に、僧兵的な存在として吉田家に奉仕していたという関係から、吉田重政（一鴎）から薫陶を受け吉田流の奥儀に達し、天文二十（一五五一）年印可を受けた。その後何らかの理由により吉田家を離れ紀州高野山、さらには芳野に住み、後に尾州清洲城主松平忠吉の要請により家臣の弓術指導にあたったという。

図160　石堂為貞像

これらから推測すれば『武芸小伝』に記されているように、仏僧であった竹林坊如成は吉田家の射伝を受けた後各地を修行する中で工夫を凝らして新境地を開き、それを仏説・仏語を引用・援用しながら、吉田流とは異なる新たな技術体系を確立し竹林派を名乗ったと考えられるのである。

如成には二人の子がいたが、長男新三郎は元和（一六一五～二三）頃越前高野の渡し船で不慮の事故に遭い死亡したので、次男である弥蔵貞次（後に為貞・政次・為久とも　図160）が二代目を継いだ。この弥蔵貞次ははじめ喜多村林左衛門と称していたが、文禄二（一五九三）年印可を受け、父如成歿後二代目を継承し竹林と号し、引き続き禄二百石を継いで藩主忠吉に奉仕し藩士の指導にあたった。また慶長十二（一六〇七）年忠吉の歿後も尾張藩主義直に仕え弓頭・弓矢奉行として信望を得、同地に定着した。

③尾州竹林系

慶長十五（一六一〇）年義直が名古屋に移った後も貞次は引き続き禄仕し、尾張藩弓術の中心的存在として確固とした基盤を築いた。尾張藩における竹林派本系は貞次―貞直―如良―貞祖と継承されるが、如良は故あって大和郡山藩士となり同地に郡山系が受け継がれた。

一方貞次門下には岡部忠次（尾張岡部系）・長屋忠久（忠左衛門系）・同忠重（六左衛門系）など優秀な弟子が輩出し、本系とは別にそれぞれの系統からは名の知れた射手が出た。

中でも忠重の系統からは京都三十三間堂で活躍した星野勘左衛門をはじめ江戸三十三間堂でも数多くの射手が活躍している。この星野の系統は今日名古屋に継承されており、さらに星野の門人の中では渡辺寛が江戸竹林派を開き、旗本の指導にあたった。明治・大正時代に活躍した本多利實はこの流を汲む射手である。その他にも竹林派は赤穂浅野藩・高須藩・津和野亀井藩・土佐藩・津軽藩など広く全国各藩に伝播した。

④紀州竹林派

竹林貞次の高弟として修行した人物として野村勝吉・瓦林成直の両人があげられる。すなわち、かつて尾州藩士であった野村勝吉は慶長末に紀州藩に禄仕してから同地に竹林派を伝え、佐竹源太夫（吉全）―吉見経武（順正）と継承され、元和五（一六一九）年徳川頼宣が和歌山入封後次第に同地で盛行した。

またもと三河藩士であった瓦林成直の指導を受けた紀州藩士吉見経武が、寛永七（一六三〇）年に貞次の印可を受けることにより紀州竹林派を確固たるものにした。そして長屋忠重（六左衛門）の尾州竹林派と堂射の分野で対抗するようになるのである。すなわちその長屋忠重の流れの代表的な射手として星野勘左衛門、吉見経武の流れを汲む射手としては和佐大八郎をあげることが出来る。なおこの吉見系から出た米田盛永の米田系は讃岐高松藩や讃岐丸亀藩・越前大野藩に根を下ろした。

8　大和流

①大和流の創始と発展

長かった戦国動乱の時代からようやく抜け出し、織田政権を経て豊臣秀吉が天下統一を成し遂げることにより近世社会の骨組みが築かれた。このような時代を背景として実利・実戦を目的とするわが国の武術は大いに発展した。

これを弓術にみると、従来の貴族的な射の在り方を排撃し、革新的な武射の技を創始した日置弾正正次に師事した吉田一族の確立した吉田流は、時代が下がるにしたがい分派し、全国に伝播していったが、その分流分派活動はおよそ江戸幕府創業以前に完了した。

ところがここにあげる大和流のみは、政治的・軍事的に安定期を迎えた江戸時代初期に、時代の要請を反映した理念をもって新しく成立した流派として特筆すべき流派であるといえよう。

この大和流は森川香山を祖とする。香山は寛永八（一六三一）年森川道寿を父として因幡国（鳥取市）森川村に生まれ、幼名を喜一・喜忠、後に秀一、通称左内・宗（惣）兵衛、後に四郎左衛門といい、僖風・観徳軒と号した。気性強く胆力が備わっており、幼少より父喜寿から寿徳派を、外祖父花房惣十郎から日置流をそれぞれ学び奥儀に達し、その腕前は精妙を極めた。

一例をあげれば、十四歳の頃八分五厘（約四〇キログラム強）の強弓で朝から夕方まで小的前でほとんど射外すことはなかったという。また十五歳の頃には小的前で百発百中、しかも二の輪を出ることはなかったと伝えられる。

成人してからは諸国を遊歴し、その間逸見流を熊谷一夢、道雪派を田中正次、山科派を片岡家清、印西派を岩崎久勝、竹林派を苔口重久からそれぞれ学び、さらに武田流を梶山蟠龍、小笠原流を原正易から指導を受けた。香山が著した『弓道自讃書』によると「七歳の春備州にて弓始めを致し、其後に吉田五兵衛門弟（印西の実弟で定勝）と成て、……十八歳の時武州江戸にて公方の御与力大楽七郎兵衛を師として射を学ぶ。……二十歳の時田中太郎兵衛を師として指矢前を射る。……二十二歳の時京都へのぼり岡助十郎（家清のこと）を師として猶又指矢前を射る」、さらに「二十五歳の時矢数を志し、かためしを致しみるに、丑の刻より射始め、酉の刻迄に一万の数をはなつ……」などと自分の弓歴について述べている。

かくして香山はさまざまな流派を勘案し、承応元（一六五二）年神道思想を背景に仏儒思想をも採り入れた大和流を創始したのである。時に香山二十二歳であった。

②大和流の理念

香山は二十二歳の時に著した『大和流弓道教訓之巻』（承応元〈一六五二〉年）の中で、大和流を創始した意義について「大和流と呼び立る事三つの心得あり。一には大和と云ふは、我本邦の惣称なれば、和朝の弓道の尊き事を知らしめん為め、二には日置弾正は大和の国より出たる人なれば、射術は日置をはなれざる心、三には愚かなる射手弓道の術理を弁へず、邪儀慢心なる夷心を大に和ぐとの道理を以て大和流と号する也」と記している。

さらに自著『大和流弓道天之巻一段』の中でも次のように述べている。

大和流は日置流と一つ也。日置流は逸見流（へんみりゅう）の末也。逸見流は尊流（みことりゅう）の末也。尊流は大和流の事也。其上日置弾正は大和国より出たる人なれば、其人の国をさして、大和流と云心もあり。亦曰、当流は不偏不倚を専らとして、弘く学て約をとり、人にさかふ事なく、大に和ぐを以て大和流と云也。

このようにして大和流はそれまでの流派を集大成し、殺伐とした社会風潮を脱し、ようやく落ち着きを見せはじめた時代にふさわしい理念のもとに創始された流派であったといえよう。

③大和流の特徴

香山の名が世に知られるようになったのは、四十二〜三歳の延宝年間に下野烏山藩（現・栃木県烏山町）板倉重道の弓術師範として仕え、その後貞享五（一六八八）年には島原藩主松平忠房に二百五十石で禄仕したことによる。武術の世界では工夫研鑽して開発した技法は秘匿すべきもので、その奥秘の次代への伝達も口伝を原則とし、文字化するにしても極力その要点のみとするのが伝統的な在り方であり、弓術界も例外ではなかったといえよう。

ところが香山は弓書を盛んに著し、伝授段階やその指導課程にも「大和流の教は、其執心にまかせ、始めより目録を伝ふる也」（『大和流弓道教訓之巻』）とあるように、到達すべき知識技術の内容を記した文書をあらかじめ学習者に渡すという、他流派にはみられない独自の方式の教習体系を持っていたという点で弓術流派の中でも特異な存在であったといえよう。

④大和流の伝播状況

・大和流本系

香山には三子いた。まず長男を信一（有似軒）といい、幼少の頃より父香山の手ほどきを受け、特に堂射に優れた腕前を持っていた。唯授一人の秘奥を継承し、日向延岡藩有馬侯に禄仕し将来を嘱望されていたが、元禄七（一六九四）年三十七歳の若さで父に先立った。

次男倫忠は病弱であったため弓術界で生きることは出来なかった。三男信凭（よしより）は弓号を中和堂香有子（跡山子）と称し、強弓の名人として知られ、兄の早世により香山の後継者として唯授一人の伝を受け大和流二代を継承し、その子孫は代々島原藩士として幕末まで弓術師範を務めた。しかしこの系統はしばしば血統が絶えるということがあり、他家から養嗣を迎えることにより弓術の家を存続したという経緯がある。

このようなことから、早くも二代信凭の時の門人であった中島勝武系の河野通亮が直系四代森川秀美の後継者断絶のため一切の弓書を預かり、直系再興に貢献したという経緯がある。

　島原の大和流直系である森川系は八代続いた後市川虎四郎へと受け継がれる一方、中島系は河野通亮を経て川鍋正馨家に伝えられ近代に至っている。

・水戸系
　大和流の分系として第一にあげられるのは水戸系であろう。すなわち香山の長男信一の門下として唯授一人を受けるとともに、流祖香山から印可を受けた津田信貞（号・幹斎）は貞享四（一六八七）年水戸藩に禄仕し、同藩に大和流を定着させた。その後信貞の孫信厚（号・汀斎）の時、別所系（水戸別系）が出来、この系統がさらに小笠原系（貞英系）と山村系に分かれ、それぞれ活動した。

・三河系
　香山から唯授一人を相伝された人物として松平勝昭（福知山）・奥村勝善・藤野義業・杉森求身・廣瀬親英（三河）・土橋麻右衛門などがあげられ、それぞれの門からはすぐれた射手を輩出し、大和流に繁栄をもたらした。

第十節　儀礼射の意義とその道統

　古代中国に発する「礼」思想は、限りない欲望や快楽を求めようとする人類の性癖をコントロールし、秩序ある社会生活を営むことに狙いがあるという。竹内照夫は『四書五経　中国思想の形成と展開』の中で、この「礼」を神や精霊・霊魂など人間の能力を超えたカリスマ的存在などを神秘的対象とする「畏敬の礼」と、王や族長・征服者・強者など現実社会の人間を対象とする「和平の礼」の二つに大別している。

　「畏敬の礼」としては、祭礼・吉礼・公（朝廷）の儀式・軍陣の礼などがあり、原則として一方的な行礼である。

これに対し「和平の礼」は、敵対意志の解除や交易・接待・訪問・饗宴など対人の礼で、その行礼は基本的に双務的である。

そして両者ともその表現の仕方としての言動・服飾・調度・音楽・舞踊・供物などにはそれぞれの民族や地域により特色がみられる。そしてこの二つの礼の在り方は実際の場面においては次第に融合した性格のものとなっていくのである、と述べている。

したがって「心を形に表現する」とし、その実践により自己の心情を表わそうとする古代中国にみる「礼」思想から影響を受けたわが国の礼の在り方は、欧米におけるエチケットやマナーなどのような円滑な人間関係のための表現法とは自ずと相違するところがある。

一　わが国における「礼」の意義

「礼」の旧字「禮」は「示」＝「神の意」と「豊」＝「高杯（たかつき）に盛った供え物」が合した字であるが、最古の漢字字典である『説文解字』によると「礼は人として踏み行うべき社会規範であり、慣習である」とある。すなわち礼は神を祀るための手続きであり、古代中国社会における「礼」の源流は宗教儀礼にあり、これが次第に発展し社会規範となっていくのである。

したがって社会規範としての「礼」は、違反すれば罰則があるという今日の明文化された法令のような性格ではなく、社会生活を円滑に営む上での秩序維持のため、法令を補うものとしての性格を持つもので、中国古代における政治は「法治」ではなく「徳治」を理想としていたことから、この「礼」の実践が重要視されたのである。そこで形と心、外形と内実を一致をさせるべく詳細な言動や服飾・調度などの取り決めがなされるようになったのである。

このような中国古代の「礼」思想のわが国への導入は、七世紀頃に遡るとされる。わが国の政治体制は中国におけるこのような思想に基づく政治の在り方を採り入れ、これにわが国の独自性を加えながらさまざまな国家行事に関する儀礼式を整えていった。古代〜中世を通して朝廷や武家社会における弓馬を中心とする平時・戦時におけるさまざまな故実も、このような背景のもとに定められていったという経緯がある。

二　わが国における故実の動向―弓馬故実の誕生―

十世紀以降、地方の土地経済が変質するにつれ、各地に興った武装集団が政治を動かすほどの力を持つようになり、十二世紀中頃の保元・平治の両乱を経て十二世紀末に鎌倉の地に武家政権が誕生する。

そして鎌倉時代、将軍と主従関係を結んだ御家人たちは自分の領地を持ち、将軍からそれを安堵されることに対し、御家人は戦時においては戦場で、平時においては幕府・京都御所などの警備の任にあたるなど治安の維持に励んだ。このような御恩と奉公という関係のもとに、京都から遠く離れた鎌倉の地に成立した武家政権は、それまで長年にわたり京都を中心として培われてきた宗教・文学・美術・音楽・芸能などの公家文化とは性格を異にする新たな武家文化を開花させたのである。

それは武家の生活規範の中にも現れるようになる。すなわち貴賤主従の人間関係に関わる行動様式にも、京都に定着していた公家社会との交流に伴い、その行動様式からの影響を受けながらも、それとは違った武家社会独自の文化を形成するようになるのである。

これを武的行事に関していえば、公家社会で伝統的に行われてきた相撲節会（すまいのせちえ）や騎射節（きしゃのせち）・大射（射礼）・射遺・賭弓・射場始などの儀式を継承しながらも、新たに乗馬始や流鏑馬・犬追物・笠懸などの騎射、的始（室町時代は弓場始・弓始）・草鹿・円物・大的などの歩射など、武家にふさわしい弓馬儀礼の文化を確立し、これに秀でた家柄が誕生するようになるのである。

三　鎌倉時代の弓馬儀礼式を司る家柄

平安時代中～後期にかけて在野にあった武力集団が次第に世に現れ、遂に武家が政権の座につき鎌倉の地に幕府が誕生したことは周知の通りであるが、この時代を武術史の面でみれば、騎射の全盛期として特徴付けることが出来よう。そしてこの騎射をよくする家柄として、源家の流れを汲む武田・小笠原両家があげられる。中でも小笠原家は、鎌倉時代—騎射の家—小笠原流のイメージとして今日強く定着している。

「小笠原氏は頼朝の家人として遠光及びその子長清から顕われ、小笠原流の祖と称せられるに至り……」（石村貞吉著『有職故実の学の意義の歴史的考察』）、「この期の小笠原氏の権勢もひとかたならぬものがあったと察せられる。……」（二木謙一著『室町幕府弓馬故実家小笠原氏の成立』）とされる。

その他にも『吾妻鏡』に小笠原氏の鎌倉幕府における存在を示す記述が散見出来る。これらをみると、小笠原氏が当時の弓馬の世界で数ある射士の中から選ばれて活躍している様子がうかがえる。しかし当代の小笠原氏の騎射における性格は、後代の人々が日置流諸派や他武術諸流派に言及する時の〝流派〟とは性格を異にするものである。

それは例えば頼朝が弓馬に堪能な武士たちを集め騎射などのことについて話し合いをさせたところ「其故実各々相伝するところの家説面々の意巧一准ならず。云々」（『吾妻鏡』巻十四　建久五年十月）とあるように、当時幕府を支えた有力豪族各家はそれぞれに独自の弓射の〝やり方〟を有しており、小笠原家のそれが他家に比較して突出してすぐれていたとか、特別の立場にあったということではなかったということである。

したがって故斎藤直芳博士が『吾妻鏡』を詳細に分析して論述（『弓道講座』第一巻）しているように、小笠原氏の〝やり方〟が幕府に参集した各豪族の中で別格に扱われ、幕府公認の中心的存在、いわゆる将軍の師範的存在であったということではないのである。かえって下河辺庄司行平を召して将軍の若君の弓の師範としたり（『吾妻鏡』建久元年四月）、頼朝が佐藤兵衛尉義清（後の西行法師）に弓馬故実に関して尋ねたことが記されている（『吾妻鏡』文治二年）ように、弓馬故実については名門藤原氏の〝やり方〟を尊重しようとする様子がうかがえるのである。このことについて『吾妻鏡』の中からもう少し具体的な記述をあげてみよう。

・寿永元（一一八二）年六月七日、頼朝は由比ヶ浜で下河辺行平・榛谷重明・和田義盛・同義茂・三浦義連・愛甲季隆らによる牛追物をみた。この日愛甲季隆は五度射て全て的中させるという好成績をあげた。

・文治二（一一八六）年八月十五日、頼朝は藤原秀郷を祖とする西行（佐藤義清）を招き弓馬の作法について聞き祐筆に記録させた。

・文治三（一一八七）年八月十五日、当時平家方として幕府の囚人であった諏訪盛澄は鶴岡放生会の流鏑馬行事に召しだされ、悪馬を与えられながらも秀郷伝来の見事な騎射芸を披露したので、頼朝は欣然として罪を許した。

・文治四（一一八八）年八月十五日、幕府の囚人の身であった波多野有経は嚢祖（遠い先祖）に恥じない弓馬の達人であることを理由に、鶴岡臨時祭流鏑馬の射手に選ばれた。ここで有経は秀郷から伝えられた大変すぐれた腕前を披露したので、褒美として一村を頂戴した。

・文治五（一一八九）年正月十九日、頼家の風流の結構（儀式を真似た芸能）にあたっての大臣大饗の儀式に摸したものを催した際、近衛司が着する平胡籙の矢の差し様、丸緒の付け様がわからなかった。そこで幕府の囚人であった平家方の武藤資頼がこれを知っていたので、罪を赦し協力させた。

・建久元（一一九〇）年四月七日、藤原秀郷伝来の末裔で弓馬の儀にすぐれていることを理由に下河辺行平は頼家の弓馬の師範となった。

・建久五（一一九四）年十月九日、頼朝は弓馬にすぐれた家柄の者たちを集め、流鏑馬以下騎射に関する式法について述べさせた。ここに召集された者をあげると次のような面々であった。

下河辺行平　小山朝政　武田有義　結城朝光　小笠原長清
和田義盛　榛谷重明　工藤行光　諏訪盛澄　海野幸氏
氏家公頼　小鹿公業　曽我祐信　藤沢清近　望月重澄
愛甲季隆　宇佐美祐茂　那須光助

そして頼朝はこの集まりで出たさまざまな意見を記録させ、鎌倉武士団の弓馬の法に一定の方向性を出す拠り所の参考とした。

このように鎌倉時代においては、後代一部にいわれているように、ある特定の家柄が弓馬の世界で特別の立場を与えられ、保護され、絶対的優位性を持った立場として存在したことはなかった。

強いていえば、頼朝の時代は藤原秀郷およびその後胤である下河辺や小山・結城家の弓馬故実に依拠していたといえよう。それは鎌倉幕府草創期の将軍とそれを支持する有力豪族との力関係にあったと考えられる。要するに頼朝の意図するところは弓馬にすぐれた各家柄の式法を尊重しながらも、弓馬に代表される武の儀礼式の統一、すなわち軍事的支配を全国に示すことにあったといえるのである。

四　室町時代における弓馬儀礼式を司る家柄の誕生

1　小笠原流弓馬故実登場の時期

さて室町時代になると、鎌倉幕府草創期の若々しい在り方に対する憧れからか、幕府はしばしば頼朝の先例を仰ぎ、その再現を意図したとされる。鎌倉幕府から室町幕府に政権が移行する間の戦乱を通して諸豪族の浮沈があったが、紆余曲折はあったにせよ有力な弓馬の家として室町幕府の傘下に入った小笠原氏は、政権発足とともに将軍家に弓馬師範としての立場を与えられたとする記録を散見する。

例えば「小笠原氏は室町初世以来室内儀礼等の内向を預かる伊勢氏とともに弓馬等の外向儀礼を司った」（江馬務著『有職故実』〈『日本歴史』〉巻九）、「長清五代の末貞宗は弓馬の技を以て後醍醐天皇に仕え、『修身論』四巻を著して流儀の基礎を確固たらしめ、其の子政長は足利氏に仕え、弓馬師範家たる地位を確実足らしめた」（斎藤直芳著『弓道及び弓道史』）、さらに『射学要録』によれば「小笠原流　後醍醐天皇御宇、小笠原信濃守貞宗弓馬俊傑たるにより天下の師範たるべき勅諚あり、是より伝ふを云」とある。

これらの文献をみる限り小笠原氏は室町幕府創業以来将軍家師範としての地位を与えられていたかのようである。

これに対して二木謙一氏は『室町幕府弓馬故実家小笠原氏の成立』の中で幾つかの史料をあげ、「小笠原流弓馬故実の登場は、従来説かれているような鎌倉期でもなく、また室町初世でもなかった。」とし、小笠原氏が弓馬に秀でていたことは認めながらも、室町幕府創業当初より弓馬師範としての地位を確保していなかったこと、そして同氏がその地位についたのは六代将軍義教以降のことであることを論じている。これらの説について次のような理由から二木氏の説が妥当ではないかと考えられる。

すなわち幕府創業当初は政治体制の面で不安定であり、幕府の諸儀礼式においても未だ統一されておらず、各豪族独自の法式によりこれを行っていたものと考えられる。このことは例えば室町時代初期に著された故実書『了俊大草紙』に「御的には敷皮を敷也。其武田・小笠原・本間・渋谷皆替也。君達わざは小笠原様をまなぶべき、水干の紐を納る様も替也。紐を納る様は本間がやうが能也。風吹などには小笠原は煩しき也。」とあり、『相國寺供養記』（一四世紀末）には「其中進退依家異礼……」とある。さらに弓馬故実書である（『美人草』別名『就弓馬儀大概聞書』一五世紀中頃）の中に記された「武田・小笠原両流のちがひたる事」の條で、両家の犬追物・流鏑馬の法式に一部相違あることが記されている。

このように室町時代初期~中期においては、弓馬に秀でた各家が独自の故実にしたがい行事に参加しているのであり、決して小笠原氏が弓馬故実の世界で特別な地位を与えられ、他家がこれに追従していたということではなかったのである。

しかし室町時代も年を経るとともに、次第に将軍を頂点とする身分や階層の在り方に厳しい序列が確立されるようになり、武士たちの日常生活の起居振る舞いから、戦時の行動規範に至るまでのすべてにわたり故実が定められ、重んじられるようになった。中でも弓馬に関しては特に故実が整備された。

このことについては、室町時代中期礼家として力を持っていた伊勢家伝書に「肝要は弓馬の二つなり。此の道を旦夕心にかけ、毎日怠るべからず」（『伊勢貞親教訓』）とある。

またイエズス会士J・T・ロドリーゲスは「公方 Cubo の家には二つの職務がある。一つは王国の儀式、礼儀、礼儀上の習慣、たとえば衣類、訪問とその際互いに贈答し合う方法、客人を迎え入れ送り出す接待の方法、また王国と庶民祭式と儀式等々を教える師匠（家柄）として伊勢守殿 Yxeno Camidono があり、もう一つは軍事、馬術などを教える師匠としての小笠原殿 Vogasavaradono である」と述べ、当時の武家貴族や公家貴族たちが重んじた技芸十能の中でも「第一に（弓と矢で射る技術は）軍事上の修練としてきわめて高尚なものである」という記述（『日本教会史』巻二）がみえる。

2　弓馬故実家としての小笠原家の成立

それでは弓馬故実の家柄としての小笠原家はどのようにして成立したのであろうか。小笠原家は第五十六代清和天皇を遠祖とし、その子貞純親王が弓馬の式法を確立し、その嫡男六孫王経基の時源姓を名乗った。そしてこの式法は代々満仲—頼信—頼義—新羅三郎義光と継承され、その孫清光の嫡子光長が逸見を名乗り、二男信義は武田を、また

三男が加賀美二郎遠光を称し、その二男長清が小笠原を名乗ることとなる
　この長清は小笠原の祖として頼朝に仕え、幕府の弓射行事の式や各種騎射の法の制定に貢献したとされる。その後
小笠原家の歩・騎射の式法は嫡男長経―長忠―長政―長氏―宗長に受け継がれ、さらに宗長の子貞長系からは後に満
仲が将軍義満に奉仕した。この系統を京都小笠原（民部少輔・備前守）といい、六代将軍義教の頃には足利将軍の弓
馬故実師範となったらしいという文献が残されている。また貞長の兄貞宗の信州本系も弓馬故実の整備に貢献した。
　なお将軍義満の時代、貞宗の曾孫長秀は今川氏頼・伊勢満忠と『三儀一統大草紙』（『当家九弓法集』）の選定に参与
し、室町時代の弓馬故実を確立したとする説があるが、最近の研究によると異説もあり、その真偽については今後の
研究を待ちたい。

3　中世の武家政権と弓馬故実の整備

　故実を辞書的に定義すれば、平時や戦時における儀礼式や法制・行事・服飾・装束・起居振る舞いなどの古例や決
まりをいい、公家社会のそれをいう場合は有職故実、武家社会における故実の場合は武家故実ということがある。ま
た有職とは、公家・武家などの行事、儀式、官職などに関する知識とそれに詳しい者のことを意味する場合もある。
　二木謙一氏は故実について「諸儀礼に際して時宜にかなった所作・動作を行うために、先例典故を考究する一種の
学である」としている。
　さてこの故実を歴史的にみれば、古くは奈良・平安時代以来の公家社会に遡ることが出来、鎌倉に武家政権が誕生
するに伴い、京都の公家社会との交流を重ねながらも、平時・戦時における坐作進退や服飾・書札から衣・食・住な
ど生活全般にわたり、武家社会にふさわしい規範を整備していった。
　中でも頼朝は武器・武具・武術など軍事に関わる故実について下河辺・武田・結城・諏訪・愛甲・小笠原・那須ら
御家人たち十八人を集め整備し、その後も儀仗・兵仗をはじめ、さまざまな場における武家故実を逐次整えていった。

また室町幕府においては、足利氏が京都に政権の基礎を置いたことにより、さらに公家社会との交流が深まるようになる。そして武家の社会的地位が高まることにより、それにふさわしい故実が重んじられるようになっていくのである。このような背景のもと、二木謙一氏はさまざまな史料から、京都系小笠原が特に幕府の中で重んじられるようになるのは六代将軍義教の頃からではないかと推定している。

そして七代将軍義勝の時代の『康富記（やすとみき）』（嘉吉二〈一四四二〉年）の中に、幼い将軍義勝の弓始に小笠原持長の子持清が師範を務めたり、八代義政の師範としての職務を司ったという記事がみえるようになる。このようにして京都小笠原家は幕府の弓馬師範家としての地位を確立していった（『中世武家儀礼の研究』）のである。

主な引用・参考文献

〈あ～お〉

相田二郎『蒙古襲来の研究』吉川弘文館、昭和三三年二月
浅野正親『射法一統』貞享四年（刊）
A・C・ドーソン『蒙古史』下、田中萃一郎（訳補）、岩波文庫、昭和一三年九月
新井白石『東雅（新井白石全集四）』国書刊行会、明治三九年四月
新井白石『本朝軍器考』宝永六年（序）（『増訂故実叢書』明治図書、昭和四年）
有坂鉊蔵『兵器考』雄山閣、昭和一一年一〇月
A・W・クロスビー『飛び道具の人類史』小沢千重子（訳）、紀伊國屋書店、平成一八年五月
飯田賢一『技術』三省堂、昭和三〇年一二月
石岡久夫「紀氏の武門的地位とその射芸」（『國學院雑誌』六七―一一）國学院大學、昭和四一年一一月
石岡久夫『近世日本弓術の発展』玉川大学出版部、平成五年三月
石岡久夫「坂上田村麻呂とその周辺の弓術」（『國學院大學紀要』五）國学院大學、昭和三九年
石岡久夫「諏訪盛澄と城南寺流鏑馬」（『古事類苑』月報二三）吉川弘文館、昭和四四年二月
石岡久夫「武門家大伴氏と射芸」（『國學院雑誌』六七―九）國学院大學、昭和四一年九月
石岡久夫「鳴弦の史的考察」（『國學院雑誌』六一―八・九）國學院大學、昭和三五年九月
石田一良『時代区分の思想』ぺりかん社、昭和六一年二月
石田一良『文化史学　理論と方法』ぺりかん社、平成二年五月
石川元助『毒矢の文化』紀伊國屋書店、平成六年一月
石河流宣『大和耕作絵抄』江戸時代中期（刊）
石塚尊俊『日本の憑きもの』未來社、平成元年

石原道博（編訳）『隋書倭国伝』（岩波文庫　青四〇一）、岩波書店、昭和二六年一一月
石村貞吉『有職故実の学の意義の歴史的考察』大正一〇年
伊勢貞丈『秋斎間語評』安永三年
伊勢貞丈『貞丈雑記』今泉定介（編）、吉川弘文館、昭和三年二月
伊勢貞丈『矢羽文考』（写）江戸時代、国立国会図書館蔵
伊勢貞丈抄「羽形図」（『続群書類従』二四　武家部）、平凡社、昭和五九年一一月
伊藤清司「古代中国の射礼」（『民俗學研究』一二三―三）、誠文社、昭和三四年七月
稲垣源四郎「薩摩日置流の腰矢組弓、数矢と新競技様式に就いて」（『武道学研究』六―一）、日本武道学会、昭和四七年三月
今川貞世（了俊）『了俊大草紙』（『群書類従』武家部二八）、塙保己一（編）、平凡社、昭和五九年一一月
井門満明『クラウゼヴィッツ「戦争論」入門』原書房、昭和五七年八月
入江康平『堂射　武道における歴史と思想』第一書房、平成二三年九月
岩城正夫『原始技術論』新生出版、昭和六〇年一一月
蔭凉軒真蘂『蔭凉軒日録』室町時代
宇田川武久「李朝前期の兵器と「兵器図説」」（『国立歴史民俗博物館研究報告』一二）、昭和六三年三月
江上波夫『騎馬民族国家』中央公論社、昭和四二年一一月
延慶本平家物語全注釈の会『延慶本平家物語全注釈』汲古書院、平成二三年四月
大江匡房『江談抄』（新日本古典文学大系三二）、後藤・他（校注）、岩波書店、平成二八年一月
太田弘毅『蒙古襲来　その軍事的研究』錦正社、平成九年一月
小澤　瀇『訳解武経射学正宗射学指迷集』（高顥叔　崇禎一〇〈一六三七〉年）、広道館、昭和二年七月
大林太良『戦』社会思想社、昭和五九年一月
大平町教育委員会『七廻り鏡塚古墳』同教育員会、昭和四四年一二月
大宮長與『長公宿祢記』（『史籍集覧』）（臨泉書房、昭和五九年）

小山市立博物館『飛び道具―狩猟から武器弓へ―』同館特別展、平成三年三月

〈か～こ〉

加藤　朗『兵器の歴史』（ストラテジー選書一）、芙蓉書房、平成二〇年一月
加藤秀俊『技術の社会学』、PHP研究所、昭和五八年三月
金関恕・春成秀爾『戦争の考古学』、岩波書店、平成一七年一月
河合康『源平合戦の虚像を剝ぐ』、講談社、平成八年四月
甘霖（編）『筆勢武者硯』、元文二年（刊）
木下義俊（編）『武用辨略』、安政三年（刊）
経尊『名語記』、建治元年、北野克（註）、勉誠社、昭和五八年一月
九条兼実『玉葉』長寛二（一一六四）～建仁二（一二〇二）年
倉木一宏（編）『現代語訳　小右記』吉川弘文館、平成二七年一〇月
栗原信充『古今名馬図絵』金花堂
黒川道祐『擁州府誌』天和二年～貞享三年（臨泉書房、平成六年）
故実叢書編集部『武装図説』（改訂増補故実叢書）明治図書、平成五年六月
五升庵瓦全『職人尽発句合』寛政九年（刊）
巨瀬邑治・他（編）『播磨国風土記』（日本古典文学大系二『風土記』）秋元吉郎（訳）、岩波書店、昭和三三年四月
G・チャイルド『歴史のあけぼの』今米陸郎・武藤潔（共訳）、岩波書店、昭和三三年
小西甚一「道の形成と戒律的世界」（『國學院雑誌』五七―五）、國學院大學、昭和三一年九月
小林一敏「射る―弓道における手の内の力学」（『数理科学』一八一）、昭和五三年七月
小林一敏「運動機構論」（雑誌『体育科教育』）大修館
小林・則竹（共編）『戦争1・中世戦争論の現在』青木書店、平成一六年一一月

小林行雄『続　古代の技術』塙書房、昭和三九年一一月
小林行雄『民族の起源』新潮社、昭和三三年一一月
近藤好和「箙の成立」(『歴史学研究』七三〇)、青木書店、平成一一年一一月
近藤好和『騎兵と歩兵の中世史』吉川弘文館、平成一七年一月
近藤好和『中世的武具の成立と武士』吉川弘文館、平成一二年三月
近藤好和『弓矢と刀剣』吉川弘文館、平成九年九月

〈さ～そ〉

佐伯弘次『モンゴル襲来の衝撃』(『日本の中世』九)中央公論新社、平成一五年一月
斎藤利生『武器史概説』学献社、昭和六二年五月
斎藤直芳『明治前日本造兵史』日本学術振興会、昭和三五年三月
作者不詳『大鏡』(日本古典文学大系二一)松村博司(校注)、岩波書店、昭和三五年九月
作者不詳『今昔物語集』(日本古典文学大系二二)、山田孝雄・他(校注)、岩波書店、昭和二六年
作者不詳『免簡雪荷流弓法』弘化三年(写)
作者不詳『八幡愚童訓』(神道大系)、神道大系編纂会、平成四年三月
作者不詳『保元物語』(日本古典文学大系三一)、永積・嶋田(校注)、岩波書店、昭和三六年七月
作者不詳『平治物語』(新日本古典文学大系四三)栃木孝雄・他(校注)、岩波書店、平成四年四月
作者・成立年不祥『射法本紀』(写)、江戸時代中期?
作者・成立年不祥『太平記』(日本古典文学大系三四～三六)後藤・釜田・岡見(校注)、岩波書店、昭和三五～三七年
佐原　真『古代を考える　稲・金属・戦争』吉川弘文館、平成一四年一月
重野永清『日置吉田流の真相と家伝の弓術古文書』自刊、平成三年四月
J・T・ロドリーゲス『日本教会史』江馬務・他(訳)、岩波書店、昭和四五年三月

潮見浩『図解技術の考古学』有斐閣、昭和六三年四月
信濃前司行長『平家物語』(日本古典文学大系三二)、高木・小沢・他(校注)、岩波書店、昭和三四年
渋沢龍彦「銅版画を彫らせた霊のこと」(『毎日新聞』昭和五一・一・一三)、毎日新聞社
至文堂『遊戯具』(『日本の美術』一二一三二)、昭和四三年一二月
白川　静『字統』平凡社、平成一六年一二月
神社司庁『古事類苑』武技部、明治三三年一二月
末永雅雄『日本上代の武器』木耳社、昭和五六年一二月
末永雅雄「武器武装の発達とその歴史的考察」(『歴史教育』一二一八)、歴史教育研究所、昭和一二年
菅野真道・他編『続日本紀』(新日本古典文学大系一二)、延暦一六年、青木・稲岡・他、岩波書店、平成元年三月
菅原清公・他撰『令義解』(新訂増補国史大系二二)、吉川弘文館、昭和四一年一月
杉山二郎・山崎幹夫『毒の文化』学生社、平成二年三月
鈴木敬三「木弓と伏竹の弓」(『古典の新研究』三)、國學院大學、昭和三二年
鈴木敬三「靫と胡籙」(『古典の新研究』二)、國學院大學、昭和二九年一〇月
鈴木眞哉『刀と首取り』平凡社、平成一二年三月
鈴木眞哉『鉄砲と日本人』洋泉社、平成九年九月
全日本弓道連盟『弓道教本』第一巻、昭和四六年一一月
宋應星『天工開物』薮内浩(訳註)、平凡社、昭和四四年一月
曾参・有若『論語』(中国古典文学大系三)、木村英一・鈴木喜一(共訳)、平凡社、昭和四五年一月

〈た～と〉

高木正朝『日本古義』天保九年(刊)
多賀高忠『就弓馬儀大概聞書』(『群書類従』武家部四一八)、寛政五年(写)

高橋昌明『日本中世の戦闘』（『人類にとって戦いとは』）、東洋書林、平成一一年六月
竹内栄喜『元寇の研究』雄山閣、昭和六年月
竹内　尉『日本の弓箭』学生の友社、昭和一七年八月
竹内照夫『四書五経』平凡社、昭和四〇年六月
谷口研語『犬の日本史』吉川弘文館、平成二四年七月
千葉徳爾『たたかいの現像』平凡社、平成三年六月
陳寿『魏志倭人伝』（『三国志』）、石原道博編訳、岩波文庫、昭和二六年一一月
朝廷職員録『公卿補任』（『新訂増補国史大系』）、黒板勝美、平成一二年一二月
塚田六郎『古典と狩猟史』教育出版センター、昭和五九年一二月
寺島良安（編）『和漢三才図絵』（東洋文庫四四七）、平凡社、昭和六〇年七月
東京国立博物館『東大寺献納物目録』同館特別展、昭和五四年九月
東京国立博物館『日本の武器武具』同館特別展、昭和五一年
東京国立博物館『法隆寺献納宝物目録』同館特別展、昭和五四年九月
藤堂保明『「武」の漢字「文」の漢字』徳間書店、昭和五二年七月
鴇田　泉「流鏑馬行事と鎌倉武士団」（雑誌『芸能史研究』九九）、芸能史研究会、昭和六二年一〇月
戸田　智「射型・射技の変遷とその分類」（『古代学研究』八八）、古代学研究会、昭和五三年一二月
舎人親王・他（編）『日本書紀』（日本古典文学大系六八）、坂本・家永・他（校注）、岩波書店、昭和四〇年七月

〈な～に〉

直良信夫『狩猟』（ものと人間の文化史）、法政大学出版局、昭和四三年九月
夏目漱石『夢十夜』（第五話）、筑摩書房、昭和六三年七月
奈良国立博物館『正倉院展覧目録』平成一二年一〇月

西津弘美『完訳　源平盛衰記』勉誠出版、平成一七年九月
西山松之助『家元の研究』吉川弘文館、昭和五七年六月
日本乗馬協会『日本馬術史』原書房、昭和五五年

〈は～へ〉

長谷川如是閑『禮の美』一条書房、昭和一九年二月
羽鳥耀清・池田豊直・青山敬直『新撰武術流祖録』天保一四年（刊）
林巳奈夫『中国殷周時代の武器』京都大学人文科学研究所、昭和四七年
林屋辰三郎『中世文化の基調』東京大学出版会、昭和二八年
班固『漢書』（ちくま学芸文庫）、小竹武夫翻訳、筑摩書房、平成九年二月
樋口清之『遊　遊びと人間』講談社、昭和三五年一〇月
日夏繁高『本朝武芸小伝』正徳四年
平井章仁『鹿と鳥の文化史　古代日本の儀礼と呪術』白水社、平成四年九月
廣瀬弥一『用射録』天和元年（刊）
福井河内掾『年代矢数帳』慶安四年（刊）、東北大学図書館（狩野文庫蔵）
福田豊彦（編）『いくさ』吉川弘文館、平成五年八月
藤原宗忠『中右記』寛治元年～保延四年（『増補史料大成』臨泉書房）
藤本正行『武具と歴史―弓矢―』（『歴史と地理』四二一）、山川出版社、平成二年九月
藤原道綱母『蜻蛉日記』（新日本古典文学大系二六）、長谷川政春・他、岩波書店、平成元年一一月
藤原基経（編）『文徳実録』元慶三年
藤原良房・他『続日本後記』（新訂増補国史大系）、黒板勝美（編）、吉川弘文館
藤　直幹『中世武家社会の構造』目黒書店、昭和一九年九月

二木謙一『中世武家儀礼の研究』吉川弘文館、昭和六〇年五月
二木謙一『中世武家の作法』吉川弘文館、平成一一年一二月
二木謙一「室町幕府弓馬故実小笠原氏の成立」（『國學院大學日本文化研究所紀要』二四）、昭和四四年八月
ヘロドトス『歴史』青木巖（訳）、新潮社、昭和三四年一二月
編者不祥『吾妻鏡』（奥州合戦二）、五味・本郷共編、吉川弘文館、平成二〇年九月
編者不祥『犬追物図説』江戸時代中期（写）、高知県立図書館（山内文庫）蔵
編著者未詳『宇治拾遺物語』（日本古典文学大系二七）、渡辺綱也・他（編）、岩波書店、昭和三五年五月

〈ま～も〉

松尾牧則『弓道　その歴史と技法』日本武道館　平成二五年
松下禎見「鏃の科学」（雑誌『自然』）、中央公論社、昭和五六年一二月
宮下健司「矢柄研磨器の再検討」（雑誌『信濃』三〇―四）信濃史学会、昭和五三年四月
宮部義直『江戸三十三間堂矢数』正覚寺蔵（写）、寛政一一年（刊）
村井五郎『本朝矢鏃類別考』自刊、昭和九年四月
村井五郎「鏃の研究」（『武具甲冑之研究』）、雄山閣「刀と剣道」編集局、昭和一六年一月
村上島之允『蝦夷島奇観』寛政一二年（刊）
紫式部『源氏物語』（日本古典文学大系一四）、山岸徳平（校注）、岩波書店、昭和三三年一月
諸岡了介「時代の中の弓と宗教」（『印度学宗教学会論集』三五　別冊）、印度学宗教学会、平成二〇年
室伏信助・他編『有職故実　日本の古典』角川書店、昭和五三年
諸橋徹次『大漢和辞典』大修館、平成一二年五月

〈や〜よ〉

八幡一郎（編）『世界文化史大系―生活技術の発生―』角川書店、昭和三五年八月

山中　裕『平安朝の年中行事』塙書房、昭和四七年六月

雄山閣『弓道講座』昭和一二年〜同一七年

雄山閣『現代弓道講座』昭和四五年

雄山閣「狩猟民の世界」（雑誌『歴史公論』一一四）、昭和六〇年五月

雄山閣「縄文と弥生を比較する」（雑誌『季刊考古学』二三）、昭和六三年五月

雄山閣（刀と剣道編輯局）『武具甲冑之研究』昭和一六年一月

雄山閣『弓矢の研究』（雑誌『歴史公論』五―三）、昭和一一年三月

吉川弘文館編集部（編）『武器考證』（増訂故実叢書）、吉川弘文館、昭和五年一一月

吉田光邦『機械』法政大学出版局、昭和四九年一二月

吉田光邦『戦争の技術』（『講座・比較文化　五』）、研究社出版　昭和五二年

〈わ〉

渡辺一郎「武芸・修行」（『日本古文書学講座』）、雄山閣、昭和五五年三月

渡辺直彦『内裏式』（神道大系一一六）、同編纂会、昭和五五年一二

図版出典・資料所蔵者一覧

図1　藤堂明保『「武」の漢字「文」の漢字』徳間書店　一九七七年
図2　白川静『字統』平凡社　一九八四年
図3　白川静『字統』平凡社　一九八四年
図4　石河流宣『大和耕作絵抄』江戸時代中期
図5・7・10・19・43・64　有坂鉊蔵『兵器考　古代篇』雄山閣　昭和十一年
図6　林巳奈夫『中国殷周時代の武器』京都大学人文科学研究所　一九七二年
図8　国立科学博物館『日本人類史展』朝日新聞社　一九七三年／右：国立科学博物館蔵、左：東京大学理学部人類学教室蔵
図9・11　岩城正夫『原始技術論』新生出版　一九八五年
図12・13・108　『世界文化史大系』角川書店　昭和三十五年
図14・62　『日本の美術32　遊戯具』至文堂　昭和四十三年／正倉院蔵
図15　Ouroboros 第8号　東京大学総合研究博物館ニュース　平成十一年六月一日／渡辺仁撮影　一九七一年
図16・38・39・122・149　『大山祇神社』／大山祇神社蔵
図17　H・G・ウエルズ著　北川三郎訳『世界文化史大系』大鐙閣　昭和二－三年
図18　三島町文化財専門員会『荒屋敷遺跡』三島町教育委員会　一九九〇年
図20　『数理科学』一八一　サイエンス社　一九七八年
図21・22　東京国立博物館蔵　Image: TNM Image Archives
図23　『魏志倭人伝』岩波文庫　一九五一年
図24　坂下町教育委員会『椛の湖遺跡』一九七四年
図25　『沼津貝塚出土石器時代遺物Ⅱ』東北大学文学部日本文化研究所　一九六三年／東北大学保管
図26　小山市立博物館第24回企画展『飛び道具―狩猟弓から武器弓へ―』平成三年四月／小山市立博物館蔵
図27　群馬県埋蔵文化財調査センター蔵
図29　『朝日新聞』一九九九年六月十日
図30　小山市立博物館第24回企画展『飛び道具―狩猟弓から武器弓へ―』平成三年四月／大阪府文化財センター蔵
図31　小山市立博物館第24回企画展『飛び道具―狩猟弓から武器弓へ―』平成三年四月／群馬県埋蔵文化財調査センター蔵
図32・36・88・89・127　筆者作成
図33　『二〇〇〇年前の弥生人展』朝日新聞　昭和四十五年

図34　／長崎大学医学部解剖学教室蔵
『蝦夷島奇観』寛政二年
図35　高槻市教育委員会『土保山古墳発掘調査概要』一九六〇年
図37・42　斎藤直芳『明治前日本造兵史』日本学術振興会　昭和三十五年
図40・58『免簡雪荷流弓法』弘化三年（一八四六）／筆者蔵
図41　末永雅雄『日本上代の武器』木耳社　一九八一年
図44『朝日新聞』一九九九年五月十二日
図45・49・81『平成十二年　正倉院展目録』奈良国立博物館／正倉院蔵
図46『特別展　兵の時代　古代末期の東国社会』横浜市歴史博物館・横浜市ふるさと歴史財団埋蔵文化財センター　一九九八年／大山祇神社蔵蔵
図47・48・52・55・142　筆者蔵
図50『筆勢武者硯』元文二年（一七三七）／国立国会図書館蔵
図51「羽本之図」（『武用弁略』江戸時代）／筆者蔵
図53『石上神宮の社宝』石上神宮　昭和六十一年／石上神宮蔵
図54　小山市立博物館第24回企画展『飛び道具―狩猟弓から武器弓へ―』平成三年四月／上：栃木県立博物館蔵、下：栃木市教育委員会蔵
図56・59　筆者撮影／斎藤家蔵
図57　小山市立博物館第24回企画展『飛び道具―狩猟弓から武器弓へ―』平成三年四月／栃木県立博物館蔵
図60『古事類苑』礼式部　神宮司庁　明治三十三年
図61－1　大和高田市教育委員会蔵
　2　東京国立博物館蔵／Image: TNM Image Archives
　3　小山市立博物館第24回企画展『飛び道具―狩猟弓から武器弓へ―』平成三年四月／足利市教育委員会蔵
　4　東京国立博物館蔵／Image: TNM Image Archives
図63　鶴岡八幡宮蔵
図65　有坂鉊蔵『兵器考　古代篇』雄山閣　昭和十一年／個人蔵
図66『日本の美術32　遊戯具』至文堂　昭和四十三年／春日大社蔵
図67『平家物語絵巻』／林原美術館蔵
図68　室伏信助ほか編『有職故実　日本の古典』（角川小辞典17）角川書店　一九七八年
図69　鈴木敬三『中世日本武装図説』明治図書出版　一九五四年
図71～74・76　大阪城天守閣収蔵武具展『武装』二〇〇七年

／大阪城天守閣蔵
図75・115・124・126　筆者撮影
図77『特別展　兵の時代　古代末期の東国社会』横浜市歴史博物館・横浜市ふるさと歴史財団埋蔵文化財センター　一九九八年／靖国神社遊就館蔵
図78『歴史公論』五－三　雄山閣　昭和十一年三月／小山松吉家蔵
図79・91・94　浅野正親『射法一統』貞享四年（一六八七）
図80　國學院高等学校蔵
図82　東京国立博物館蔵／Image: TNM Image Archives
図83・84・103・136・144　高木正朝『日本古義』天保四年（一八三三）／国立国会図書館蔵
図85・90・92『弓道辞典』（『弓道講座』二）雄山閣　昭和十六年
図86『弓道辞典』（『弓道講座』一）雄山閣　昭和十六年
図87『弓道』昭和四十二年二月号　全日本弓道連盟
図93『古事類苑』武技部
図95　栗原信充編『古今名馬図会（上）』金花堂：日本乗馬協会編『日本馬術史』原書房　昭和十六年
図96『古事類苑』
図97・113「鳥獣人物戯画」『日本の美術32　遊戯具』至文堂　昭和四十三年／高山寺蔵
図98～100・135『現代弓道講座　第三巻　射法編下』雄山閣　一九九四年
図101・102『古事類苑』貞観十二年
図104　東京国立博物館／Image: TNM Image Archives
図105　筆者撮影／熊野神社蔵
図106　徳島県三好市『山城町の文化財』
図107『徳島新聞』二〇一四年三月八日
図109　入江康平編『弓道指導の理論と実際』不昧堂出版　平成十年
図110『特別展　兵の時代　古代末期の東国社会』横浜市歴史博物館・横浜市ふるさと歴史財団埋蔵文化財センター　一九九八年／正倉院蔵
図111　大英博物館蔵
図112　群馬県立歴史博物館開館30周年記念展『国宝　武人ハニワ、群馬へ帰る！』平成二十一年／個人蔵
図114『弓道』
図116・117・120　広瀬弥一『用射録』天和元年（一六八一）
図118　尾形付耕画『特輯　新撰百工図絵』（『風俗画報』）
図119『高知県高岡郡葉山村資料調査報告書』高知県立郷土文化会館　昭和五十八年三月
図121・129～131　小山弓具店提供
図123『北斎漫画』

図125『職人尽発句合』寛政九年（一七九七）
図128『弓道辞典』（『弓道講座』）雄山閣　昭和十六年
図132『弓道』昭和四十九年三月号　全日本弓道連盟
図133『流鏑馬図巻』一巻　板谷慶舟筆／馬の博物館蔵
図134 春日大社蔵
図137～140 筑波大学中央図書館蔵
図141『犬追物図巻』一巻／馬の博物館蔵
図143 上杉本『洛中洛外図屏風』（部分）国宝／米沢市上杉博物館蔵
図145 栗原信充『木弓故実撮要』嘉永五年（一八五二）
図146『平家物語絵巻』（部分）／林原美術館蔵
図150『世界の鉄砲展』東京新聞社　昭和四十九年
図151 宮内庁三の丸尚蔵館蔵
図153 千葉県立中央博物館大多喜城分館提供
図155 平瀬光雄『射学要録』天明八年
図156・157 岡井家蔵
図158・160 生弓斎文庫蔵
図159 吉田一水軒印西〈自筆〉『印西秘哥』元和五年（一六一九）／筆者蔵

著者紹介

入江康平（いりえ　こうへい）

1939年　徳島県生まれ

1964年　東京教育大学体育学専攻科修了

筑波大学教授（体育科学系）、同大学体育専門学群副学群長、同大学附属中学校校長、日本武道学会副会長、国際弓道連盟理事、全日本剣道連盟総務・資料小委員会（東日本）委員長などを歴任

現　在　筑波大学名誉教授　博士（学術）

日本武道学会顧問、大倉精神文化研究所客員研究員・評議委員

弓道教士

〈主要編著書〉

『日本武道大系』全10巻（同朋舎）、『日本の武道』全16巻（講談社）、『弓道書総覧』（木立出版）、『武道傳書集成』全10巻（筑波大学武道文化研究会）、『弓道資料集』全15巻（いなほ書房）、『近世武道文献目録』（第一書房）、『武道日本史小百科』（東京堂書店）、『弓道指導の理論と実際』（不昧堂出版）、『近代弓道書選集』全9巻（本の友社）、『武道文化の探求』（不昧堂出版）、『堂射—武道における歴史と思想—』（第一書房）、その他

2018年5月25日　初版発行　《検印省略》

弓射の文化史【原始～中世編】
—狩猟具から文射・武射へ—

著　者　入江康平

発行者　宮田哲男

発行所　株式会社 雄山閣

東京都千代田区富士見2-6-9

ＴＥＬ　03-3262-3231／ＦＡＸ　03-3262-6938

ＵＲＬ　http://www.yuzankaku.co.jp

e-mail　info@yuzankaku.co.jp

振　替：00130-5-1685

印刷・製本　株式会社 ティーケー出版印刷

ISBN978-4-639-02548-1 C1021

N.D.C.210　310p　22cm